Utiliser le stress
pour réussir sa vie

Dans la même collection :

Les clés de l'énergie et de l'épanouissement, Tarthang Tulkou

L'érotisme et le sacré, Philippe Camby

ISABELLE FILLIOZAT

Utiliser le stress pour réussir sa vie

Éditions Dervy
204, boulevard Raspail
75014-Paris

Du même auteur :

Fais–toi confiance, éd. JC LATTES , 2004

Je t'en veux, je t'aime Ou comment réparer votre relation à vos parents, éd. JC LATTES, 2004

Le corps messager, éd. DESCLEE DE BROUWNER & La MERIDIENNE, 2003

L'Année du Bonheur 365 exercices de vie jour après jour, éd. JC LATTES, 2001
Marabout, 2002

Au Cœur des émotions de l'enfant Comprendre son langage, ses rires et ses pleurs, éd. JC LATTES, 1999
Marabout, 2001

L'intelligence du cœur Rudiments de grammaire émotionnelle, éd. JC LATTES, 1997
Marabout, 1998

Que se passe-t-il en moi ? Mieux vivre ses émotions au quotidien, éd. JC LATTES, 2001
Marabout, 2002

L'Alchimie du Bonheur, Utiliser le stress pour vivre heureux, éd. DERVY, 1992– Nouvelle édition 1998

Le Défi des Mères Pour en finir avec la culpabilité des mères qui travaillent, éd. DERVY, 1994

Le Corps Messager, En collaboration avec Hélène Roubeix, éd. La MERIDIENNE, 1988– Nouvelle édition 1998

Trouver son propre chemin La conscience de soi en 60 exercices, S'aimer, se réaliser, grandir?

Épuisé aux éditions l'ÂGE du VERSEAU. Press Pocket., 2004

Ce livre est paru précedement sous le titre *L'Alchimie du bonheur*

22, rue Huyghens - 75014 Paris
ISBN : 2-84454-400-2
contact@dervy.fr

A Anna,

A ton amitié, pur lien du cœur sans jugement ni rivalité.

A tous mes amis, en remerciement de leur confiance et inconditionnel soutien mais aussi de leurs questions, doutes et critiques, m'obligeant à toujours davantage approfondir et préciser mes idées, clarifier mes formulations.

Cet ouvrage est aussi le vôtre.

« On n'est jamais si bien asservi que par soi-même »

Gilbert CESBRON

SOMMAIRE

INTRODUCTION

Nous sommes si stressés dans nos vies quotidiennes, que nous en oublions parfois d'être heureux. Mais qu'est-ce que le bonheur ?

Nous bénéficions de nos jours d'un confort qui paraitrait un luxe inoui à nos ancêtres. Les machines nous ont libérés de bien des tâches ingrates qui occupaient une bonne partie du temps de nos grand-parents. Et bien que nous vivions nos rues la nuit et nos couloirs de métro comme peu sûrs, nous jouissons en réalité d'une sécurité absolument impensable il y a quelques siècles. Le temps où l'on ne sortait pas sans son arme n'est pas si loin !

Objectivement donc, nos existences sont moins menacées et moins dures physiquement que celles de nos aïeux. Mais tensions, angoisses, peurs, et inhibitions sont plus que jamais présentes. Il y a le stress surmenage, le stress timidité, le stress horaire, le stress panique, le stress solitude, le stress manque d'argent, le stress pollution... Stress d'aujourd'hui.

Nous sommes, sans raison valable, nerveux, insomniaques, hypertendus, spasmophiles. Les laboratoires pharmaceutiques qui nous vendent toujours plus de tranquillisants, hypotenseurs et somnifères, s'en frottent les mains.

Peux-t-on être heureux malgré tout ce stress ?

Face à l'adversité certains se contruisent, d'autres se désespèrent. Y a-t-il des aptitudes au bonheur comme il y a des aptitudes à la peinture ou à la musique. Peut-on apprendre ? Le bonheur repose sur une alchimie qui se décode. Le chapitre 1 nous en livrera les premiers secrets.

Le stress, en vrac, c'est la nervosité dans les embouteillages, c'est le collègue de bureau et ses sempiternels reproches, les traites qu'on ne peut plus payer, les tensions familiales et les heurts conjuguaux, les ruptures et la solitude, les infos à la télé, les hurlements des enfants qui se disputent.... C'est l'environnement, c'est les autres, c'est la société... C'est tout ce qui nous agresse d'une manière ou d'une autre...

Qu'est-ce que le stress exactement ? Quelle est la relation entre les transports en commun et la mort de grand-mère ? Entre l'horloge du bureau et la rupture amoureuse ? Le chapitre 2 explorera les réponses à ces questions en décrivant le processus du stress, ses étapes et les mécanismes déclencheurs.

On parle beaucoup de relations entre stress et maladies. Qu'en est-il exactement ? Nous le verrons au chapitre 3. Quel genre de stress mène à quelle maladie ?

Comment parler du stress sans évoquer, au chapitre 4, les toxicos du stimulus, recordmens du risque, héros en tous genres. On peut très bien aussi se stresser tout seul. Point n'est besoin de vivre des événements traumatiques. Comment ? Eh bien on peut par exemple projeter le futur (en négatif bien sûr), ressasser des souvenirs au goût saumâtre, inventer la réalité, broder ... et interpréter les choses du présent à sa façon.

Certains se stressent plus que d'autres, tout le monde ne réagit pas de la même façon aux mêmes événements. Nos réactions sont l'expression de notre personnalité. Mais qu'est-ce que la personnalité ? Comment s'élabore-t-elle et que peut-on changer, lorsque certaines attitudes, certains de nos comportements ne nous conviennent pas? Le chapitre 5 tentera une démonstration entre cablage des neurones et histoire personnelle.

Deuils et transformations sont inévitables. Des crises ponctuent nos vie. La vie est changement. Comme nous le verrons au chapitre 6, nous sommes plutôt conservateurs dans nos vies quotidiennes. Nous avons du mal à quitter le passé et nous vivons difficilement la nécessité de nous adapter à un monde qui bouge et se transforme.

Toute menace de futur différent, toute force d'évolution, mobilise une force au moins égale de résistance au changement. Nous décrirons et analyserons dans le chapitre 7 les ruses dont nous usons et abusons pour fuir la réalité, fuir nos responsabilités, éviter de changer. Image, image, dans notre société il faut paraître. Pas la peine d'être à l'aise, il suffit de paraître à l'aise. Mais qu'est-ce qui se dissimule sous le masque? Cachez cette émotion que je ne saurais voir! Angoisses, phobies, rages et désespoirs nous paralysent. La plus grande confusion règne chez la plupart de nos contemporains dans le domaine des émotions. Normal, la mode éducative était à l'obéissance et donc à la répression de tout affect dérangeant pour les parents. Emotions primaires, réactives, émotions secondaires, apprises, une clarification s'avère nécessaire pour faire le tri de tout ce qui nous anime. Nous en profiterons pour évoquer cet inconscient qui souvent nous freine.

Chapitre 8? L'enfer c'est aussi l'autre et les autres. Dieu qu'il n'est pas facile de communiquer, ni d'aimer! peur de l'autre, dialogues de sourds, jeux de pouvoir... amours et ruptures... les autres sont les artisans de toutes nos détresses. Il n'est pas plus facile de rester seul! Comment s'en sortir? Et la relation parent-enfant devenu grand? Peu abordée dans la littérature parce qu'encore marquée par de forts tabous, elle est une source de stress qui pour souvent méconnue n'en est pas moins importante. Image primordiale de la relation d'amour... La relation parents-enfants est la relation par excellence, porteuse de tous les espoirs et de toutes les détresses. Elle marque les amours futures mais aussi tous les rapports à soi-même, aux autres et au monde. L'enfant devenu adulte, elle est souvent lourde de rancœurs. Ingratitude ou juste retour des choses ? Les enfants ne vont plus voir leurs parents. Il est pourtant une voie de réconciliation, une voie à suivre par les parents pour renouer une véritable communication avec leurs enfants devenus adultes.

Pour se soutenir, compenser cette vie stressante, nous disposons de quelques stratégies « anti-stress » plus ou moins toxiques, petits gâteaux, café, cigarette, alcool, anti-dépresseurs... Et si au lieu de se camoufler on apprenait à regarder les problèmes en face ? En attendant posons un œil un peu plus conscient sur nos excès au chapitre 9.

Il y a ce que nous buvons, ce que nous mangeons, mais aussi ce que nous respirons ... Sans compter les pollutions sonores. Le stress c'est aussi l'environnement, et la pollution a des retombées tant physiques que psychiques. C'est l'objet du chapitre 10.

Et les solutions après tous ces constats ? Il en est de diverses. au chapitre 11. Nous avons de nombreuses ressources pour modifier notre environnement ou gérer le stress à l'intérieur de nous. Eviter le stress inutile tant que faire se peut, résoudre les problèmes et s'occuper de soi, réapprendre les choses simples, s'exprimer, respirer, rire, dormir ou faire l'amour.

Le stress est un problème transversal, comprenez qu'il concerne tous les domaines de la vie, il pose la question du sens de la souffrance, du sens des épreuves, du sens de la vie.... au chapitre 12.

Un livre ambitieux, qui prend le risque du touche-à-tout en espérant ne pas être superficiel, un livre que j'ai ponctué d'exemples pour vous permettre de suivre les méandres de ma pensée. Si j'ai jonglé avec les prénoms, la plupart des histoires sont des histoires vraies et je remercie les clients et les amis qui m'ont prêté leurs personnages pour illustrer mon propos.

1

L'ALCHIMIE DU BONHEUR

> « La différence entre ceux qui réussissent et ceux qui échouent ne réside pas dans ce qu'ils possèdent, mais dans ce qu'ils choisissent de voir et de faire à partir de ce que la vie leur offre. »
> (Viktor Frankl)

Qu'est-ce qui nous rend heureux ?

Les uns font de leur vie un enfer, les autres un paradis. Peut-être pourrions-nous trouver quelque indice sur la recette en écoutant ce que disent les gens ?

« Je n'ai jamais vécu une situation aussi difficile et je n'ai jamais été aussi heureux de ma vie ! » s'exclame Cyprien.

Isidore est rayonnant : « Cet amour me transforme, il m'ouvre à des horizons inconnus, m'oblige à revoir complètement ma façon d'être. C'est une remise en cause permanente et un tel bonheur ! Jamais je n'aurai cru qu'on puisse être aussi heureux que je le suis aujourd'hui ».

Virginie soupire d'aise en évoquant sa vie : « Depuis que j'ai ce nouveau boulot, je mène une vie de dingue. Les mômes, le mari, les clients, il faut tout faire à la fois. J'ai une énergie que je n'ai jamais eue, alors que tout le monde me dit que je devrais être épuisée. Je suis heureuse, tout simplement. »

Désiré n'est pas en reste : « Je n'osais pas y croire,

c'était dur, et pourtant j'ai réussi, je suis le plus heureux des hommes. »

Muriel est furieuse... contre ceux qui ont tenté de la tempérer, de la raisonner : « Je me suis battue bec et ongles avec moi-même, et j'ai gagné. Ce que je ressens aujourd'hui me prouve que j'ai eu raison. Je suis heureuse d'avoir eu le courage de ne pas écouter ceux qui me conseillaient de laisser tomber et de choisir une voie plus facile. »

« Je suis vidé, mais je suis heureux »... Souffle Gustave dans un sourire.

Eh oui, se sentir heureux c'est plus souvent se sentir « vidé » que « comblé ». Les gens heureux donnent d'eux-mêmes, dans l'amour et/ou dans l'expression de leurs capacités.

Le bonheur ce n'est pas recevoir beaucoup, c'est donner beaucoup. Le bonheur, c'est la sensation d'utiliser ses compétences, d'aller au delà de soi, d'aimer, de se dépasser. Le bonheur surgit au détour d'un chemin alors que vous ne l'attendez pas. Il survient de ce que la Vie vous oblige à faire en vous confrontant, souvent en vous refusant la satisfaction immédiate de vos attentes, quand vous quittez les habitudes, les limites ordinaires, la routine, pour aimer ou vous réaliser.

Pourriez-vous imaginer quelqu'un dire : « Il ne m'arrive rien, je suis le plus heureux des hommes! » ou encore « ma vie se déroule tranquillement, quel bonheur! »

Non! A la limite, ces gens peuvent dire : « je m'estime heureux » en comparant leur vie à la misère du monde ou au malheur des autres. Mais « je m'estime heureux » n'est pas « je suis heureux ».

Vous êtes heureux quand vous sentez votre cœur battre, le sang passer dans vos veines, l'air emplir vos poumons. Vous êtes heureux quand vous vous sentez vivre en vous.

Croyez-en l'expérience d'Yves : « Le soir je n'avais envie de rien faire, je m'installais sur le canapé devant la télé avec une canette de bière, tranquille, cool! Mais en fait je me rends compte maintenant que j'étais démotivé, déprimé. Aujourd'hui, j'ai confiance en moi, j'ai envie de faire des choses. Le soir en rentrant du travail, je me mets à faire mon jardin. Je trime et je suis heureux. »

Nous soupirons parfois, aspirant à la tranquillité, rêvant un monde où tout ne serait qu' « ordre et beauté, luxe, calme et volupté »(Baudelaire). Mais la vie est mouvement, et le bonheur, c'est justement de se sentir dans le mouvement de la Vie.

Regardons les choses en face. Ceux qui échouent dans la vie sont ceux qui fuient le stress, ceux qui ont tendance, aux croisements de leur existence à choisir la voie de moindre résistance, à préférer la facilité, ceux qui détestent le changement et tout ce qui peut les déstabiliser, ceux qui privilégient la sécurité, ceux qui aiment les habitudes, ceux qui choisissent de faire ce qu'ils savent faire. Ceux qui ont peur du mouvement de la Vie.

Ceux qui réussissent sont ceux qui n'ont pas peur d'échouer, ceux qui prennent des risques. Ceux qui préfèrent les voies périlleuses parce qu'elles vont leur permettre de développer leurs capacités. Ceux qui choisissent de faire ce qu'ils ne savent pas encore faire, pour apprendre toujours plus. Ceux qui bougent et sortent des sentiers battus, ceux qui pensent avoir quelque chose à apporter aux autres, ceux qui donnent un sens à leur vie.

La pulsion d'évolution

Si l'homme ne faisait que s'adapter à son milieu, il n'aurait pas construit les cathédrales, les musées ou les gratte-ciels. Nous n'avions pas besoin pour survivre de nos télévisions, de nos radiotélescopes ou de nos accélérateurs de particules. Quelle nécessité Darwinienne a présidé à la création artistique, musique, danse, sculpture ou peinture ? Si nous n'étions motivés que par notre protection dans un environnement hostile, nous ne serions jamais allés nous aventurer dans les profondeurs des océans ou dans l'immensité de l'espace. Qu'est-ce qui nous a poussé à vouloir marcher sur la lune ?

L'homme est curieux, il cherche à percer les secrets de l'univers. Même s'il n'en a pas besoin. Il peut passer sa vie à étudier l'anneau jaune du myosotis, le rayonnement de la galaxie d'Andromède, la vie aux temps précambriens ou l'amour chez les graptolites. Il se penche pour le plaisir sur l'explosion d'une supernovae ou la vie des dinosaures. Il veut connaître ses origines et sonde sa destinée pour donner un sens à sa vie.

La pression de l'environnement n'est pas suffisante pour expliquer le développement artistique, industriel et spirituel de l'humain. L'homme se pose des problèmes même là où la vie ne lui en pose pas. Ainsi il progresse, il avance et développe ses capacités physiques et intellectuelles. La sagesse n'est malheureusement pas toujours au rendez-vous de ses inventions, son éthique est balbutiante et son intelligence se met parfois au service de la destruction.

Notre civilisation est à peine sortie de la petite enfance et a encore du mal à domestiquer son égocentrisme. Toute à l'ivresse de sa puissance, elle ne maîtrise pas encore les pulsions d'envie, de jalousie, de pouvoir, de haine qui en dérivent... Mais faisons confiance à l'humain, il faut du temps pour développer la conscience. Le chemin passe par l'expérience.

La pression vers le progrès semble être une pulsion interne, c'est la poussée du désir vers toujours plus de plaisir. C'est Eros, pulsion de vie, par opposition à la pulsion de mort qui tend à la réduction complète des tensions. Le plaisir n'est pas un état stable, la jouissance orgastique est au paroxysme de la tension. Nous trouvons du plaisir à mouvoir notre corps. Rien de comparable entre le confort d'un fauteuil devant la cheminée, et l'ivresse d'une valse, d'un tennis ou d'un match de foot (sur le terrain bien sûr, pas à la télévision). Nous trouvons du plaisir à résoudre des problèmes, à dépasser nos limites, à construire.

« Pour vivre heureux vivons couchés ». Un Homme couché est peut-être tranquille, mais il n'est pas heureux. Nombre de comportements humains s'orientent vers un déséquilibre, vers un accroissement de tension, une recherche de stimulations. L'Homme a d'autres objectifs que de simplement se maintenir en vie !

Les problèmes, les difficultés, les obstacles, ne sont pas des agressions, mais des sollicitations.

Le stress, c'est de l'énergie d'adaptation. Soit nous l'utilisons et nous évoluons, soit nous la bloquons et elle nous intoxique.

Trop de stress fatigue l'organisme. Oui, mais quel stress ?

Travail et responsabilités

Responsabilités, multiplication de réunions tous azimuts, décisions à prendre, risques financiers, course-poursuite de contrats, tension vers l'objectif, charge de travail, compétition interne, horaires imposés, sans compter la climatisation des bureaux, la cantine du sous-sol et le poids de la hiérarchie... Que de stress dans le monde du travail.

Dans « Manpower Argus » n° 216 de février 87, des dirigeants répondent sur les éléments qui contribuent à la réussite professionnelle. Pour 93 % d'entre eux, c'est la motivation au travail qui vient en tête. 63 % de dirigeants dans le secteur financier vont même plus loin et parlent de « drogués de travail ». Ensuite vient la faculté d'entrer en concurrence (75 %).

Avec de telles caractéristiques, on s'attendrait

volontiers à ce que ces cadres soient stressés. Mais, contrairement aux idées reçues, les cadres ont en général une meilleure santé que la moyenne des salariés et vivent plus longtemps!

Décidément le stress nous réserve des surprises. S'il est vrai que les cadres ont de manière générale un régime alimentaire plus équilibré, et font davantage d'exercice, ce n'est pas une explication suffisante de leur apparente meilleure aptitude à gérer le stress.

En fait, plus l'on s'élève dans la hiérarchie, plus le stress est intense et... moins il a de conséquences néfastes. Car les statistiques sont là, il semblerait que les cadres moyens et supérieurs aient davantage de problèmes avec leurs artères coronaires que les dirigeants.

Paradoxal? La différence fondamentale entre le dirigeant et les cadres qui l'entourent est que le premier dirige! Il domine l'échiquier. Il est maître de ses décisions. Il se sent au contrôle de sa réussite. Tandis que le cadre, même supérieur, dépend de quelqu'un d'autre. Il ne dirige pas, il est dirigé. Il perd du pouvoir sur sa destinée. S'il n'a pas à assumer le stress des plus graves décisions, il ne se sent pas toujours libre de dire ouvertement ce qu'il pense ou de faire ce qu'il veut. Son avancement ou sa carrière en dépendent. Il peut se vivre comme le pion sur l'échiquier. Il ne maîtrise pas le jeu.

Dans le cadre d'une recherche menée récemment on a demandé à deux groupes de travailleurs de réaliser des tâches exigeant une certaine concentration. Les deux groupes ont été placés dans la même situation, on leur a imposé bruits de machines, coups de klaxons, conversations bruyantes en langues étrangères inconnues. Dans le premier groupe, chaque personne avait à portée de main un interrupteur lui permettant de se soustraire aux bruits lorsqu'elle le désirait. Les membres du second groupe n'avaient pas de choix, ils devaient subir les bruits. Comme prévu, le groupe disposant de l'interrupteur eût la productivité la plus élevée et la plus constante. Mais fait plus intéressant encore, personne n'utilisa l'interrupteur! Il suffisait de savoir qu'il était là!

Nous avons besoin de posséder ne serait-ce qu'une part de contrôle, un petit espace de liberté. Si nous avons l'impression de devoir subir une situation sans avoir aucun pouvoir dessus nos performances chutent.

Une étude américaine montre que les dirigeants de haut niveau tirent satisfaction d'un travail sous un stress intense alors que les cadres moyens réagissent aux mêmes conditions par de la détresse [1]. Serait-ce la capacité à gérer le stress qui ferait la différence entre un chef d'entreprise et un subordonné? Ou bien la situation elle-même est-elle plus ou moins inductrice de stress?

Tout le monde ne choisit pas d'être patron, certains aiment les responsabilités, d'autres les fuient, privilégiant la sécurité relative de la dépendance. Mais le nécessaire conformisme qui l'accompagne est source de bien des maux.

Est-ce un hasard si la société la plus organisée, la plus hiérarchisée du monde est aussi la plus grande consommatrice de tranquillisants? Le Japon est bon premier (la France et le Japon se disputent âprement la première place, selon les sources, elle est attribuée à l'un ou à l'autre pays). Ne noircissons pas le tableau, il y a des salariés heureux. Ce sont ceux qui ont le sentiment d'être utiles, qui jouissent d'une certaine liberté dans l'organisation de leur fonction, et qui se sentent valorisés dans ou par leur travail.

Il reste cependant une réalité physiologique que nous ferions bien de prendre en considération : la tension artérielle s'élève quand on parle à une personne que l'on considère d'un statut social supérieur. Et ce, que l'on en soit ou non conscient! James Lynch l'a confirmé dans l'une de ses innombrables expériences de mesure de la tension artérielle. Le même expérimentateur, habillé en étudiant décontracté ou en docteur/cravate blouse blanche, déclenche des réactions très différentes. La tension artérielle des sujets (l'ampleur de la montée et son niveau de base) est fortement modifiée par les indicateurs d'un statut de « supériorité ». A la grande stupéfaction des sujets qui restent totalement inconscients d'une quelconque modification de leur tension et pensent avoir exactement le même comportement avec les deux expérimentateurs, ne pas faire de différence entre « l'étudiant » et le « docteur ».

Que nous le reconnaissions consciemment ou non, le simple fait de parler à un supérieur hiérarchique est une source de tension!

Travail et responsabilités ne sont pas stressants. Ce sont des outils de réalisation personnelle. Ils fournissent des espaces de création, des territoires sur lesquels tester et améliorer ses compétences, des occasions d'exprimer ses capacités... Ce qui est stressant c'est la dépendance hiérarchique, le manque de liberté et de responsabilité, la répétitivité des tâches, et l'impression d'inutilité de son travail.

Un médecin du travail près les caisses d'assurance maladie a réalisé une étude sur les pathologies associées au travail tertiaire [2]. Le taux de dépressions dans ce secteur semble nettement supérieur à la moyenne nationale. Il faut dire que le travail y est particulièrement ingrat : assises derrière un bureau (ce sont principalement des femmes), elles remplissent sans fin des papiers dont elles ne perçoivent pas toujours l'utilité, leurs tâches sont monotones et répétitives. De plus, belle innovation, les dossiers portent de plus en plus souvent des numéros. On ne peut même plus rire d'un nom, ou rêver à qui se cache derrière ce patronyme original! On n'est pas payé pour rêver rétorquent les « chefs ». Mais si l'être humain ne peut plus imaginer, il se languit.. et déprime. Les humains ne sont pas des machines.

Risque et estime de soi

Qu'en est-il des aiguilleurs du ciel réputés exercer un métier hautement stressant ?

Les professions libérales, les artisans, les commerçants prennent davantage de risques que les salariés, mais ils sont moins souvent malades. Il est vrai qu'ils ne peuvent se permettre comme un salarié un arrêt de travail, celui-ci signifierait immédiatement une baisse de leurs revenus. C'est pourquoi ils choisissent de préférence de tomber malades le week end ou pendant les vacances (incroyable, mais vrai !).

Ils travaillent souvent bien plus que les salariés, en nombre d'heures par semaine, de semaines par an ou d'années par vie, mais ils perçoivent plus directement la valeur de leurs efforts et surtout, surtout, ils sont davantage au contrôle de leur destinée. Ils gagnent peut-être proportionnellement moins d'argent qu'un salarié, n'ont évidemment pas tous les avantages sociaux que ceux-ci ont acquis, mais leur travail les valorise. Ils sont directement responsables de leurs résultats, ce qui leur permet de connaître leur valeur propre, de s'estimer, de construire une meilleure image d'eux-mêmes.

Une des clefs du « gagneur » semble être la confiance en soi. C'est elle qui permet de canaliser l'énergie du stress vers la réussite d'un objectif. Pour élaborer l'estime de soi, il est nécessaire de se confronter à soi-même, d'assumer des responsabilités, de prendre des risques, de décider par soi-même plutôt que de se laisser conduire.

Transes et extases

Dans son livre « Cimes », Rob schultheis nous découvre les sports de l'extrême. Chasseur de visions, comme il se nomme lui-même, il a pisté l'extase. Il vit un jour une expérience mystique saisissante : descendant les pentes mortelles du Neva, il se rend compte qu'il est en train de faire des choses tout à fait impossibles, « Déboussolé, en état de choc, je varappais avec l'impeccable perfection d'un léopard des neiges ou d'une chèvre des montagnes. Animé d'une joie démente, je n'étais plus que geste juste. Je n'aurais pas pu manquer mon coup parce que toute erreur était devenue impossible. »

La tension du stress portée à l'extrême nous donne une efficacité du geste, une précision parfaite. Toute l'énergie est mobilisée, les sens aiguisés et attentifs. Nous sommes prêts à l'action, tête et corps tendus vers l'objectif. Efficience de nos mouvements, plaisir, joie du corps et de l'esprit, et parfois... extase !

Schultheis se met à la recherche des composantes de cet état extatique « supra-conscient » et expérimente : courses en solitaire, randonnées dans les rocheuses, aventure bouddhiste en Himalaya, chamanisme amérindien et expédition au Popocatépelt... Pour le « satori athlétique », les conditions physiques doivent s'accompagner de facteurs mentaux et spirituels. Isolement social, abstinence sexuelle et capacité à faire le vide en soi optimisent l'équation de la magie : solitude + risque + effort à la limite de l'épuisement = extase

Et pour corser le tout : le jeûne, qui met à disponibilité la considérable énergie utilisée en général par la digestion, et qui permet d'être plus réceptif.

Toutes les activités nous obligeant à dépasser les limites de notre corps, escalade, course, trekking ...

Peuvent nous permettre d'accéder à cet état de perception supra-normal. « Un pouvoir réside dans la réalisation du presque impossible ». Mais nous pouvons aussi l'atteindre par des moyens plus doux, tels que la méditation, la concentration, le chant ou la danse, par lesquels la conscience se détourne du réel tangible et s'ouvre à une autre dimension.

Cet état est en effet le même que celui qu'expérimentent les chamans, les yogis, les lamas, les derviches, les sorciers et tous les méditants. Ceux-ci ont à leur disposition tout un arsenal de rituels qui facilitent l'accès à une conscience supérieure. Récitations de mantras, prières, visualisations, techniques respiratoires, postures, danses, courses dans les montagnes ou marches, rythmes précis des tambours, chants.

Qu'ils s'appellent transe ou illumination, état modifié de conscience, ce sont des états psychophysiologiques optimaux, donnant une impression de fusion avec l'univers, de paix intérieure et d'ouverture cosmique, de non-séparation, non-individuation, une conscience sensorielle aiguë et une sensation de liberté et de puissance illimitée.

Par terre les croyances! Chercher la tranquillité n'est pas payant. Pour se mettre à l'abri des conséquences néfastes du stress, il vaut mieux prendre des risques! Paradoxal? Pas tant que ça.

« A mon avis il est risqué de croire que la santé mentale dépend avant tout d'un équilibre intérieur ou, comme on l'appelle en biologie, d'un état homéostatique, c'est à dire dénué de tension. Ce dont l'homme a besoin, ce n'est pas de vivre sans tension, mais bien de tendre vers un but valable, de réaliser une tâche librement choisie. » dit le psychanalyste Victor Frankl dans son excellent livre « Découvrir un sens à sa vie » éd. de l'Homme.

L'équilibre et la santé de l'Homme sont dans l'homéodynamique. J'ai forgé ce concept dans un précédent livre (« Le Corps Messager – éd. La Méridienne) pour rendre compte des deux tendances au maintien de l'identité (homoios) et à la croissance (dunamai). La sécurité affective, l'acceptation inconditionnelle de soi constituent la base solide (homéo) sur laquelle il peut construire, se réaliser (dynamique). L'humain a besoin d'Etre et de Faire.

On se sent vivre en prenant des risques. Mais attention, courir de succès en succès n'amène que vide intérieur si la motivation est de se faire aimer, d'obtenir de la reconnaissance des autres, ou de satisfaire des exigences parentales.

La réussite

« Réussir » n'est pas toujours se réaliser, et peut même être parfois un obstacle à la réalisation personnelle. Comment comprendre cet apparent paradoxe ? Il arrive qu'hypnotisés par un arbre nous passions à côté de la forêt. Hypnotisés par un succès, nous pouvons passer à côté des véritables enjeux d'une situation. Il n'y a de véritable réussite qu'intérieure.

La réussite « extérieure », la réussite aux yeux des autres, n'est qu'une image. Et une image ne fait pas naître la sensation de plénitude. Elle creuse le vide intérieur parce qu'elle renforce paradoxalement l'idée que nous n'avons pas de valeur propre. La création, la réalisation d'une œuvre, la performance, n'apportent le bonheur que lorsqu'ils sont pure expression de Soi et non pas recherche de valorisation, réponse aux attentes des autres ou conformisme social. Nous avons besoin d'être aimés et de faire, de créer, de nous réaliser – non pas de faire pour être aimés.

S'il est bien naturel d'avoir (un temps) besoin de reconnaissance pour se confirmer dans son travail. Après avoir appris « le métier » (sans restreindre ce mot au seul aspect professionnel), vous devenez bientôt seul juge de vos compétences. Le sentiment du travail bien fait vient de l'intérieur, car vous seul savez de quoi vous êtes capable.

L'échec apparent est parfois bien davantage source de réalisation personnelle que la réussite. Personne ne peut juger qui que ce soit, et de toutes façons, on ne juge une vie qu'à la fin, car qui sait par quels chemins passe parfois la réalisation ? La route la plus droite est rarement la plus riche.

« Tu n'as jamais réussi à garder un travail plus de deux ans »... « Ta vie affective est une suite d'échecs »... Et alors ?

Ne mesurez pas votre valeur à vos succès extérieurs. Ne vous rendez pas dépendants de l'image que vous donnez. La véritable réussite vous la ressentirez à l'intérieur, en prenant conscience de tout ce que ces expériences vous auront apporté. En changeant de travail si souvent, vous aurez accumulé des connaissances dans de multiples domaines, vous aurez développé toutes sortes d'aptitudes.

Toutes ces relations amoureuses se sont ponctuées par des séparations. Mais n'aurez-vous pas appris et progressé à travers chaque histoire ? Vous vous serez construit. Vous serez plus autonome.

Vous serez peut-être bien plus riche, humainement parlant (et c'est la seule richesse qui sera importante à vos yeux à l'heure de votre mort), d'avoir traversé tous ces soi-disants échecs que si vous aviez « réussi » à garder le même travail ou à vous marier.

L'être se sculpte par l'expérience.

Les bâtisseurs de cathédrales !

« Trois tailleurs de pierre travaillent côte à côte. L'un d'entre eux souffle et soupire, un passant lui demande :

– « Que faites-vous ? »

– « Je taille une pierre » lui répond l'homme.

Le passant se tourne vers le second tailleur de pierre, et lui pose la même question :

– « Que faites-vous ? »

L'homme lève les yeux de son ouvrage et lui dit :

– « Je construis une cathédrale. »

Le passant, impressionné, s'adresse alors au troisième homme, qui parait fort absorbé :

– « Que faites-vous ? »

Le tailleur de pierre lui répond;

– « Je réalise un chef d'œuvre ».

Devant la même tâche, le premier se stresse, il souffle et soupire. Le second a conscience de ce à quoi il participe. Il voit l'image de la totalité. Il se sent utile. Mais c'est le troisième qui se sent véritablement heureux. Il s'implique personnellement. Il met sa vie dans son burin. Il s'exprime et se réalise à travers l'œuvre. Il a conscience de ce qu'en sculptant une pierre, il sculpte sa vie.

« Vivement la retraite ! » Combien de fois avons-nous entendu ou prononcé nous-mêmes ces mots. Pourtant ce paradis auquel certains aspirent tant ne semble pas être si rose que ça ! 51 % d'entre nous tombent gravement malades ou meurent dans l'année même de la retraite.

Quel soulagement pourtant de ne plus travailler ! Plus besoin de se lever tous les matins, pouvoir redécouvrir les joies des grasses-matinées, enfin se reposer, faire ce qu'on a envie de faire ... Oui, justement, nous y voilà, qu'est-ce qu'on peut bien avoir envie de faire ? L'arrêt du travail signifie aussi la perte de nombreuses gratifications sociales, vous êtes face à vous-même, vous disposez enfin de cette liberté tant désirée, mais avec elle vient le doute sur soi, l'incertitude, et le vide.

Thiebaud est très investi dans sa profession, il a peu d'amis, ça n'a jamais très bien marché avec les femmes et la sienne l'a quitté peu après le mariage. Son travail c'est sa vie, il y consacre tout son temps. Depuis longtemps déjà il dit qu'il ne survivra pas à la retraite.

« Tu verras, dit-il à son frère, dès que je ne pourrais plus travailler, je partirai. » Pourtant il fait avec lui des projets pour « après », mais y croit-il vraiment ? Cette année était la dernière. Quelques heures après avoir fait ses adieux à ses collègues, Thiebaud entrait à l'hôpital. Il est mort deux jours plus tard.

Thiebaud n'a rien construit en lui, son travail lui donnait sens et s'investir tant lui permettait de ne pas se confronter au vide qu'il ressentait à l'intérieur de lui.

Les réactions à la retraite ne sont heureusement pas souvent aussi violentes et rapides. Mais les chiffres parlent.

Comment pensez-vous que les trois tailleurs de pierre vivront leur retraite ? Le premier, certainement celui qui aura le plus clamé « vivement la retraite » est probablement celui qui la vivra le plus difficilement. Il aura taillé le même nombre de pierres que les autres mais avec le sentiment d'avoir été exploité. Il n'a taillé des pierres que pour gagner sa vie. Il l'a perdue.

Le second risque de se sentir inutile. Il regardera avec fierté les cathédrales, mais aussi avec nostalgie. Qui est-il, lui, s'il ne construit plus de cathédrales ? Il aura consacré sa vie à la construction d'objets extérieurs. Mais à l'intérieur de lui, il n'y aura toujours que vide. Il aura assumé son rôle dans un plan, ayant conscience de sa participation à un ensemble. Mais ayant fait reposer sa valeur sur des réalisations extérieures, lui en tant qu'individu n'a pas d'existence, de valeur propre. Il ressemble à Thiebaud. Il a besoin de Faire pour se sentir Etre.

Le troisième a fait un chef d'œuvre. Il n'a pas construit la cathédrale pour la cathédrale. L'édifice de pierres n'est que la manifestation extérieure de la cathédrale intérieure qu'il a forgé, taillant en conscience chaque pierre. On peut dire qu'il s'est construit à travers la cathédrale. Il a utilisé son travail pour s'exprimer, grandir, se polir, se mettre à l'écoute de lui-même. La réalisation d'un chef d'œuvre demande une implication totale de tout l'être, et non pas seulement de mettre ses compétences au service d'une réalisation. Le sens de sa vie ne dépend pas de ce qu'il fait mais de ce qu'il est. Il n'a pas besoin de Faire pour se sentir Etre.

Les statistiques sur la durée de vie sont éloquentes. Ceux qui vivent le plus vieux sont chefs d'orchestres symphoniques, viennent ensuite les artistes très populaires, les membres actifs du milieu des affaires. Votre nom dans le « who's who », ou une carte de V.I.P., sont aussi des gages de longévité. Ce ne sont pas à priori des gens qui vivent des vies tranquilles et peu stressées! Mais ce sont des gens qui s'impliquent totalement, qui assument d'importantes responsabilités, des gens dont l'avis compte pour les autres. Ils sont leur propre matériau et font de leur vie une œuvre. Ils osent être eux-même. Pour devenir ce qu'ils sont, ils ont pris des risques, ils sont sortis des cadres et des habitudes... Parce qu'ils avaient suffisamment de sécurité intérieure pour le faire.

La sécurité intérieure

Dans les premiers temps de la vie, le bébé trouve la sécurité dans le contact rassurant des bras de sa mère, dans son regard inconditionnellement acceptant. L'œil d'une mère ne pose jamais de jugement, l'enfant a le droit d'être juste ce qu'il est, sans avoir besoin de rien faire de spécial. Il peut s'abandonner avec confiance dans les mains de sa mère. Sa mère lui donne, sans rien attendre en retour. Il construit ainsi sa sécurité de base.

Puis il intériorise cette bonne mère. C'est à dire qu'il devient capable de conserver à l'intérieur de lui l'idée de la permanence de son affection. Il n'a alors plus besoin de la voir constamment pour savoir qu'elle l'aime et le protège. Il sait qu'elle est là dans sa vie, même quand elle n'est pas physiquement présente à ses côtés.

Disposant de cette sécurité de base, nous sommes libres d'aller voir ailleurs ce qui s'y passe, d'explorer sans crainte. Parce que nous avons intégré que les problèmes trouvent des solutions, que les obstacles peuvent être franchis et les souffrances être soignées. Une fois adultes, lorsque nous rencontrons des difficultés, nous savons qu'elles sont transitoires et que nous allons trouver un moyen de les dépasser. Quand nous tombons nous savons que maman, si elle avait été là, aurait soufflé sur le bobo, nous « soufflons » donc nous-mêmes sur la blessure et repartons, sûrs de notre chemin, ouverts vers l'avenir, ouverts aux autres et aux expériences nouvelles.

Gérer le stress est tellement simple quand on a intégré suffisamment de sécurité intérieure pour faire face à toutes sortes de situations ardues sans se démonter, quand on s'aime suffisamment profondément pour s'accepter même dans l'échec, s'aimer dans l'épreuve comme dans la joie, s'accepter dans le malheur comme dans le bonheur.

Pour de multiples raisons cette intériorisation d'une bonne mère rassurante est difficile. Il y a des mères absentes, des mères qui se désintéressent de leur enfant, il y a aussi des mères qui sont présentes mais pas du tout rassurantes, des mères violentes ou des mères angoissées, dépressives qui, manquant elles-mêmes de sécurité sont bien incapables de la donner à leur enfant. Il y a les mères qui attendent de leur enfant qu'il les rassure. Il y a tous les genres de mères.

Il y a aussi des mères qui ne savent pas comment parler à leur enfant, qui ont peur de ses émotions et ne veulent pas affronter sa colère ou sa détresse et qui donc, sous prétexte de ne pas le faire pleurer inutilement, ne lui disent pas qu'elles vont le laisser chez grand-mère pour la semaine. Il y a les mères qui se sentent coupables de laisser leur enfant à la garderie pour aller travailler, et qui, au lieu de dire à leur bébé : « je t'aime et j'aime aussi mon travail, j'ai envie d'aller travailler parce que j'ai besoin de me réaliser en tant que femme », lui disent : « ne pleure pas, j'aimerais bien rester avec toi mais il faut que j'aille travailler pour gagner des sous pour te nourrir ». Ce qui déclenche immanquablement les pleurs de l'enfant, insécurisé par les sentiments d'impuissance et de culpabilité qu'il ressent chez sa mère.

Bref, nous avons toutes sortes de bonnes raisons de ne pas avoir intégré un solide sentiment de sécurité intérieure. Rajoutez à ces aventures avec maman les relations avec papa, souvent absent, souvent occupé dans sa tête, qui n'a pas l'air de savoir se servir d'une éponge ou d'un balai et qui s'installe devant le téléviseur d'un air pénétré. Il ne faut pas le déranger, il est fatigué. Il ne se réveille qu'une fois que vous avez mis la table, pour demander des nouvelles de votre carnet de notes, et vous rappeler que vous n'arriverez à rien dans la vie si vous ne travaillez pas.

Il est toutes sortes de pères. Il en est qui sont durs, autoritaires, violents, il en est de doux et effacés devant maman, il en est de très fragiles qu'il faut protéger, il en est de tendres sous leurs airs bourrus, ou de bourrus sous leurs airs tendres, il en est qui sont absents ou qui rejettent leurs enfants. Il en est qui exigent toutes sortes de choses, qui aiment sous condition. Il en est qui font peur. Il en est vraiment beaucoup auprès desquels il est fort difficile d'acquérir un sentiment de confiance en soi et de sécurité intérieure inconditionnelle.

Habitudes et besoin de sécurité

Lorsqu'on n'a pas pu intérioriser une confiance en soi suffisante, que se passe-t-il ? On cherche à se faire aimer, plutôt qu'à être soi-même et à être aimé pour ce que l'on est. On recherche la sécurité à l'extérieur, dans la stabilité d'un travail, dans les habitudes, les routines, dans une sécurité matérielle ou encore dans une image de soi, dans un rôle, dans le jeu d'un personnage. On a besoin de Faire pour se sentir Etre.

Toutes les habitudes sont rassurantes. Une habitude donne une illusoire sensation de sécurité. C'est un acquis. On n'a plus besoin de se poser de questions sur ce sujet. Le petit café du matin, par exemple, n'est pas seulement un café, il fait aussi fonction de réassurance. Peu de gens se demandent tous les matins « de quoi ai-je envie aujourd'hui ? » La plupart décident qu'ils prennent du thé (ou du café, ou ...) une fois pour toutes. Et si un jour, pour une raison ou pour une autre, le café doit être sauté ou remplacé par un chocolat, toute la journée est désorganisée : « Je n'ai pas eu mon café ce matin » .

Certains apprécient les changements, d'autres préfèrent les habitudes. Pour aller au bureau, certains aiment varier les trajets, d'autres privilégient tous les jours le même trajet.

De grandes chaînes construisent dans le monde entier des hôtels absolument tous semblables. Ce sont les mêmes chambres, les mêmes tableaux aux murs, la même disposition de salle de bains... C'est sécurisant. On n'est pas perdu. On sait où se trouvent les choses, comment fonctionnent les portes et les robinets. Pas besoin de se creuser la tête. Pas de dangereux imprévus.

Mais lorsque cette illusoire sécurité des habitudes, d'un mariage, d'un métier, est secouée, menacée pour une raison ou pour une autre, c'est le stress. Tout peut toujours s'écrouler, vous pouvez être licencié, votre maison peut brûler avec toutes vos richesses, la personne que vous aimez peut mourir ou vous quitter, Il peut s'installer une dictature dans votre pays, la guerre, une famine, un désastre écologique. Si vous n'avez investi qu'à l'extérieur, vous êtes très vulnérable.

La véritable sécurité ne se peut trouver qu'en soi. « ne cherchez pas ailleurs qu'en vous-même » disent toutes les démarches spirituelles. Mais que faire quand « en soi » il n'y a que vide ?

Le vide de Narcisse

Nous vivons aujourd'hui une civilisation narcissique, hédoniste, centrée sur le plaisir égotiste et immédiat. « La société hédoniste n'engendre qu'en surface la tolérance, l'indulgence, en réalité, jamais l'anxiété, l'incertitude, la frustration n'ont connu une telle ampleur. » (Gilles Lipovetsky, l'ère du vide, Gallimard 73)

« Le monde est un théatre » a dit Shakespeare (preuve que le problème ne date pas d'aujourd'hui !). Oui, manifestement. Seulement dans la vie, les acteurs sont plus souvent prisonniers de leurs rôles qu'ils ne les dirigent. A force d'incarner un personnage, on finit par ne plus savoir qui est qui ! Le jeu est-il conscient ou inconscient ? Un peu des deux. Il reste toujours une petite voix en nous, que nous écoutons peu, mais qui sait que : « ce n'est pas moi ».

Les masques que nous croyons devoir porter, et auxquels nous finissons par nous identifier, inhibent la spontanéité de nos réactions, limitent nos capacités à résoudre les problèmes et à affronter les difficultés de la vie, et ils consomment pour leur maintien tant d'énergie !

« Le stress qui vient de l'intérieur est le pire. » a dit Alexander Lowen. Le stress est cette tension entre la compulsion à satisfaire aux exigences de l'image et la réalité des besoins.

Comment ne pas se sentir vide lorsqu'on a abdiqué ses sentiments profonds au profit de la soumission aux normes parentales et sociales ? La vie émotionnelle d'un enfant est souvent vécue comme menaçante par un parent qui n'a pas confiance en lui, qui n'a pas appris à s'aimer et à s'accepter tel qu'il est. Et c'est le cas de beaucoup, si ce n'est de la plupart. La faute en est aux normes éducatives de l'époque, au système social. Sous couvert d'éducation, le parent tente de conformer son enfant à l'image qu'il s'en fait. Il le soumet à des « il faut », « tu dois », « je sais mieux que toi ce qui est bon pour toi », et autres « c'est pour ton bien »...

L'enfant, obligé de se soumettre aux injonctions parentales, doit réprimer ses affects, nier ses besoins, sa réalité. Il est souvent amené à douter même de ses sensations « Si j'ai faim et que mes parents me disent que ce n'est pas vrai parce que ce n'est pas l'heure, je suis obligé de douter de mes sensations de faim. Les parents ont toujours raison et de toutes façons, ils sont les plus forts et je suis dépendant d'eux ».

A l'intérieur de lui il n'y a plus que vide... et rage accumulée, souffrances inexprimées, peurs inavouables, hontes indicibles. Il grandira sur ce vide. Adulte, il aura tendance, plus ou moins consciemment, à se conformer aux attentes des autres, aux règles, aux modes, aux influences sociales, aux « il faut »/« on doit ». Il se construit de lui une image, celle qu'il prend souvent pour son identité (nous reviendrons plus en détail sur cet aspect dans un prochain chapitre). Il est d'autant plus enfermé par ce masque, que les affects refoulés sont violents et douloureux.

Hier, nous n'avions guère de questions à nous poser. Nos parents, la collectivité, décidaient pour nous. Maison, mariage, métier, nous avions fort peu de liberté. L'individu existait peu, il ne s'inquiétait pas de ne ressentir que vide au dedans de lui. Avait-il même le temps de regarder en lui ?

Aujourd'hui, pour éviter de nous confronter au vide intérieur qui s'ouvre devant la question : « Qui suis-je ? », la société nous propose l'évasion dans les plaisirs de la consommation. Consommation d'objets, de biens, de nourriture, de boisson, de sexe, de loisirs...

Tout nous est invitation à ne pas considérer la réalité de nos vies.

Il faut dire honnêtement que la confrontation ne serait pas facile. Car si l'on y regardait de plus près, pourrait-on continuer comme ça ? Et si nous décidions d'arrêter de vivre dans ce stress ? Oserions-nous tous les changements que nous aurions à traverser ?

Nous préférons souvent croire qu'il est impossible de changer, que la vie est comme ça, qu'il faut s'y faire.

Relations humaines, deuils, échecs, conflits, séparations deviennent de plus en plus difficiles à gérer. Chacun se dissimule derrière son maquillage. Nous avons peur les uns des autres, peur de ce qui se cache sous la façade de l'autre...! Pour récupérer du pouvoir, nous rassurer, nous en rajoutons sur le masque, et nous jouons : pouvoir de séduction, pouvoir de l'énigmatique, pouvoir du Je-sais-tout, pouvoir de la parfaite maîtresse de maison, pouvoir du protecteur, du sauveur, de la mère-poule...

Nous nous heurtons les uns aux autres, ou plutôt les cuirasses des uns, aux armures des autres. Solitude, défiance et jeux de pouvoir envahissent le terrain social, et nous entraînent dans une spirale sans issue.

A force de jouer notre vie plutôt que de la vivre, réprimant nos émotions primaires profondes, méconnaissant notre réalité, nous bloquons le processus vital en nous. Nous nous mettons sous tension pour rester en conformité avec les schémas proposés par la société... Jusqu'à épuisement, maladie, ou dépression.

Si vous avez mal au pieds parce que vous avez des chaussures trop petites, vous pouvez vous faire des massages, des bains de pieds, prendre de l'aspirine ou des analgésiques, vous aurez toujours mal. Changez plutôt de chaussures.

Notre société est comme une chaussure trop petite, manifestement elle ne nous va pas, elle ne permet pas notre épanouissement. Alors, plutôt que de tenter par tous les moyens de s'y conformer, de prendre des médicaments, de faire toutes sortes d'efforts pour s'y adapter, ne vaudrait-il pas mieux envisager de changer la chaussure, changer la société ? C'est à dire en premier lieu apprendre à lui désobéir et s'en libérer ?

Doit-on regretter la désaffection des églises et des partis ? Notre époque se caractérise par le vide, certes. C'est une époque narcissique, c'est une époque d'individuation et de construction de l'image de soi. A chacun de se trouver et de trouver son chemin, à chacun d'explorer et d'user de sa liberté, pour devenir celui qu'il a envie de devenir. A notre époque plus qu'à aucune autre, le défi est d'aimer et de se réaliser, de devenir soi, exprimer son individualité et trouver sa place parmi les autres. Le bonheur, c'est de se sentir à sa place dans le mouvement de la Vie.

---

1. « Executive Stress » A.M.A. Survey report New York amacom 1979.
2. Dr Brigitte Gall.

2.

LE STRESS, C'EST QUOI AU JUSTE ?

Elevé au rang de phénomène de société le stress fait beaucoup parler de lui, et il a plutôt mauvaise réputation : on l'accuse d'être à l'origine de nombre de nos maux dits de civilisation. Dans l'esprit de beaucoup, il semblerait que le stress soit apparu à l'ère industrielle, en relation directe avec l'automatisation, les machines, les usines, les horaires, la ville. Avant cela, tout n'était que calme et volupté, tranquillité et harmonie avec la nature.

Prenons la machine à remonter le temps et allons voir. Nous marchons dans la forêt : elle est bien touffue, difficile de voir où l'on met les pieds. Eh non, il n'y a pas de sentier balisé. Quel est ce martellement sourd que l'on entend ? Ce doit être un mammouth, ou peut-être un auroch. Il se rapproche, vous avez votre gourdin ? Une flèche ? Il s'agit de viser juste. Sauvé. Une fois de retour dans la grotte, peut-on vraiment dormir sur ses deux oreilles avec tout ces bruits alentour ? Un mouvement dans le fourré tout proche, qu'est-ce que c'est ? Non, sans la lampe de poche, et il est inutile de chercher l'interrupteur pour vérifier ce qui vous grimpe sur la jambe dans le noir.

Je remonte un peu loin ? Voulez-vous tenter le moyen-âge ? Si vous vous garez des fougueux chevaux des chevaliers et des épées des gentilshommes qui tiennent le haut du pavé, vous pourrez faire une jolie balade dans les odeurs des rues de Paris avant l'invention des égoûts. Vous préférez la campagne ? Peut-être la traversée d'un bois vous agréerait-elle, avec toutefois beaucoup plus de bandits de grand chemin et beaucoup moins de Robins des Bois que dans les films.

Que les facteurs de l'agression – ou de ce que nous vivons comme une agression – soient physiques (bruit, chaleur, froid, pollution), émotionnels (conflits, échecs, deuils) ou même imaginaires (n'oublions pas que « le ciel peut nous tomber sur la tête »), ils nous font battre le cœur. Nous sommes tendus, énervés. C'est le stress.

Le stress est de tous les âges, de tous les temps. Il est la réaction universelle aux défis de l'environnement.

Le stress est une réaction d'adaptation

Observez ce qui se passe dans votre organisme lorsque vous êtes « sous stress » : Le cœur bat plus vite, le sang afflue dans les veines. Quelquefois les mains picotent, elles deviennent moites. Vous sentez le besoin impérieux de bouger, si vous vous laissez aller, vous agitez vos jambes en cadence, allumez compulsivement une cigarette, mâchouillez le bout d'un crayon ou marchez de long en large. S'il vous est impossible de bouger, vous devez retenir votre énergie, retenir votre respiration... et c'est la paralysie.

L'estomac s'en mêle, il gargouille, chut ! Vous rentrez le ventre un peu plus, et puis... Vous avez envie d'uriner, c'est bien le moment ! Vous avez la bouche sèche et une boule dans la gorge, pas très pratique pour parler ! Mais, vous pâlissez. Non seulement vous transpirez mais vos poils se hérissent. Attention, ça va se voir... Ne tremblez pas comme ça !

Devant la nécessité de « faire face » à une situation difficile, le cerveau déclenche l'alarme et la mobilisation des ressources.

Tout d'abord, le carburant : il faut du glucose. Au tout début de la phase d'alarme, une décharge d'insuline fait brutalement baisser le taux de sucre dans le sang. Du sucre est stocké dans les graisses. Pour pallier à la demande de ressources énergétiques, la respiration s'accélère. L'oxygène inhalé brûle les graisses pour libérer le sucre dans le sang. Le cholestérol, combustible plus lent prendra la relève du glucose. Le sang oxygéné et transporteur du carburant doit circuler rapidement, le cœur s'active. Les cinq sens s'aiguisent : les yeux voient mieux et plus loin, le champ visuel est élargi. L'ouïe se fait plus fine. Même le toucher est plus sensible. Le goût et l'odorat sont exacerbés.

L'estomac et tout le système digestif consomment d'ordinaire énormément d'énergie. En cas d'urgence, priorité est donnée aux muscles et au cerveau. La digestion s'interrompt. Les glandes salivaires freinent en conséquence leurs secrétions. Car la salive sert à tapisser l'estomac pour qu'il ne soit pas attaqué par les sucs digestifs.

Accélération cardiaque, bouche sèche, picotements dans les mucles, toutes ces sensations qui nous perturbent et nous inquiètent sont normales. Et plus, elles sont utiles.

« Il existe une chose permanente dans la vie : le changement » a dit Einstein. Nous devons perpétuellement nous adapter physiquement et psychologiquement à notre environnement. Heureux ou douloureux, tout événement nouveau modifie notre réalité et nécessite que nous nous adaptions. Le stress est le nom générique de tous ces efforts d'ajustement à un environnement en mouvement. Il est un des facteurs du vivant.

La première description scientifique du stress physiologique est proposée aux alentours de 1920 par le physiologiste Walter Cannon : « tout corps d'animal complexe manifeste un modèle stéréotypé de réaction à n'importe quelle agression de l'environnement perturbant son équilibre ». Il nomme ce modèle « la réaction de lutte ou de fuite ».

Un peu plus tard, en 1936, Hans Selye, spécialiste des glandes endocrines est à la recherche d'un « état de maladie » commun à toutes les maladies. Il met en évidence ce qu'il nommera le Syndrome Général d'Adaptation et introduit le concept de stress avec la définition suivante : le stress est la réponse de l'organisme à toute sollicitation, il est l'effort d'adaptation.

Le S.G.A. se déroule en trois phases. Les réactions physiologiques que nous venons de voir correspondent à la première phase, la *phase d'alarme.* Après cette mobilisation énergétique, si aucune action n'est possible pour modifier l'environnement ou résoudre le problème posé, si l'attaque ou la fuite sont interdits, l'organisme reste en tension. L'énergie reste mobilisée sans trouver d'objet sur lequel s'investir. Le système de défense immunitaire de l'organisme reste sollicité. On entre dans la *phase de résistance.*

Les ressources de l'organisme ne sont ni éternelles ni infinies. Une résistance trop longue mène à l'*épuisement.* Epuisement des défenses, épuisement physique et moral.

Le stress est donc non seulement une réaction à une agression mais une réaction à toute modification de notre équilibre.

Jean-Pierre apprend que la femme qu'il aime est atteinte d'un cancer : douleur! Voyez-le : il ne tient pas en place, il a les nerfs à vif, ses mains sont moites, son cœur bat la chamade, ses pensées tournent en tous sens dans sa tête, il n'a pas envie de manger et aura bien du mal à s'endormir ce soir.

On offre à Miléna un nouveau poste, une promotion importante : joie! Mais regardez la; son cœur bat la chamade, elle a les mains moites, elle ne tient pas en place, elle est toute excitée, énervée, ses pensées tournent dans tous les sens, elle n'a pas faim et elle aura bien du mal à s'endormir ce soir.

Il n'y aurait donc pas de différence entre un stress heureux et un stress malheureux? Hans Selye introduit tout de même une distinction entre ce qu'il nomme « l'eustress » (grec eu=bien), déclenché par un facteur heureux, et la détresse (en anglais : distress), qui, elle, est déclenchée par un événement malheureux. Nous trouvons des ressources dans l'eustress : plaisir, force, confiance en soi, fierté, chaleur... La détresse, elle, nous entraîne dans un cercle vicieux négatif : souffrance, faiblesse, dévalorisations, idées noires, angoisse, autant d'agents stresseurs internes qui s'ajoutent, nous menant promptement à l'épuisement.

Si le stress est une réponse naturelle et saine de notre organisme, nécessaire à notre survie, comment se fait-il qu'il ait si mauvaise réputation ?

Il est 8h40, Arthur est dans sa voiture, il a un rendez-vous important ce matin. Pour éviter les encombrements, il s'engage dans une petite rue... Le camion devant lui s'arrête et le livreur entreprend calmement de décharger... Le sang d'Arthur ne fait qu'un tour...

Nos réactions sont souvent disproportionnées. Nous nous énervons dans les embouteillages. Nous bégayons devant le conseil d'administration. Même un innocent bouquet de fleurs offert par un charmant jeune homme est capable de déclencher un stress intense !

Nos ancêtres canalisaient immédiatement leur énergie dans l'action, ils fuyaient en courant ou attaquaient leur agresseur. Mais de nos jours que faire de ce remue-ménage physiologique dans nos corps ? On ne peut ni fuir ni attaquer un jury d'examen, un patron, une traite, ou un embouteillage. Nous déclenchons des réactions de stress dans des situations qui ne le nécessitent pas toujours. Nos agents stresseurs sont plus psychiques que physiques, et nous ne savons pas comment utiliser l'énergie mobilisée dans l'organisme. Lorsque nous sommes dans l'impossibilité de résoudre un problème, de faire un choix, ou de nous exprimer, l'énergie bloquée nous maintient en tension, nous paralyse, nous épuise.

Des réactions disproportionnées

Devant cet obstacle qui s'offre à lui, Arthur peut choisir l'attaque, sortir furieux de sa voiture pour invectiver ce « pauvre type » qui n'en finit pas de faire sa livraison... jusqu'à ce qu'ayant aperçu l'imposante masse de muscles et l'air patibulaire du sus-dit « pauvre type », il se retourne rapidement vers cette tout-à-coup alléchante vitrine... Arthur peut aussi rester derrière son volant en attendant que ça se passe. Il peut aller lui demander calmement d'avancer d'un mètre de façon à lui laisser l'accès au carrefour. Il peut...

Nous pouvons théoriquement choisir entre des attitudes variées celle qui sera la plus efficace. Mais de nombreux facteurs, comme l'éducation, les habitudes acquises, les expériences passées... conditionnent nos comportements, et réduisent nos capacités de choix .

C'est l'hypothalamus, minuscule région du cerveau mais néanmoins chef d'orchestre de tous les processus métaboliques, qui est le principal responsable de l'organisation des réactions de défense de l'organisme. Il reçoit en permanence des informations directes sur toutes les modifications biologiques dans le corps et donc les besoins physiologiques du moment, mais il reçoit aussi les ordres des instances supérieures du cerveau ... Et se conforme sans oser se rebeller à celles-ci, même si les ordres sont incohérents, ou hors de proportion avec les messages sensoriels. Il a déjà bien du travail. S'il doit en plus vérifier l'opportunité et la cohérence des réactions qu'on lui demande de diriger, où va-t-on! C'est donc à la hiérarchie qu'il faut poser la question de la pertinence de nos réponses à l'environnement :

Au-dessus de l'hypothalamus, le système limbique gère mémoire et émotions. Le terme « système limbique » recouvre un ensemble de structures en forme d'anneau du cerveau moyen. Ce système attribue une signification affective aux situations auxquelles nous sommes confrontés en les comparant avec nos souvenirs de situations semblables : succès ou échecs. Sans même que ces souvenirs n'affleurent à la conscience, les émotions qui les accompagnent ressurgissent et colorent notre vécu.

Conserver l'objectivité n'est pas simple quand nos perceptions sensorielles sont marquées par les expériences du passé. Les données affectives priment sur les données biologiques, le cerveau limbique nous fait vivre dans un monde « subjectif ».

Le néocortex, au dessus du cerveau limbique et l'enveloppant, nous autorise à penser. Il représente 85 % du volume total du cerveau et il est constitué à 80 % de zones dites associatives car elles croisent les informations reçues par d'autres zones, les associent pour leur donner sens. C'est ce cerveau qui nous permet de réfléchir, d'imaginer, de créer, d'inventer des solutions nouvelles et originales aux problèmes qui nous assaillent.

Les interconnexions de nos neurones associatifs se comptent par milliards. Reliant les informations de tous ordres, elles nous permettent d'emmagasiner des connaissances, mais surtout d'en faire des analyses et des synthèses.

Le néocortex nous donne accès à la pensée logique, à l'abstraction et à l'activité volontaire.

La plupart des animaux ne peuvent inhiber leurs réflexes. L'humain le peut. Un homme peut rester stoïque devant la torture. Ce n'est pas forcément facile, et tout le monde ne mobilise pas son énergie pour le faire, mais c'est humainement possible. Question de volonté, certes, mais aussi de capacité à endiguer la puissance de l'orage émotionnel déclenché dans le cerveau limbique... C'est une force intérieure qui se cultive.

Le néocortex a, chez l'homme, et pour autant que

nous le mobilisions, le pouvoir décisionnel suprême. Si votre médecin vous tapote sous le genou de son petit marteau et que vous avez décidé que vous ne bougeriez pas... il ne verra pas le réflexe qu'il attend!

Schématiquement, l'hypothalamus déclenche les adaptations internes de l'organisme, en relation avec les émotions issues de la mémoire de notre passé (système limbique), et en fonction des pensées, des croyances, et des analyses du néocortex.

Nous réagissons donc non seulement à ce qui est un danger ou une nécessité d'adaptation, mais à ce que nous *pensons* être un danger, à ce que nous interprétons comme un péril. Nous réagissons non à la réalité du monde, mais à notre interprétation de la réalité du monde.

Le cerveau a ses raisons

Le cerveau a ses raisons que notre raison ne connaît pas. Si nos réactions sont disproportionnées par rapport à la réalité présente, elles sont vraisemblablement tout à fait cohérentes dans un autre contexte, un autre cadre, ou un autre temps.

Le cerveau procède par généralisations. Sur la base de quelques stimuli, indices pour lui significatifs, il déclenche une réaction qui, pour surprenante qu'elle nous apparaisse, est pourtant cohérente.

Nicolas est un cadre brillant mais il se paralyse en réunion lorsqu'il doit faire des interventions orales devant ses collègues.

Remontons le temps...

Un petit Nicolas est au cours préparatoire. Il est interrogé. Il ne sait pas, ne se rappelle plus. Il regarde terrorisé les yeux sévères de la maîtresse qui attend manifestement de lui quelque chose qu'il ne peut donner. Vingt petits copains (ennemis en cet instant) se moquent de lui.

Nicolas est bien trop petit pour avoir le culot d'utiliser l'énergie du stress qu'il sent alors à l'intérieur de lui pour remettre à leur place la maîtresse et ses camarades. « *Vous n'avez pas, madame, à me regarder avec ces yeux méchants parce que je ne sais pas ma leçon aujourd'hui, et vous les copains, vous ne rigoleriez pas tant si vous étiez à ma place* ». Non, il n'a pas encore cette possibilité. Il ne peut que trembler et se sentir mal. Son cerveau enregistre. Il intègre qu'il est ridicule et qu'il ne sait rien.

Quelques vingt ans plus tard, Nicolas ne se souvient bien sûr pas de ses expériences douloureuses d'écolier, mais, lorsqu'il doit faire une présentation devant son patron et une vingtaine de ses collègues... il a la même réaction que lorsqu'il était enfant : la panique associée aux sentiments de ridicule et d'incapacité personnelle.

Le processus de reconnaissance par le cerveau des similitudes de situation pour le choix des comportements se fait en dehors de la conscience. Si Nicolas ne se souvient pas, les circonstances sont suffisamment semblables pour qu'il oublie qu'il a maintenant des ressources d'adulte et donc d'autres options pour gérer la situation. Les deux expériences sont associées dans le cerveau : l'hypothalamus déclenche les mêmes réactions physiologiques que par le passé.

Les situations ou événements de nos vies ne sont pas « le stress », ils sont des facteurs déclencheurs.

Acteurs de nos vies, nous en sommes aussi les metteurs en scène. Mais il semble que nous ne maîtrisions pas toujours le scénario. En comprenant les mécanismes de notre physiologie, et de notre psychologie, nous pouvons apprendre à les diriger plutôt que d'être dirigés par eux. En élucidant les motivations de nos comportements, nous pouvons devenir les scénaristes conscients de nos vies. Nous pouvons acquérir davantage de maîtrise sur nos réactions et ne laisser se déclencher l'alarme que lorsqu'elle est justifiée.

Récompense et punition

La vie nous confronte à des choix, plus ou moins faciles à faire ; elle nous pose des problèmes, plus ou moins faciles à résoudre ; elle nous met face à des événements plus ou moins faciles à gérer.

Il existe dans le système limbique, un circuit nerveux particulier appelé le « système de la récompense [1] ». Celui-ci est activé lorsque nous savons comment nous y prendre dans une situation : nous avons la mémoire de succès antérieurs dans des circonstances semblables. Ce système active les zones de plaisir du cerveau, il encourage et « récompense » ainsi nos actions.

Lorsque nous avons le souvenir d'un échec, d'une difficulté que nous n'avons pas su surmonter efficacement dans le passé, c'est un faisceau de fibres appelé le « système de la punition [2] » qui est activé. La stimulation de ce système nous conduit à des comportements d'évitement ou d'agressivité défensive. Le choix instantané entre la fuite ou la lutte dépend de l'environnement. Celui-ci permet-il la fuite ? Nous évitons le stimulus négatif. La fuite est impossible ? Nous luttons. Tout ceci est bien simpliste au regard de la complexité et des nuances du comportement humain, mais une telle simplification toute réductionniste soit-elle, peut nous aider à mieux comprendre ce qui se déroule en nous. Nos comportements sont donc pour beaucoup conditionnés par la mémoire du résultat de nos comportements antérieurs. Lorsque le cerveau se rappelle d'une action menée avec succès dans une situation similaire, il la déclenche. S'il a mémorisé l'inefficacité de l'action, il préfère l'évitement.

C'est ainsi que s'installent des automatismes qui nous facilitent la vie. Mais qui parfois aussi nous limitent, car un être humain change au cours de son existence. Il peut très bien, comme Nicolas, à 30 ans, être à même de faire face à une situation dans laquelle il a été bloqué à 7 ans. Nombre de nos difficultés viennent de ce simple fait que nous ne nous sommes pas rendus compte que nous avons grandi et que nous avons maintenant des ressources dont nous ne disposions pas enfants.

Notre cerveau limbique ne « sait » pas que nous avons grandi, mais notre néocortex, lui, possède l'information. Il nous rend la liberté en nous donnant pouvoir sur nos réactions émotionnelles... A condition que nous décidions de prendre ce pouvoir bien sûr, et nous avons parfois de bonnes raisons de ne pas avoir envie de le faire ! (nous reviendrons amplement sur cet aspect dans le chapitre « Quand la chenille fait l'autruche » p. 153.

Plutôt que de réagir directement à la situation, de fuir ou d'agresser, nous avons accès à la conscience, et pouvons agir en fonction de nos analyses et de nos conceptions du monde, de la vie, de nous-même. L'Homme est « intelligent », c'est à dire qu'il peut donner un sens à ce qui se passe, faire des hypothèses et des déductions et trouver des solutions à ses problèmes. Pourquoi ne le fait-il pas toujours ? pourquoi conserve-t-il parfois des comportements aberrants, pourquoi lui arrive-t-il de rester en tension plutôt que de résoudre ses difficultés ? Eh bien tout simplement parce que le plus souvent il ne sait pas qu'il le peut !

Le désespoir acquis

Pour mesurer l'impact de l'espoir et du désespoir sur les comportements une expérience (cruelle) a été menée sur des rats. Si l'on met des rats blancs de laboratoire dans un bac d'eau, ils résistent plusieurs jours, et finissent par mourir de « désespoir ». Si l'on met des rats bruns, sauvages, dans le même bac, ils meurent en quelques minutes, de commotion.

Les rats de laboratoire sont habitués aux expériences des hommes qui les mettent dans des situations abracadabrantes pour observer leurs comportements et leur apprendre à trouver une issue, à appuyer sur une manette... Ils ont appris qu'il doit y avoir une issue, qu'il y a quelque chose à faire pour sortir de leur situation inconfortable. Ils cherchent ce qu'ils peuvent faire et résistent bien plus longtemps que les rats bruns qui n'ont aucune expérience de la sorte. Les rats sauvages se trouvent dans une situation totalement nouvelle, ils ne savent pas qu'il y a un espoir, ils ne savent pas qu'ils peuvent avoir un quelconque contrôle sur la situation. Si les rats sont retirés de l'eau juste avant de mourir, ils se rétablissent très vite et apprennent donc que la situation n'était pas désespérée. Lorsqu'ils sont replongés dans le bac, ils nagent beaucoup plus longtemps que la première fois.

Des réactions du rat à celles de l'humain, il y a une distance... mais pas si grande. Si nous savons que nous pouvons nous sortir de la situation, nous nous battons davantage que si nous pensons que « tout est fichu ». Notre capacité à ne pas désespérer, à ne pas abandonner toute recherche de solution dépend du sentiment de puissance ou d'impuissance personnelle à influencer les événements. Ce sentiment est rarement lié aux caractéristiques réelles de la situation, il dérive en réalité de nos expériences antérieures et pour tout dire enfantines.

Avons-nous souvenir d'avoir réussi à influencer notre environnement ou nous vivons-nous comme objets, victimes des situations ? Nous avons appris nos réactions d'adultes dans la relation à nos parents. Le sentiment d'avoir du pouvoir sur les situations et dans ses relations aux autres s'enracine dans les expériences très archaïques du petit enfant. Avons-nous acquis la certitude d'avoir droit au respect, droit à la parole, droit à la justice, droit aux émotions, bref d'être sujet et non objet ? Un sourire de nous déclenchait-il un sourire sur le visage qui se penchait sur nous ? Ou bien nos parents étaient-ils indifférents à nos mimiques, à nos sentiments, à nos volontés?

Si les parents sont attentifs aux expressions de leur bébé, s'ils réagissent à ses mimiques en y répondant, si ses manifestations émotionnelles ont un impact sur leur comportement à son égard, bref, s'ils sont à son écoute en le considérant comme un individu à part entière, l'enfant peut intégrer l'idée qu'il a son mot à dire sur les situations dans lesquelles il se trouve, que son attitude, son expression peuvent avoir une influence sur son environnement. Adulte, face à un problème, il cherche une solution parce qu'il croit qu'il y en a une et qu'elle est en son pouvoir.

Si par contre les demandes, les attitudes de l'enfant n'influent pas, trop peu, ou de façon trop aléatoire, le comportement ou les décisions de ses parents, si ceux-ci ne réagissent pas à ses tentatives d'établir le contact, si le sourire de l'enfant n'éveille pas le sourire de sa maman, si ses pleurs ne déclenchent pas le comportement de maternage, l'enfant se sent impuissant, il n'est qu'objet. Il apprend qu'il n'a pas de pouvoir sur ce qu'il vit.

Et c'est ainsi que s'enracine le sentiment d'impuissance qui, plus tard, lorsqu'il sera adulte, lui donnera tendance à se sentir l'objet du destin, des autres, de la société, voire de ses propres émotions et le laissera souvent démuni face aux épreuves rencontrées.

Les chercheurs ont nommé « Désespoir acquis » ce concept qui recouvre les conséquences négatives d'une (ou plusieurs) expériences vécues par l'individu de la non-maîtrise de son environnement.

Devant une difficulté, un problème posé par la vie, un « agent stresseur », le désespoir acquis se manifeste par un manque de motivation à contrôler la situation, une incapacité à établir un lien entre les actions et leurs résultats, et sur le plan émotionnel un sentiment de désespoir ou de dépression.

L'action impossible

Le désespoir acquis met l'individu dans l'impossibilité de trouver une issue originale à un problème nouveau. La vie nous met perpétuellement face à de nouvelles situations. Nous sommes à priori plutôt conservateurs et tant que nous pouvons utiliser les mêmes stratégies, nous le faisons. Nous avons les mêmes attitudes dans ce que nous considérons être le même genre de circonstances.

Tant que ça marche, tout va bien, nous n'avons pas besoin de nous « remettre en cause ». Mais parfois ça ne marche pas, soit que nous devions faire face à des difficultés vis à vis desquelles nous n'avons pas de comportements prévus, soit que nous ressentions des désirs interdits, voire des sentiments ou des envies contradictoires.

Nous « retournons » le problème en tous sens et tentons de trouver une solution dans le cadre de ce que nous avons appris.

Un instant de récréation, faites ce petit exercice :

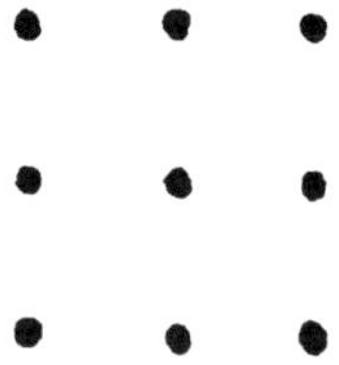

Reliez ces neuf points par quatre traits droits sans lever le crayon.

Que se passe-t-il ?

« C'est impossible », compte parmi les premières réactions.

C'est bien le reflet de ce que nous vivons lorsque dans la vie nous rencontrons un problème d'apparence insoluble.

Puis viennent les manifestations de découragement : « Je n'y arrive pas », « de toutes façons je ne suis pas doué pour les casse-têtes », « ça m'ennuie, j'attends qu'on donne la solution » Bref, toutes les petites phrases qui nous passent par la tête quand nous sommes face à une difficulté.

Le problème paraît insoluble? Il ne l'est que si nous restons enfermés dans l'espace limité de notre cadre de référence.

Voir la solution page 69.

Les neuf points sont disposés de manière à donner l'illusion perceptive d'un carré, et nous cherchons à résoudre le problème dans le cadre de ce carré. Et bien sûr à l'intérieur, c'est chose impossible. Par contre, dès que l'on sort du cadre, la solution devient évidente.

De la même façon dans nos vies, nous restons fréquemment enfermés dans le carcan de nos croyances, nous tournons en rond ou plutôt en carré dans le problème qui reste sans solution parce que nous tentons de le résoudre dans le cadre devenu trop étroit de nos conceptions. Incapables de nous remettre en cause dans nos fondements mêmes, prisonniers de ce que nous croyons être notre identité, de ce que nous appelons notre caractère, notre personnalité, prisonniers en réalité de notre image, de notre cadre de référence, de notre conformisme social, de notre soumission aux messages parentaux, nous n'osons nous aventurer hors des limites dessinées par nos conceptions, nous sommes bloqués.

Le choix interdit

Lorsque devant un problème, de peur de nous remettre en cause, nous ne percevons qu'une alternative et parce que nous sommes dans l'incapacité de choisir entre ces deux options impossibles, nous restons en tension.

Mathilda se sent mal dans sa maison, elle ne l'aime pas, ne l'investit pas. La solution pourrait être de déménager, mais c'est elle qui a dessiné les plans de la maison et son mari l'a réalisée... comment le lui dire ? Ils ont tant travaillé à la construire ! Mathilda reste en tension, ses relations avec son mari se dégradent. Une très mauvaise solution se profile : le divorce. Mais dans le cadre de référence de Mathilda, il est plus facile de divorcer que de dire à Jean « je n'aime pas cette maison que nous avons construite » et d'affronter les sentiments liés à cette déclaration.

Geneviève hésite à accepter un poste intéressant en province, que va devenir sa mère ? C'est d'un côté sa carrière et la culpabilité, et de l'autre le sentiment du devoir accompli et la frustration. Quel que soit son choix, c'est la tension, le stress.

Denis travaille dans l'administration, il supporte très mal son chef tatillon et incohérent, il est obligé de recommencer des dossiers jusqu'à l'absurde. Il n'aime pas son travail. Mais que faire ? Partir ? trop dangereux, Denis a des enfants en bas âge. Comment concilier colère et soumission ?

Juliette aimerait s'exprimer davantage, se cultiver, participer, en un mot exister. Mais elle perçoit combien Marc apprécie sa fragilité, il aime s'occuper d'elle, la prendre en charge. Si elle n'a plus besoin de lui, elle a bien peur qu'il ne la quitte, alors...

Jean est marié, il aime une autre femme. Il la voit en cachette, et ment à son épouse. Il a trop besoin du confort que son mariage lui procure pour oser le remettre en cause.

Laurent aurait bien envie de devenir médecin, mais il faut reprendre l'entreprise de papa, ses parents y tiennent plus que tout. S'il choisit la médecine (ou autre chose), la culpabilité le minera, s'il opte pour l'entreprise, c'est la frustration à vie.

Mathilda, Geneviève, Denis, Juliette, Jean, Laurent ont peur d'être eux-mêmes, d'exprimer leurs besoins, de s'affirmer. Ils ont peur des émotions des autres, peur des conflits. Ils préfèrent taire leur être intérieur et conserver une illusoire sécurité. Ils endurent la situation, n'osent dire non à ce qu'ils imaginent qu'on attend d'eux...

Les conflits que nous avons à résoudre dans nos vies sont complexes. Nous sommes facilement piégés par l'idée qu'il faut choisir l'un ou l'autre. Ce sont deux parties de nous qui ont des besoins contradictoires. Donner satisfaction à l'une au détriment de l'autre est rarement une solution, le compromis n'est pas non plus satisfaisant.

Lorsque l'action est inefficace ou interdite, lorsque la fuite ou la lutte sont impossibles, lorsqu'un conflit intérieur reste non résolu, les tensions s'installent, le sentiment d'impuissance grandit. Le « Système Inhibiteur de l'Action » décrit par le docteur Henri Laborit entre en jeu : l'hypothalamus, l'hypophyse (la glande endocrine responsable directement ou indirectement de presque tout le système hormonal) et les glandes surrénales sont de la partie, elles sécrètent les hormones du défaitisme.

Le stress le plus redoutable est le stress intérieur, celui qui résulte d'un conflit entre différentes parties de soi. Il se déroule plus ou moins en dehors de la conscience. Comment faire face à un problème qui refuse de se laisser connaître? Résistance et tensions s'installent, jusqu'à l'épuisement.

Alarme, résistance... épuisement

Lorsqu'un animal est soumis d'une manière continue à l'action d'un stresseur quelconque, on constate tout d'abord que le cortex surrénal perd la totalité de ses microscopiques globules de graisse qui contiennent les hormones corticostéroïdes . C'est la phase d'alarme.

Puis, dans un second temps ce même cortex surrénal se recharge d'un nombre important de gouttelettes graisseuses, c'est la phase de résistance . Enfin, après un certain temps, il les perd de nouveau c'est la phase d'épuisement.

Nos capacités d'adaptation ne sont pas illimitées.

Dans la phase d'alarme, le stress nous apporte de l'énergie, il nous permet de « déplacer des montagnes », comme dans l'aventure de cette jeune femme qui a pu soulever un tracteur pour dégager son enfant. Nous sommes alors capables de réaliser des prouesses, des performances bien au-delà de ce dont nous sommes capables au repos.

Mais au cours de la phase de résistance, notre énergie s'épuise.

Le Tarzan que nous sommes souvent roule des mécaniques. Il est fort. Il se débrouille comme un chef dans cette société. C'est un véritable bourreau de travail. Il est plein d'énergie et fait face à toutes les exigences. Il avale rapidement un sandwich à midi et s'en porte très bien, n'en déplaise aux nutritionnistes. Il méconnaît ses besoins, ses difficultés à vivre, ses émotions... Jusqu'à ce que...

Les neurophysiologistes ont mis les rats de laboratoire à contribution pour vérifier ce que nous savons tous dans nos vies quotidiennes mais que nous avons parfois du mal à admettre parce que Tarzan veut garder son rôle jusqu'au bout. Tarzan doit être capable de supporter les pires conditions, et n'être jamais fatigué.

Lorsqu'on habitue un rat à vivre dans une chambre froide, après la réaction d'alarme pendant laquelle ses résistances sont affaiblies, il s'adapte, c'est à dire qu'il développe une nouvelle capacité de tolérance au froid. En procédant graduellement, on peut le faire survivre à des températures auxquelles jamais ne résisterait un animal non préparé. On a apparemment obtenu une bonne adaptation mais après quelques temps de vie en milieu froid, la résistance acquise disparaît et le rat est alors incapable de survivre même dans la chambre au froid modéré où il a pourtant longtemps vécu au début de l'expérience.

On a soumis des rats à toutes sortes de tracas, on les a exposé à des toxiques, on leur a glissé sous la peau des substances irritantes, on les a contraints à un exercice musculaire intense. Les mêmes étapes se sont déroulées chaque fois.

Après un certain temps de résistance, et d'apparente bonne adaptation, avec des capacités accrues, on constate des symptômes d'épuisement.

Les malheurs de ces animaux de laboratoire nous enseignent qu'il faut nous garder de méconnaître l'impact des facteurs stressants sur notre organisme, même si l'« on s'y fait ». Bien sûr, on s'habitue au bruit du train ou de l'avion qui passe régulièrement près de notre domicile, on finit même par l'oublier. On s'habitue aux rythmes imposés par les horaires de travail et les transports. On s'habitue à l'air pollué des villes, on ne sent plus les odeurs qui nous font frémir les narines après quelques jours passés à la campagne. On s'habitue au patron cyclothymique ou aux collègues distants. On peut même s'habituer à une relation conjugale insatisfaisante, on vit des années aux côtés d'un être que l'on n'aime plus, que l'on ne désire plus. On « fait aller ».

On s'adapte à tout...On jette une couverture pudique sur la situation avec l'illusion que le problème s'écartera de lui-même. Les méfaits de l'usure n'interviennent pas instantanément, ils s'installent insidieusement au cours du temps. L'organisme résiste, résiste, et à plus ou moins long terme il s'épuise.

Nous ne pouvons éviter le stress, il est inhérent à la vie, nous rencontrons sans cesse des agents stresseurs de toutes sortes, mais nous pouvons éviter de maintenir notre organisme en état de tension permanent. La vie est mouvement, la vie est changement.

Dans son livre « comment vaincre sa fatigue », par ailleurs truffé de bonnes idées et de judicieux conseils, le docteur J.P. Lablanchy nous dit : « à chaque fois que vous avez le choix, donnez votre préférence à la conservation de l'état antérieur ». Heureusement que nos ancêtres ne l'ont pas écouté, et que très peu d'hommes ont cette philosophie ! C'est la condamnation de l'innovation, de l'évolution, la condamnation de l'espèce !

Il est vrai que le stress est lié au changement. Mais il est encore plus vrai que la résistance au changement entraîne une tension émotionnelle qui mènera tôt ou tard à l'épuisement ou à la crise. Apprenons à être attentifs aux signaux que notre corps nous envoie, à résoudre nos problèmes, afin de mieux traverser les épreuves et faire face à la réalité de la vie.

Pour cela nous devons cultiver notre capacité à sortir du cadre, à remettre en cause les prémisses même des problèmes, à nous remettre en cause, c'est à dire à revoir des aspects de notre éducation, de notre passé, de notre personnalité (en n'oubliant pas que ce mot dérive du grec, persona = masque de théâtre). La personnalité est, nous le verrons plus loin en détail, formée d'adaptations successives.

Tout cela pour être plus en contact avec la réalité, avec nos besoins profonds, avec nous-mêmes.

Mathilda peut-elle trouver un moyen de parler à son mari sans culpabilité ? Accepter la colère éventuelle de celui-ci et analyser la question avec lui ?

Laurent peut-il manifester à ses parents qu'il est bien leur fils sans se sentir obligé de reprendre l'entreprise familiale ?

Tout d'abord sachons reconnaître que nous sommes stressé.

Etes-vous stressé ?

Notre organisme envoie des signaux auxquels nous pouvons être attentifs de façon à interrompre le processus de l'épuisement.

Vous voulez évaluer votre degré de stress ?

Remplissez ce questionnaire en évaluant la fréquence actuelle de chaque élément dans votre vie.

0 : jamais/1 : parfois/2 : assez fréquemment/3 : très souvent/4 : tout le temps

1. j'ai des maux de tête, des migraines	–
2. j'ai mal au dos	–
3. je me sens tendu	–
4. mon sommeil est perturbé (réveils, insomnies, hypersomnies)	–
5. je suis souvent enrhumé, ou grippé	–
6. j'ai l'impression de ne jamais avoir le temps de faire les choses	–
7. je me sens fatigué	–
8. les autres m'énervent	–
9. il m'arrive d'oublier des rendez-vous	–
10. je suis angoissé	–
11. j'ai du mal à prendre des décisions	–
12. je me sens utilisé par les autres	–
13. j'ai l'impression d'avoir trop de choses à gérer en même temps	–
14. je suis irritable	–
15. je ne me sens pas épaulé, pas soutenu	–
16. je suis mal dans ma peau	–
17. je n'ai plus goût à rien	–
18. j'ai de l'acné, des problèmes de peau, des petits boutons	–
19. ma tension artérielle est trop élevée ou trop faible	–
20. mon taux de cholestérol est supérieur à la normale	–
21. j'ai des palpitations cardiaques	–
22. j'ai des troubles digestifs	–
23. je suis impatient	–
24. je suis susceptible	–
25. je suis très exigeant, envers moi-même et les autres	–
26. des doutes m'assaillent	–

27. je ne pense pas que les autres m'aiment vraiment	–
28. je remets au lendemain ce que j'ai à faire	–
29. j'égare mes clefs, mes papiers...	–
30. j'éprouve de la difficulté à me concentrer	–
31. je laisse brûler mes casseroles	–
32. je suis souvent dans la lune	–
33. je me sens seul	–
34. je fais des erreurs	–
35. je pleure	–
36. je me sens différent des autres	–
37. je panique	–
38. je pense que ma vie n'a pas de sens	–
39. je ne crois plus en rien	–
40. je mange et je grossis	–
41. je ne mange plus, je maigris	–
TOTAL	

Chacun de ces items est un symptôme de stress. Faites votre total général : Combien de points ?

• *Moins de 20 :* c'est superbe, vous n'avez pas besoin d'aller plus avant dans ce livre, offrez-le à un ami stressé. Tout se passe pour le mieux en ce moment dans votre vie. Vous avez une merveilleuse aptitude à gérer le stress, ou bien vous avez triché !

• *Entre 20 et 50 :* votre niveau de stress est acceptable, voyez les signaux d'alarme que vous avez besoin de repérer pour ne pas aller plus loin.

• Entre 50 et 70 : Attention, vous êtes excessivement tendu, probablement en phase de résistance. Vérifiez ce qui se passe en ce moment dans votre vie, et lisez vite la suite de ce livre.

• *Entre 70 et 100 :* votre score est alarmant, il est urgent de vous occuper de vous, de vous arrêter et de réfléchir... avant la dépression ou la maladie.

• *Plus de 100 :* DANGER. Votre santé avant tout, arrêtez tout, changez de vie ! (ou de façon de vivre la vôtre). Vous avez besoin d'aide.

Les symptômes de l'épuisement

Le stress appelle le stress. Ces symptômes sont des signaux de détresse de l'organisme. Le stress, phénomène physique et psychologique atteint progressivement toutes les zones de la personnalité. Selon les forces et les faiblesses de chacun il va retentir de façon privilégiée sur un domaine ou un autre.

Pour les uns, les premières manifestations d'un taux de stress élevé seront physiques : maux de tête, fatigue musculaire, mal de dos, troubles digestifs, constipation ou diarrhée. Pour d'autres, les premiers signaux se situeront sur le plan émotionnel, crises de larmes, énervement, susceptibilité excessive. Pour d'autres encore, les indices seront des perturbations dans le domaine de l'intellect, difficultés à se concentrer, oublis, inattention. Le stress surgit aussi dans les relations avec l'entourage : retrait, distance aux autres, méfiance excessive. Et nous atteint parfois spirituellement, au cœur de nous-mêmes. Nous pouvons aller jusqu'à perdre l'intérêt, la volonté, et même le goût des choses de la vie....

Soulignez dans ces listes les symptômes que vous ressentez le plus souvent et repérez ainsi vos zones de fragilité.

Les symptômes physiques :

tachycardie, palpitations, douleurs dans la poitrine, syncopes, sensation d'étouffement, poids sur la poitrine, digestions difficiles, ballonnements, vents, coliques diarrhées, constipation, brûlures d'estomac, céphalées, migraines, névralgies faciales, douleurs dans la nuque, douleurs de dos, névralgies intercostales, sciatiques, vertiges, baisse ou augmentation de l'appétit, diminution de l'intérêt sexuel, augmentation de la consommation de médicaments.

les symptômes émotionnels :
fatigue sans raison, détachement, ne plus sentir la souffrance des autres, être faussement joyeux, nervosité, tristesse, larmes faciles, irritabilité, perte d'intérêt pour ce qui était source de joie et de plaisir auparavant, se sentir surqualifié, sousqualifié, doutes sur soi, ressentiment, sentiment de culpabilité, sentiment d'échec, critique excessive, inquiétude constante, peurs (de la foule, de l'avion...)

les symptômes relationnels :
penser que les autres nous utilisent, se sentir bouc émissaire, ennui, indifférence, négativisme, isolement, retrait, conflits familiaux, la tâche devient plus importante que les gens, cynisme, sarcasme, détachement ; manque de compassion, difficulté à écouter.

les symptômes intellectuels :
difficulté à prendre des décisions, difficultés à se concentrer, oublis, pertes d'objets ou de papiers, impression d'avoir trop de choses à penser en même temps, de ne plus savoir où donner de la tête, confusion, difficulté à ordonner ses idées, à définir des priorités, attention excessive aux détails, impression d'être limité ou contraint dans ses capacités.

les symptômes spirituels
atteindre ses objectifs sans se sentir satisfait, se sentir coincé, se sentir vidé de sa substance, résistance à aller le matin au travail, surveiller sa montre, résistance au changement, perte de motivation, doute, envie de changer de métier, plus de goût à rien, perte d'espoir. Etre ici ou ailleurs...envie de mourir.

Vous en avez assez des « autres », vous devenez critique ? Le problème n'est pas chez les autres, vous êtes stressé, vous avez besoin de vous occuper de vous.

Vous avez des maux de tête, vous êtes constipé ?

Les médicaments ne résoudront rien, vous êtes stressé, vous avez besoin de vous occuper de vous.

Vous en avez « marre de tout! » Pas la peine de tout laisser tomber, vous êtes stressé, vous avez besoin de vous occuper de vous.

Maintenant vous connaissez vos signaux d'alarme, à vous de les écouter... à vous d'agir...

---

1. Medial Forebrain Bundle (M.B.F.) mis en évidence par Olds et Milner
2. Peri-Ventricular System (P.V.S.) mis en évidence par de Molina et Hunsburger.

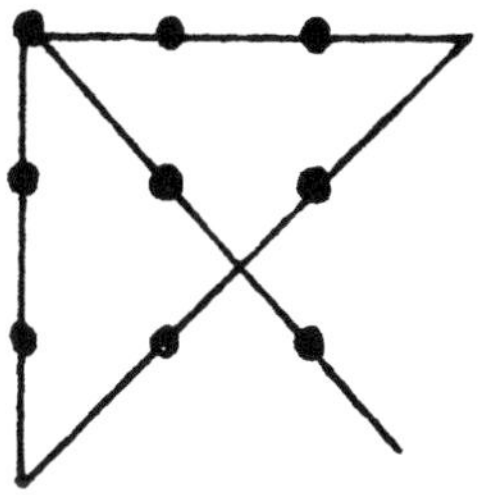

3.

LE CORPS MANIFESTE

« Existe-t-il un état de maladie »? C'est à dire peut-on déterminer un ensemble de symptômes, un syndrome qui ne serait pas lié à une maladie spécifique mais qui serait commun à toutes les maladies? Un « syndrome du simple état de maladie »? Telle est la question qui est à l'origine de la découverte du stress.

Écoutons un jeune étudiant en médecine des années trente :

« Il était clair que les symptômes visibles laissaient le professeur indifférent parce qu'ils étaient " non spécifiques " et donc " inutiles pour le médecin. " (...) " Je comprenais que notre professeur devait absolument trouver les signes d'une maladie spécifique pour découvrir la cause de l'affection dont souffrait chacun de ses patients... Je le comprenais parfaitement, mais ce qui impressionnait bien davantage ma science toute fraîche était de constater combien peu de symptômes sont vraiment caractéristiques alors que la plupart peuvent s'appliquer à un grand nombre, et peut-être même à toutes les maladies. ".(..) " Poursuivant mon raisonnement, je me dis que, s'il était important de découvrir les remèdes efficaces contre telle ou telle maladie, il l'était plus encore de découvrir comment on peut tomber malade, et les moyens de traiter ce " syndrome général de la maladie " qui paraissait s'ajouter à ceux de chaque maladie!! »

Comme beaucoup de ceux qui se posent des questions incongrues, et qui ne croient pas ce que leurs professeurs racontent, (on l'a même surnommé l'« Einstein de la médecine ») il a trouvé ; et avec le « Syndrome Général d'Adaptation » (S.G.A.) que nous avons déjà évoqué, a posé une pierre fondamentale dans l'édifice de la médecine et de la neurendocrinologie. Ce jeune médecin, curieux d'aller au-delà des apparences, s'appelait Hans Selye, ses recherches l'ont mené à devenir le père du « stress ».

Les différente maladies sont en relation avec les perturbations hormonales et métaboliques de chaque phase du S.G.A. Très schématiquement, les désordres fonctionnels apparaissent durant les phases d'alarme et de résistance, et les maladies organiques s'installent dans la phase d'épuisement.

Du mal à digérer

Les premières constatations de Selye sur les animaux soumis au stress portent sur l'ulcère gastro-intestinal, c'est la maladie typique de l'alarme. Les bombardements de la dernière guerre ont provoqué une nette augmentation du nombre d'ulcères dans la population. Les brûlés graves, qui ont donc subi un choc terrible, voient apparaître des ulcères à vif du duodénum un ou deux jours après l'accident.

L'ulcère est une maladie typique du S.G.A., il apparaît lorsque nous nous sentons dans une situation de contrainte.

Tout l'appareil digestif est très directement concerné par nos émotions. Celles-ci retentissent sur la motricité de l'intestin et de l'estomac, sur l'irrigation et la sécrétion des muqueuses. Aérophagie, digestion difficile, constipation, diarrhées, colopathies, recto-colites hémorragiques (et j'en passe !) sont de classiques tributs du stress.

Urgence, combat!

La plupart des maladies inflammatoires sont directement liées à la première phase du S.G.A. : allergies, éruptions cutanées, psoriasis, acné, arthrites, asthme... la liste est longue.

Toutes ces « petites » affections peuvent devenir très invalidantes, elles sont dues aux corticoïdes. Ces hormones du *stress alarme* sont (inconsidérément) libérées par les glandes surrénales pour assurer la défense de l'organisme contre un (illusoire) agresseur.

Les réactions allergiques sont une belle illustration du zèle parfois exagéré de notre système de défense. Pour une raison de lui seul connue, le cerveau alerte les défenses de l'organisme contre l'inoffensif pollen printanier, envoie les histamines à l'assaut d'innocentes molécules de fraise ou provoque un gonflement des muqueuses nasales et un picotement des yeux, signaux infaillibles de la présence à proximité de poils de chats.

Preuve de l'entourloupe et du bon coup que peut nous jouer notre néocortex, les crises d'allergie peuvent être déclenchées sur simple présentation d'une photo!

D'où viennent ces phénomènes, véritables aberrations physiologiques? Manifestement, notre corps se « fâche tout rouge ». Serait-ce parce que nous nous interdisons de ressentir ou d'exprimer de la colère? Nos défenses virulentes attaquent l'envahisseur avec ferveur... Mais peut-être l'agresseur est-il ailleurs!

Rage silencieuse

Il arrive que nos défenses deviennent de plus en plus bloquantes, s'attaquant jusqu'à nos propres articulations, comme si leur objectif était de nous empêcher à jamais de lever la main sur l'autre ou de lui donner un coup de pied, voire de lui « tenir tête »!

Faut-il que la colère que nous cherchons à refouler dans les profondeurs de l'inconscient soit grande pour que notre corps mette en place de telles « protections » pour l'empêcher de surgir!

« Rhumatisme » dérive d'un mot grec signifiant « écoulement d'humeurs ». On ne saurait mieux dire! [1]

Les arthroses rhumatismales sont dues à une dysharmonie de l'action des hormones anti et proinflammatoires celles qui sont sécrétées dans le stress chronique, c'est à dire dans la phase de résistance du S.G.A.

Cœur brisé

Lorsqu'on est constamment soumis à un stress élevé, l'organisme s'adapte à un état d'alarme permanent, entraînant hypertension, constriction vasculaire, tachycardie. Le cœur a du mal à suivre le rythme, le risque d'infarctus et de fibrillation cardiaque augmente...

Le cholestérol, la haute concentration de glucose dans le sang favorisent la formation de plaques d'athéromes (dépôts graisseux qui s'installent sur les parois des artères et les déforment, provoquant l'athérosclérose), la circulation sanguine devient difficile, jusqu'à la rupture d'anévrisme. Un caillot se forme, c'est la thrombose. L'épaississement du sang peut mener à des accidents cardiaques, à des embolies.

Ras le bol, j'abandonne!

Lorsque les tensions restent, lorsque le stress s'installe à long terme dans l'organisme, le corps subit... et flanche. Notre système immunitaire suit nos états d'âme. La peur l'inhibe, la colère l'enflamme et la détresse l'épuise.

Pour le démontrer, les étudiants en médecine ont été les cobayes privilégiés de leurs enseignants-chercheurs. Ceux-ci se sont amusés à mesurer leur taux d'anticorps à différents moments de leurs études. Les résultats parlent d'eux-mêmes : le taux des anticorps de la classe des IgA (chargés de lutter contre les affections respiratoires) chute notablement dans les moments ressentis comme les plus difficiles. Cet effet est plus marqué chez les étudiants solitaires [1], recevant donc moins de soutien affectif.

Le taux des cellules NK (qui tuent spontanément les cellules cancéreuses) est au plus bas à la veille des examens mais il s'améliore vite si les étudiants pratiquent la relaxation. [2]

D'autres observations sur la population générale ont montré une importante diminution de la réponse immunitaire dans les semaines qui suivent un deuil. [3]

Si l'expérimentation humaine est bien sûr réduite, l'expérimentation animale, elle, est abondante et a donné de spectaculaires résultats . Le lien entre stress et immunité ne fait plus de doute. Les recherches continuent pour en connaître les mécanismes physiologiques et biochimiques.

Gilles a 22 ans, il est en train de mourir d'un cancer. Un ostéosarcome à la hanche, qui s'est peu à peu métastasé jusqu'au cerveau. Sa maladie a débuté alors qu'il venait de s'installer dans un studio, et qu'il avait trouvé un travail lui assurant son indépendance financière. Apparemment tout se passait bien mais...

Gilles se sent très démuni dans la vie, il ne se voit pas dans un quelconque futur professionnel, son horizon est bouché, il est seul. On ne lui a jamais manifesté beaucoup d'affection. Le monde des adultes l'intimide, et la jeune femme dont il était amoureux l'a quitté.

Gilles ne cache pas qu'il a plus de plaisir à être à l'hôpital que dans son studio. Il y trouve un entourage affectif qu'il n'a jamais eu. Il dit même qu'il vit la plus belle période de sa vie, malgré la maladie! Il rechute périodiquement. Il trouve parfois refuge chez ses parents qui ont fini par comprendre qu'il avait besoin d'eux, mais dès qu'il va mieux, qu'il est de nouveau mis face à lui-même, il doit se prendre en charge. C'est trop difficile. Et tout le monde est tellement gentil à l'hôpital. Il y est mort.

La détresse affective, le sentiment d'impuissance devant une situation bloquée, le « ras le bol » psychologique, affleurant à la conscience ou non, sont accompagnés de sécrétion de cortisol, l'hormone reine du désespoir. Le cortisol réalise à lui seul un joli palmarès : il est impliqué dans des troubles aussi divers que le diabète, l'obésité, l'hypertension, les ulcères, la friabilité osseuse, l'ostéoporose, les colites, les désordres immunitaires...

Quoi ? le diabète, l'ostéoporose liés au stress ? Oui, certains diabètes en tous cas, car le stress impose au pancréas une demande excessive d'insuline qui engendre des troubles du métabolisme des sucres. (Gare aux abus de sucreries dans les périodes de nervosité!)

Et l'ostéoporose, et le cancer, et le glaucome... et toutes les maladies, puisque par définition, le stress est l'état commun à toute maladie, la manifestation du Syndrome Général d'Adaptation.

La dépression

Les sentiments d'abandon et de désespoir sont-ils la cause de la dépression ou son expression ? C'est la grande question qui agite les neurophysiologistes et les psychiatres à l'heure actuelle.

Une chose est certaine, la dépression s'accompagne de désordres hormonaux. On constate notamment une importante augmentation de la concentration de cortisol – encore lui ! – chez les déprimés. Mais le cortisol est-il à l'origine des sentiments dépressifs, ou les sentiments dépressifs engendrent-ils la sécrétion de cortisol ? C'est le problème de l'œuf et de la poule.

Toujours est-il que l'on sait que le cortisol est abondamment sécrété par les cortico-surrénales lors de la phase de résistance, lorsque tout l'organisme est en « inhibition de l'action » parce que nous ne savons pas comment agir, quoi faire devant le problème qui nous est posé par la vie.

Il ne s'agit pas de faire un rapide amalgame entre stress et maladie. Les facteurs qui conditionnent notre santé sont multiples. Il est certain qu'il existe des prédispositions héréditaires, un « terrain » plus ou moins favorable à l'émergence de telle ou telle affection. Certaines maladies ont des causes externes spécifiques, on ne peut nier l'action directe d'agents particuliers, comme les poisons, les substances toxiques, les microbes, les virus... mais outre que nous pouvons leur résister plus ou moins efficacement selon l'état de nos défenses, beaucoup plus nombreuses sont les affections qui n'ont pas de causes particulières. Ce sont des réactions de l'organisme qui tente maladroitement de faire face à une situation inhabituelle.

Reconnaître l'incidence du stress dans l'origine de nos maladies n'est pas toujours facile. Si nous restons suffisamment longtemps en phase de résistance pour tomber malades, c'est que le problème qui nous occupe n'est vraiment pas simple à résoudre. De peur d'ébranler le système dans lequel nous vivons, nous ne nous reconnaissons peut-être pas même le droit de ressentir les sentiments qu'il éveille. Tabous aidant, nos émotions contradictoires souvent se terrent dans les profondeurs de l'inconscient et œuvrent en secret, fragilisant notre organisme.

Nous avons des limites. A trop rester en tension, nous nous épuisons physiquement et moralement. Un « beau » jour c'est trop, le paysage est décidément trop bouché, toujours pas d'issue à l'horizon, c'est la dépression ou la maladie. Pourquoi l'un « choisit » la maladie et l'autre la dépression ? Cela reste un mystère. Les composantes historiques personnelles et familiales permettent de glisser quelques hypothèses, mais ces données sont insuffisantes pour se permettre des généralisations. Le champ de recherche reste ouvert.

---

1. Voir aussi l'article de Boucharlat, Jacquot et Chabaud « psychologie des rhumatisants chroniques à travers le test de Rorschach » dans les Annales Médicopsychologiques. n° 141, 1983.
2. Revue Lancet.
3. J.B. Jemmott, Trufs University 1983.
4. chercheurs de l'université de l'Ohio.
5. Emotions et immunité », La Recherche n° 177 mai 86.
6. Guillaud-Bataille-Terra « psychisme et cancérogénèse », Semaine des Hôpitaux Paris 1987, 63, n° 14, 1089-1092.

4.

LES TOXICOS DU STIMULUS

Au cinéma, les films qui drainent le plus de spectateurs sont les fantastiques, policiers, et autres thrillers, les films « à suspense », ou « il se passe quelque chose », les films « qui font peur ». Nous aimons le spectaculaire. Le point commun entre ces films est l'excitation qu'ils procurent. Loisirs, spectacles, les occasions de « se donner des émotions » ne manquent pas. Nous aimons les petites décharges d'adrénaline du stress. Et faute parfois, de mener des vies suffisamment stimulantes, nous pouvons vibrer par procuration. La cuirasse émotionnelle limitant la vie en nous, nous avons besoin d'excitants et de « distractions » pour éviter de faire face au vide intérieur.

De multiples expériences d'isolation sensorielle ont été menées ces dernières années. Après quelques heures, les sujets présentent des hallucinations, une baisse notable de leurs capacités intellectuelles et motrices, des perturbations émotionnelles. Le bon fonctionnement du cerveau dépend d'une stimulation continue du cortex par des signaux cérébraux. Les organes sensoriels lui envoient constamment les informations qu'ils reçoivent. Si ces signaux sont trop monotones ou cessent complètement, le cortex présente des traces de désordre et le cerveau commence à adopter un comportement anormal. La capacité de réflexion est perturbée, la perception altérée, des hallucinations peuvent apparaître, la personnalité peut se modifier.

La conduite d'un véhicule sur une route trop droite pendant de longues heures amène parfois les routiers à voir d'énormes araignées ou autres choses étranges et bizarres évoluer sur leurs pare-brises. Les pilotes de ligne, devant la monotonie du paysage céleste ont des visions mystiques d'anges volants. Les prisonniers confinés dans l'isolement peuvent développer des manifestations paranoïaques aiguës. Le cerveau ne sait pas rester au repos, s'il ne reçoit pas suffisamment de stimuli, il s'autostimule.

Et c'est ainsi que lors d'une période de répit, ou lorsque notre vie n'est pas suffisamment intense, notre cerveau peut trouver tout seul ses sources de stress. Il y a mille et une façons de se mettre sous stress, et de donner un peu de piquant à sa vie pour ne pas s'endormir dans le ronron du quotidien. Certains deviennent dépendants de stimulations externes : cigarette, café et alcool, certes, nourriture, bien sûr, mais aussi boîtes de nuit, jeux vidéo, concerts et télévision. D'autres sont de grands utilisateurs des pouvoirs de l'imaginaire, inquiétudes et ruminations mentales. Et les excitants externes n'excluent pas les internes!

Tous ces excitants ont en même temps la propriété d'être aussi d'excellents anesthésiques. Ils protègent du vide et noient les affects qui risqueraient d'ébranler le masque. Les toxicos du stimulus sont ces gens qui, anesthésiés de leurs émotions profondes, s'autostimulent à l'aide de leur imaginaire ou ont besoin d'excitations externes pour se sentir vivre.

Vide existentiel et stress refuge

Horaires surchargés, course perpétuelle, cumul de responsabilités, Il y a les stressés qui préparent avec constance ulcère, cancer ou infarctus. Malgré leurs récriminations « je ne peux pas faire autrement, si seulement je pouvais prendre des vacances... » ils se stressent, en souffrent.... Mais ont besoin de toutes les stimulations que leur apporte leur travail. Et puis, comment leur en vouloir ? L'épitaphe : « Il s'est tué au travail », ou : « il a tellement donné » est tout de même plus valorisante que : « il a mené une petite vie tranquille et harmonieuse, la vieillesse l'a emporté ».

Quand on n'est pas bien sûr que la vie a un sens, quand on ne voit pas très bien à quoi on peut être personnellement utile sur terre. Quand on ne sait pas qui on est, et donc à fortiori, qu'on ne sait pas comment se réaliser pleinement... La recherche d'un sens à la vie et de la réalisation de soi est alors remplacée par une quête perpétuelle d'excitations, par la course au pouvoir, par le désir de gagner toujours plus d'argent, de posséder toujours plus.

Quand un Tarzan ou un Zorro se sent vide, il va aller se fourrer dans un nouveau guêpier juste pour continuer de se sentir exister. S'il ne trouve pas de situation désespérée à sauver, d'épais mystère à dévoiler, de brillant exploit à réaliser, son énergie risque alors de tourner à vide... de se muer en anxiété, en angoisse, en détresse.

Pour éviter le vide existentiel et la dépression, il peut avoir recours à quelque expédient : « Si je ne jouais pas, je m'emmerderai, s'il n'y a pas le jeu, il y a quoi dans la vie ? » Me confie un jour un jeune commercial. Joueur invétéré, adepte de la Bourse et du Casino, il tient bien l'alcool, fume beaucoup, aligne succès féminins et prouesses sexuelles... Ou tout du moins en parle beaucoup... Il est le prototype du stressé chronique. Mais, complètement intoxiqué, il vous dira : « Stressé ? moi, jamais. »

On recherche les plaisirs parce qu'on ne sait pas trouver le plaisir. Les plaisirs sensuels et sexuels, les excès de la table et les déviations de l'amour, l'argent et les possessions matérielles laissent toujours un arrière-goût d'insatisfaction profonde.

Nous trouvons des sollicitations à la réalisation

personnelle dans le travail, l'amour, la compétition, les sports, dans nos passions. Mais si nous manquons de confiance en nous ou de la possibilité de nous épanouir dans ces domaines, si pour une raison ou une autre nous nous trouvons bloqués, empêchés – non pas de recevoir, mais de donner –, nous aurons du mal à nous garder de la tentation d'aller chercher ces stimulations qui nous manquent dans la drogue, l'alcool, le sexe, les jeux électroniques, les jeux d'argent, la violence (le crime, la délinquance) ou les mouvements de foule. Les moyens sont multiples pour se mettre sous tension, pour sentir l'excitation, se sentir vibrer, se sentir exister... Vivre!

Motard et pilote automobile, vainqueur à plusieurs reprises du rallye Paris-Dakar, Hubert Auriol le dit : « Ca vous donne des sensations qu'on ne retrouve nulle part, et c'est cela qui est excitant. On est peut-être un peu maso, on s'amuse peut-être à se faire peur, mais on est prêt à tout pour quelques secondes de bonheur. »

Certains excités du stimulus, « accros » au stress, ont le goût du risque. Ils recherchent les situations périlleuses, se lancent dans l'alpinisme, le delta-plane ou le parachutisme. Ils ne manquent pas le grand-huit de la foire du trône, ou ce nouveau sport, le Benji, apparu à l'été 88 qui consiste à se jeter dans le vide, du haut d'un pont ou d'un portique, attaché par un élastique qui amortit l'arrivée à quelques dizaines de centimètres du sol. « Tu ne peux pas savoir la jouissance que c'est, la durée que ça prend. Tu te jettes et tu as à la fois le cœur qui se serre et qui remonte. En même temps tu vois tout très distinctement. Tous les détails du paysage que tu n'avais même pas remarqués quand tu étais sur le pont sont gravés très précisément dans ta mémoire. Tu peux te repasser le film dans ta tête, et c'est tellement super que tu veux recommencer, mais rien que d'y penser ça te serre le cœur à nouveau. »[1]

Les « toxicos du stimulus » se dopent aux hormones du stress, – l'association de l'adrénaline et des corticoïdes donne une impression de légère euphorie et d'excitation. Les endorphines, substances proches de la morphine et sécrétées par le cerveau, viennent renforcer ces sensations. – Le docteur Andrew Weil sépare deux types de toxicomanes, les coureurs de marathons, qui « planent » aux endorphines et en deviennent dépendants et les athlètes qui prennent de grands risques et recherchent plutôt la décharge d'adrénaline.

Délire du stade, et célébrations de masse

Autour du terrain sur lequel un petit nombre se disputent un ballon, il y a aussi le grand nombre de ceux qui regardent. Les matchs de football remplissent les stades et les spectateurs dépensent presque autant d'énergie que les joueurs. Ces célébrations de masse sont parfois si puissantes que la frénésie des spectateurs peut devenir violence.

La montée de l'excitation ne peut trouver d'exutoire suffisant sur les gradins. Les spectateurs ne sont pas autorisés à libérer leur énergie en tapant dans le ballon, ils hurlent et gesticulent... et finissent par s'en prendre à leur voisin de banc, « supporter » de l'équipe adverse. La violence qui apparaît sporadiquement dans ces manifestations n'est que le résultat du système. Plus le public est nombreux et motivé (impliqué) plus les risques sont grands. En situation de foule, les inhibitions morales ne sont plus des barrières suffisantes pour contenir l'excitation, que l'on s'ingénie par ailleurs à stimuler.

La musique peut aussi fournir matière aux toxicomanes du stimulus. Explorons un haut lieu du stress musical : la boîte de nuit. Vibrations sonores intenses, au point que nos oreilles en bourdonnent encore à la sortie, entassement dans un petit espace, air raréfié et tabagique, lumières stroboscopiques : plus d'un rat de laboratoire céderait à un tel traitement. Pour supporter ces agressions on peut bien sûr trouver quelques anesthésiques au bar, gin fizz, whisky soda, bière ou champagne.

Peut-être préférez-vous les concerts ? Le son sortant de votre platine laser est certainement meilleur que celui des gigantesques enceintes qui retransmettent la voix de ce petit point que vous observez à l'horizon. Le visage de ce petit point est retransmis par un écran géant devant lequel se pressent des milliers de personnes. Ce n'est pas seulement l'amour de la musique qui attire les foules au concert. Ce n'est probablement même pas véritablement le chanteur ou le musicien, celui-ci n'est que le nécessaire catalyseur. C'est la foule elle-même, l'ivresse de la foule en délire qui communie en se synchronisant grâce à la musique sur un même rythme. Chacun se sent moins seul puisque si nombreux à ressentir la même chose, à être animé d'un même désir, d'un même plaisir, si nombreux à vibrer « ensemble » . On rentre chez soi pleins d'une délicieuse excitation.

Les héros

Le Tarzan que nous sommes parfois a tant besoin de se sentir puissant. Il ne veut accepter ni sa petitesse, ni sa finitude. Pour se donner existence, se donner importance, il faut qu'il soit le meilleur, le plus fort, peu importe en quoi.

Rob Schultheis nomme « syndrome du livre des records », cette « volonté imbécile d'être le premier, de sauter le plus haut, d'aller le plus loin possible, de souffrir le plus possible. »

Il est vrai que le livre Guiness des records est accablant : depuis celui qui a tenté de sauter à moto par dessus 23 voitures devant un hôtel de Las Vegas, jusqu'à celui qui a réussi à avaler 27 poulets d'un kilo en un repas.... La folie du dépassement de soi, du dépassement des limites est sans bornes; Schultheis lui même avoue : « ma recherche se poursuit ad infinitum, ad nauseum, la folie en quête de l'incompréhensible... jusqu'aux limites et au delà. »

Sans atteindre le délire des « kilometros » espagnols, qui se mesurent au nombre de kilomètres qu'ils font sur une autoroute empruntée en sens inverse, inventant ainsi la « roulette espagnole » adaptée à ces nouvelles armes que sont les voitures. Nombreux parmi nous sont ceux qui se chronomètrent sur le Paris-Marseille par autoroute ou plus modestement sur leurs trajets quotidiens. Nous aimons la vitesse pour l'ivresse qu'elle procure, pour ces sensations de maîtrise et de contrôle de soi, de rapidité réflexe, de perception aiguisée. Nous pensons conduire mieux lorsque nous allons vite. Et nous avons en partie raison, car sous la pression du danger, notre attention est davantage stimulée. A nos risques et périls!

« Notre culture américaine est pleine d'ambiguïté. D'un côté nous incitons les gens à devenir des héros, quitte à fermer les yeux sur les conséquences néfastes qui peuvent en résulter, de l'autre, nous sommes très concernés par les problèmes d'environnement et de santé publique. » remarque Leonard Zegans, psychiatre de l'université de San Francisco. Il explique : Des programmes télévisés empreints de violence sont diffusés parallèlement aux messages « ne prenez pas de risques ».

« Comme tous les américains n'ont pas l'intelligence d'échapper à cette contradiction en faisant de l'escalade, cela donne un taux d'homicides qui a été multiplié par deux en 20 ans, atteignant plus de 10 meurtres pour 100000 personnes par année, soit dix fois le taux moyen d'homicides des 19 pays les plus développés. »

La culture européenne n'a rien à envier à l'américaine. Le mythe du héros n'est pas mort, témoin le succès des films violents, fantastiques et sanguinaires, à la télévision comme au cinéma, qui encouragent les héros-en-herbe et nourrissent les héros-par-procuration.

Le piment dramatique

Tarzan « assure », il est fort, n'a pas d'émotions, il force l'admiration. Mais... Tarzan n'est Tarzan que parce qu'il vit dans une forêt peuplée de dangers. Il a pour compagnons des animaux qui terroriseraient la plupart d'entre nous et son existence est une suite d'aventures périlleuses ne lui laissant aucun repos. Imaginez le même homme, tranquillement installé au bord d'une piscine, sirotant un jus de fruit et devisant d'un ton allègre avec Jane du dernier roman qu'ils ont lu, ou du feuilleton qui passe ce soir à la télévision... Il n'a plus grand intérêt. A moins bien sûr qu'on ne remarque, rampant vers la chaise longue, un serpent sournois libéré par une main ennemie. L'idée d'une intrigue qui se trame nous empêche in-extremis de « zapper » sur une autre chaîne.

Dans le film de notre vie c'est un peu la même chose. Pour rendre notre existence intéressante, il nous faut du suspense, de l'action. Il faut qu'il nous « arrive quelque chose ». Comme il est souvent plus facile de « faire arriver » des drames que des bonnes choses, nous avons tendance à collectionner les premiers.

Cependant, et heureusement pour nous, affronter réellement le danger n'est pas forcément nécessaire. Nous n'avons en effet pas tant besoin du risque, que de l'idée du risque. Posez sur le sol une planche solide de trente centimètres de large et de deux mètres de long. Marchez dessus. Il ne vous vient même pas à l'idée que vous pourriez faire un faux pas. Placez ensuite cette même planche au-dessus d'un précipice. Avancez dessus. Vous percevez la différence ? On trouve toujours des précipices qui auraient pu être sous les planches que nous passons et qui valorisent à postériori notre traversée. Il suffit de déformer légèrement la réalité en soulignant certains aspects choisis (la profondeur du précipice) au détriment d'autres (la largeur de la planche) plus anodins pour en rendre la perception plus parlante. « j'ai pris la même route que le car qui s'est écrasé trois jours plus tard »,« quand je pense que j'étais à 300 mètres de l'explosion »,

Jouer Tarzan nous oblige à vivre dans un environnement agressif et dangereux, nous tirons ainsi valeur et reconnaissance de nos aventures risquées en pays semé d'embûches. « J'ai été voir le patron, oh là là, il était de mauvaise humeur, bonjour le stress », « tu te rends compte, Unetelle est à l'hôpital, la semaine dernière encore je l'ai vue, elle était très bien », « C'était le prof Untel qui me faisait passer l'oral, j'étais mort de trouille », « Toutes les rues étaient bouchées », « bosser dans un bruit pareil, tu n'imagines pas ! » Si c'est difficile, risqué ou dangereux c'est intéressant, c'est valorisant.

Nous avons tendance à mesurer notre importance au nombre de fois où nous sommes (directement ou indirectement) cités dans les conversations. Nous aimons tous « faire parler de nous ». Or, qui retient plus facilement l'attention des autres ? Celui à qui il arrive des malheurs ? Ou bien celui qui nage dans la béatitude du bonheur le plus simple ?

La réponse à cette question est à la base de nombreux comportements aberrants et destructeurs. A l'instar de l'enfant qui fait des bêtises pour attirer l'attention de ses parents occupés à discuter passionnément avec leurs invités, ayant fondamentalement besoin de nous sentir importants aux yeux des autres, nous avons tendance à dramatiser nos vies pour leur rajouter un peu de piment et les rendre passionnantes. Si nous n'avons pas de talents de conteurs, si nos aventures quotidiennes nous semblent peu dignes d'éveiller l'intérêt, nous en sommes réduits, comme les enfants, à exploiter quelques techniques éprouvées : renverser le cendrier sur la moquette, arriver en retard, faire des gaffes, être malade, suivre un régime particulier, se donner un « sale caractère »...

Nous pouvons choisir de devenir agaçants, bavards, insupportables, craintifs, plaintifs ... ou très gentiment souriants, d'une déconcertante naïveté et sages comme des images. Eh oui, Il y a plusieurs façons d'être le héros de l'histoire. Superman n'est pas la seule option, Tarzan peut avoir autant de succès déguisé en Gaston Lagaffe, en Calimero [2] ou en Petit Chaperon Rouge.

Quel que soit le personnage que nous choisissons, il s'agit de colorer les événements du quotidien pour donner goût à une vie, qui, sans cela, nous paraîtrait peut-être par trop terne et insipide. Nous enfilons les vêtements d'un personnage semblant susceptible d'être intéressant (nous le choisissons en général assez tôt dans l'enfance en fonction de ce qui « marchera » aux yeux de nos parents) et qui nous confère une rassurante identité.

Le pouvoir de l'imaginaire

Imaginez un citron. Tout en lisant, visualisez un citron bien jaune, regardez bien sa forme, sentez son odeur. Prenez-le mentalement en main et caressez le. Vous sentez sa peau sous vos doigts. Toujours mentalement, prenez un couteau et coupez votre citron en deux. Vous voyez maintenant l'intérieur du citron, des pépins peut-être, un peu de jus coule sur vos doigts. Approchez ce citron de votre bouche et ... Mordez dedans.

Eh oui, c'est acide, vous salivez.

Mais non, il n'y a pas de réalité de citron. C'est

un citron mental, une image de citron, qui vous a fait saliver.

Pensez maintenant à un moment difficile de votre vie... Replongez-vous pour quelques secondes dans ce passé. Allez-y, fermez les yeux! Voyez la situation, et revivez les sentiments qui vous animaient à l'époque. Que se passe-t-il en vous?

L'évocation mentale du souvenir désagréable a un impact immédiat sur votre physiologie. Vous sentez des tensions apparaître sur votre visage et peut-être dans le reste de votre corps. Votre respiration se fait plus faible ou saccadée.

Évoquez maintenant un souvenir heureux. Revoyez la situation, sentez à nouveau les sensations et les sentiments de bonheur... Vous percevez la différence?

Vous respirez plus calmement, plus profondément, votre visage est détendu comme le reste de votre corps, un sourire peut même s'esquisser sur vos lèvres.

L'hypothalamus déclenche les adaptations physiologiques suscitées par les images. Imaginez-vous à la montagne en hiver. Tout est blanc. Il fait glacial. Vous êtes dehors en chemisette... Il est difficile de réprimer un frisson. Transportez-vous sur une de ces plages de rêve au grand soleil... Vous êtes tout de suite plus détendu.

Une image, une pensée, une idée, une évocation mentale entraînent automatiquement leur cortège de réactions physiologiques adaptatives et le déluge d'hormones de l'état émotionnel correspondant.

L'humain déteste le vide, il a peur de ce qu'il y rencontrerait... lui-même... Alors, il peuple les zones de silence avec des pensées, des images, qui conditionnent sa vie.

L'anticipation

L'anticipation consiste à penser à un événement stressant et à expérimenter par avance les sensations que vous vous imaginez pouvoir ressentir. Elle peut être utile, nous le verrons au chapitre des émotions, registre « maîtriser la peur ». Mais elle est aussi parfois bien encombrante :

Avant un examen on observe traditionnellement chez les étudiants : angoisse, asthme, allergies, éruptions cutanées diverses, diarrhées, « mal au cœur », douleurs à l'estomac... Toutes ces réactions somatiques sont liées non bien sûr à l'examen, mais à l'idée de l'examen. Et on ne peut guère penser qu'elles sont des réactions adaptatives! Elles ne facilitent pas les choses aux pauvres étudiants.

L'école de médecine de l'armée de l'air US a mené une expérience originale sur la prévision de la douleur. Ils ont mesuré le rythme du pouls et les sécrétions hormonales de leurs sujets avant une piqûre. Tous les symptômes de la douleur étaient présents, même si l'aiguille n'effleurait jamais la peau!

Dans une université de Californie on a annoncé aux sujets qu'un film sur la sécurité du travail allait leur être projeté. Sur ce film étaient simulés des accidents d'usine. Eh bien, le simple fait de savoir qu'ils allaient regarder, sur un écran, un ouvrier perdre un doigt, a provoqué une augmentation rapide de leur rythme cardiaque.

Bien sûr, un événement inattendu déclenche un choc plus violent. Ce qui donne plus ou moins raison à ceux qui disent :« je préfère toujours imaginer le pire, comme ça je ne suis pas surpris », mais l'anticipation est utile et protectrice si elle incite à préparer l'événement. Elle devient toxique si plutôt que d'anticiper la réalité pour nous y préparer, nous la modelons par avance en fonction de nos croyances.

L'incertitude étant intolérable, nous nous créons de fausses certitudes, négatives bien sûr. Il est en général plus facile d'échouer que de réussir. Nous anticipons donc, non la situation, mais ce qu'il en résultera.

Les maux des étudiants ne sont pas des conséquences de l'anticipation de la situation de l'examen, mais de la certitude d'avoir de mauvais résultats, certitude liée au peu de confiance qu'ils ont en leurs capacités.

Les broderies mentales

Pour vous stresser, vous pouvez aussi carrément inventer, déformer les informations que vous recevez, ou le sens qu'elles peuvent avoir.

« Je t'aime » nous dit-il(elle). Nous réagissons au quart de tour. « Bon sang c'est bien sûr, s'il(elle) le dit, c'est certainement qu'il(elle) ne le pense pas, il(elle) cherche à endormir mes soupçons, méfiance... »

Lorsque nous n'avons pas tous les éléments pour interpréter une situation, nous usons et abusons d'une fâcheuse tendance à « combler les vides ». Il est si facile d' inventer, de fabuler. Combien de fois n'avons-nous pas imaginé toutes les choses les plus invraisemblables pour nous expliquer que le téléphone ne sonne pas à l'heure où il aurait dû sonner ! Il est difficile de simplement attendre, et assez intolérable de ne pas savoir ce qui se passe. Alors nous « brodons » sur le peu d'informations dont nous disposons.

« Ca y est, je le sais, elle a rencontré ce type qui lui faisait la cour, elle est partie dîner avec lui et elle n'ose pas m'appeler parce qu'elle se sent coupable », ou toute autre invention stressante.

Vous passez la nuit dans une vieille maison à la campagne. Vous vous réveillez vers minuit. Vous entendez des bruits. C'est évident, quelqu'un marche ! Vous savez bien que personne ne peut être là-haut en train de marcher... Personne d'humain... Mais alors... Et c'est parti pour une nuit d'angoisse dans cette belle maison à l'ancienne, dont les parquets en bois jouent avec vos nerfs.

Lorsque nous n'avons pas toutes les informations, et malheureusement il nous arrive souvent de penser que nous les avons toutes alors que c'est loin d'être le cas, nous nous « faisons des idées », et ces idées sont sources de stress.

Bien sûr le processus pourrait fort bien marcher à l'inverse, et nous pourrions auto-produire des idées rassurantes. Mais nous sommes faits de telle façon qu'à un stimulus inquiétant, nous avons tendance à donner des causes plus inquiétantes encore.

Pour être certains de rester stressés en permanence, nous pouvons garder à l'esprit une épée de Damoclès suspendue au dessus de nos têtes, nous pouvons nous inquiéter de ce qui « pourrait » arriver... Ou de ce qui « aurait pu » nous arriver.

Nous pouvons nous stresser en imaginant l'avenir, en nous remémorant le passé ou encore en déformant le présent. Outre nos broderies, nous pouvons interpréter la réalité, la « redéfinir » de façon à ce que nous puissions en tirer quelque occasion de stress douloureux..

Souvenirs... et ruminations

Si rien ne nous occupe ou ne nous préoccupe dans le présent ou dans le futur, nous avons la ressource de nous plonger dans le passé. A l'image de la vache qui remâche ses aliments plusieurs fois, nous faisons revenir à la conscience les événements passés. A la différence toutefois de la vache qui rumine pour mieux digérer, nous humains, ruminons parce que nous ne voulons pas « digérer » quelque chose, ou bien encore... pour simplement ruminer. Ça occupe!

Dans les moments de vide, ou quand nous marchons dans la rue, sans raison apparente, des images du passé ressurgissent. De belles images... et de moins belles. En fonction de notre état intérieur du moment, nous évoquons plutôt de bons souvenirs, à leur tour source de sentiments de bonheur, de puissance, d'amour, ou plutôt de mauvais souvenirs, qui nous enlisent plus profondément dans la tristesse, l'angoisse, la colère ou la dépression. Nous ne sélectionnons dans notre mémoire que ce qui peut aller dans le même sens. Toujours cet éternel besoin de cohérence ! Et puis penser à des événements joyeux alors que l'on est triste risquerait de nous faire sortir de notre état de déprime. Ce serait trop facile ! Nous tenons à nos moments de désespoir !

Nous avons à notre disposition des stocks d'émotions en conserve. Nous pouvons ouvrir ou fermer ces boîtes à loisir. Mais nous préférons souvent penser qu'elles s'ouvrent « toutes seules » et que les souvenirs resurgissent sans que l'on n'aie rien fait pour.

Nous ranimons la mémoire de nos expériences passées pour occuper le temps, nous sentir exister, nous sentir vibrer, nous sentir importants. Et à travers les souffrances, on « se sent vivre » (pince moi pour me prouver que je ne rêve pas). Je souffre donc je suis.

Un moment de solitude devient une occasion de se plonger dans la remémoration de quelque aventure amoureuse tumultueuse du passé, dans l'évocation de ce qui « aurait pu être », ou de ce qui n'a pas été. Repenser à la souffrance que l'on a vécu, aux illusions déçues, rien de tel pour le cafard... Mais pourquoi ? Mieux vaut le spleen que le vide. Nous ne savons pas affronter le silence.

Comment ne pas s'ennuyer dans un couple ? Lorsque tout est calme dans la vie et dans la relation, le doute s'insinue. « Suis-je toujours le plus important aux yeux de l'autre ? » Pour le savoir, pour reconquérir toute son attention, vous organisez une scène. C'est très simple, il suffit de rouvrir d'anciennes blessures, de resservir quelques rancunes que vous aurez soigneusement conservées pour l'occasion... Une bonne crise, rien de tel pour raviver les sentiments, occuper le temps, et... se sentir important.

Nos souvenirs nous donnent réalité. Nous construisons sur eux la perception de notre identité. Mais nous en faisons en période de déprime ou simplement de vide une utilisation bien souvent abusive et inutilement stressante.

Hypercontrôle

Edward Hall raconte l'aventure du « roi de Ruffle Bar », un chien aperçu seul sur une île déserte non loin de New-York. La police new-yorkaise qui l'avait repéré depuis deux ans n'avait pas cru bon d'intervenir, ce chien avait l'air de subvenir à ses besoins, était apparemment en bonne santé. Tout était tranquille.

Jusqu'à ce qu'une âme bien pensante alerte la SPA. De grands moyens furent alors déclenchés pour « sauver » ce chien qui vivait sa vie et lui donner de « bons maîtres ». « Chaque jour, une vedette de la police part de Sheephead Bay pour Ruffle Bar, la petite île déserte et marécageuse où se trouve le chien. Chaque jour, un hélicoptère de la police survole l'île pendant plus d'une demi-heure », rapporte le Times. L'hélicoptère harcelait le chien qui ne voulait pas se laisser attraper. La SPA, qui « devint obsédée par la capture du chien », harcelait la police. Que de stress, que d'énergie dépensée! quelques milliers de dollars pour l'hélicoptère, l'essence et les heures de travail, et surtout toute cette énergie humaine gaspillée dans l'unique but de « préserver l'image de marque de la bureaucratie SPA ». Tout cela « témoigne d'un grain de folie, ou du moins de notre incapacité évidente à établir avec un minimum de bon sens un ordre des priorités » conclut Hall.

Cette histoire absurde a pour ressort le besoin de « tout contrôler » et de préserver une bonne image. La SPA ne pouvait se permettre de laisser ce chien qu'elle définissait comme étant « à l'abandon » alors même que manifestement il vivait très bien ainsi.

Nous-mêmes dépensons beaucoup d'énergie inutile dans une dynamique apprise d'hypercontrôle pour protéger notre image. Dans la rubrique « hypercontrôle », se glissent pêle-mêle, le stress du ménage et la traque sans relâche du moindre grain de poussière, le stress de l'accroc mal placé à son pantalon ou du collant filé... C'est aussi cette angoisse inutile quand on arrive trop tard à la boulangerie. Il n'y aura pas de pain ce soir, et alors? Et toutes les petites inquiétudes ou anxiétés qui accompagnent les tracasseries de la vie.

Nous nous stressons inutilement en accordant une importance exagérée à des détails qui, si nous y réfléchissons, n'en valent souvent pas la peine.

Pourquoi?

« Que vont penser les gens? » est le ressort de ce système même si nous nous dissimulons derrière un « c'est pour moi, j'ai besoin que tout soit impeccable » Comme si nous avions un Parent Flic à l'intérieur de notre tête qui nous surveille attentivement et nous interdit toute fausse note. Nous ne sommes pas sûrs de pouvoir être acceptés par les autres pour ce que nous sommes, alors nous cherchons à « faire bien », à donner une belle image, pour plaire ou au moins ne pas déplaire.

---

1. Propos recueillis par *La Comète*, octobre 88.
2. Un petit poussin noir, moins connu que d'autres personnages de B.D., et dont l'exclamation favorite est « c'est vraiment trop injuste ».

5.

QUESTION DE TEMPÉRAMENT

Le bonheur n'est pas toujours en rapport avec ce qui nous arrive ou ne nous arrive pas, il dépend davantage de notre attitude face aux circonstances que la vie nous propose, que des circonstances elles-mêmes. Question de tempérament. D'où nous vient ce tempérament ? Qu'est-ce qui motive nos attitudes ? Avons-nous du pouvoir sur notre personnalité ?

Angoisse ou extase

Est-il terrorisant ou excitant de se retrouver accroché par les ongles à une abrupte falaise, roues-à – roues à 250 km/h sur une piste automobile, en rappel sur un voilier en mer déchainée un jour de brouillard, suspendu dans les airs par un maigre parachute... ?

A la Foire du Trône, quelques toxicos du stress s'en donnent à cœur joie sur les montagnes russes. D'autres hurlent de terreur lorsque le petit wagonnet dans lequel ils sont installés amorce la descente du grand huit. Ils se jurent bien de ne jamais remonter dans un de ces satanés engins. Plaisir pour les uns, panique pour les autres.

– « Est-ce vraiment un plaisir de jouer un Grand Chelem ? Avez-vous le loisir de savourer l'épreuve alors que l'enjeu est tellement important et que vous subissez tant de pression ? » A cette question de Tennis de

France (nov 88, n° 427), Mats Willander répond : « – Mais c'est cela que j'aime. C'est la pression. Les matchs durs accrochés, les grands moments; rien n'est aussi excitant.(...) J'ai quelque fois des difficultés à me motiver sur certaines petites épreuves. »

C'est un fait, le stress de la compétition aiguillonne certains, qui sont d'autant plus motivés que les enjeux sont plus importants. Il en inhibe d'autres qui perdent alors tous leurs moyens.

Un manque de confiance en soi, une incertitude, une certaine ambivalence à l'idée de la réussite : « de toutes façons, je ne réussis jamais »,« je ne peux pas faire ça à Georges », « les copains me regarderont de travers », « les parents seraient trop contents, je ne vais pas leur faire ce plaisir », « si je réussis je devrais aller plus loin... » suffisent à vous faire basculer vers le blocage, l'inhibition, la paralysie.

Les acteurs aiment leur trac. Ils savent alors qu'ils vont être bons. Leur jeu y gagne en intensité. Les grands orateurs font « vibrer » parce qu'ils vibrent eux-mêmes sur leur émotions, ils tirent charisme de leur stress. Les athlètes battent leurs records devant des stades pleins... Ils interprètent positivement les réactions de leur corps, reconnaissent la décharge d'adrénaline comme un signal de préparation à l'action

Mais ceux qui ne savent pas que les sensations que leur procurent le stress sont nécessaires à leurs performances, cherchent par tous les moyens à dissimuler aux yeux des autres ce qui se passe en eux. Ils nomment leur vécu : « trac », « panique » ou « émotivité ». Interprétant les réactions d'alarme de leur corps comme la mesure de leur anxiété, ils tentent de contrôler ce flux de sensations, bloquent leur respiration, serrent le plexus... se bloquent.

La physiologie du stress est identique dans tous les corps humains, les sensations sont les mêmes pour tous. Mais selon que nous avons l'idée que le monde est dangereux ou passionnant, selon que nous sommes plutôt timides ou bien curieux, nous nommons le même frisson, peur ou jouissance, terreur ou plaisir.

Question de tempérament ? Remontons dans les expériences enfantines. Quel « tempérament » d'enfant pourrait résister à l'œil angoissé d'une mère qui le regarde avec terreur grimper sur la rambarde – si elle le laisse faire – parce qu'elle « sait » qu'il va tomber. L'enfant d'ailleurs tombe, il perçoit la réaction de sa mère. Il se paralyse, bascule et se prouve que maman avait raison. Il apprend vite qu'il n'a pas d'équilibre, qu'il n'est pas doué, que grimper est dangereux, qu'il faut s'entourer de mille précautions.

A moins que « faire peur à maman » ne devienne un jeu. Surtout si on a papa pour allié. Il peut être très excitant d'allumer la petite flamme d'angoisse dans les yeux de maman.

Ou bien encore peut-être maman est-elle très fière de son petit garçon, si courageux, si agile, si entreprenant... Comment résister à la tentation de toujours mieux l'éblouir, la séduire ?

Peut-être maman est-elle indifférente, et l'enfant prend des risques pour enfin attirer l'attention de quelqu'un : « regarde maman, sans les mains... »

Et puis il y a les frères et sœurs et les inévitables compétitions. Emulation ou inhibition c'est selon.

Nous avons appris la confiance ou la peur, et nous définissons nos sensations en fonction de cet apprentissage. Si nous ne révisons pas nos jugements sur nous-mêmes, nous sommes comme programmés pour oser ou bloquer.

Anatole

Anatole sort du bureau du directeur du personnel avec la signification de son licenciement...

Tarzan à l'intérieur de lui encaisse le choc. Toutes sortes de pensées désordonnées s'agitent sous son chapeau. Il est tour à tour en colère, angoissé et empreint de tristesse. Il ressent un fort sentiment d'injustice : « On n'a pas su m'apprécier à ma juste valeur »... Une vague de violence l'assaille : « les salauds, si je peux les faire payer... ».... Et soudain l'inquiétude : « Que vont devenir mes enfants ? Que va dire ma femme ?.. Et mes parents ? Ils vont encore me faire des reproches. C'est toujours à moi que ça arrive ces choses là. Je ne suis décidément bon à rien... » La révolte s'éveille : « Ah mais, je ne vais pas me laisser faire ! Ils ne savent pas ce qu'ils ont perdu ! » « Bien ! Que vais-je faire maintenant... Qu'est-ce j'ai envie de faire ? Et si j'en profitais pour me former à ce que j'ai toujours voulu faire ?... »

Anatole n'a pas le contrôle de l'agent stresseur. Il ne peut plus rien faire sur la situation. Impossible de revenir en arrière, et d'effacer son licenciement. L'agent stresseur restant donc le même, c'est son comportement qui va faire la différence, la façon dont il va « prendre la chose ».

Si Anatole s'estime, et de façon générale a tendance à estimer les autres, s'il a confiance en lui, s'il est conscient de ses capacités comme de ses lacunes, il va chercher à comprendre ce qui s'est passé de façon à en apprendre le plus possible pour la suite. Il va analyser, sans se culpabiliser, ni accuser les autres.

Après avoir fait le deuil de son ancien emploi, il canalisera son énergie pour l'investir dans une nouvelle direction. Il en profitera pour se réorienter, faire une formation...

Mais si Anatole n'a pas cette base de confiance intérieure, s'il doute de ses capacités ou des autres, il risque d'être tenté par d'autres dynamiques... moins constructives, voire destructrices.

Anatole 2 se dévalorise. Tout lui est prétexte à prouver que, décidément, il ne vaut rien. Il pense que les autres sont toujours mieux que lui, qu'ils réussissent, qu'ils ont de la chance. Il pense que lui n'arrive jamais à rien, qu'il n'est pas doué, qu'il n'est pas à la hauteur. Dès qu'il lui arrive quelque chose, il se culpabilise. Tout est toujours forcément de sa faute.

Anatole 3, lui, refuse de se remettre en cause. Ce sont les autres qui sont mauvais. Ouvertement ou intérieurement, il fustige ceux qui l'ont licencié. Il va les traîner devant les Prudhommes, leur montrer ce qu'il sait faire, leur mettre des bâtons dans les roues... Ou en version fatiguée : il va rester prostré des heures, des jours, voire des mois, leur en « voulant à mort » parce qu'ils ont« brisé sa vie. »

Anatole 4 rentre sa tête dans ses épaules, une larme coule sur sa joue, la tristesse l'envahit... Le désespoir est là. C'est la faute à tout le monde et à personne. De toute façon, il n'y a rien à faire.

Ces quatre types de réactions psychologiques correspondent à quatre types de réactions physiologiques :

Anatole 1 transforme le stress en eustress. Il a exprimé les émotions de la phase d'alarme. Il n'est pas resté en tension, et a utilisé l'énergie d'adaptation libérée dans son organisme.

Anatole 2 penche version détresse. Il se sent impuissant. La ronde du cortisol se met en marche, ses défenses immunitaires s'affaissent. Il devient vulnérable aux invasions extérieures de microbes ou virus.

Anatole 3 reste en tension, il est « ulcéré » et son estomac entend le message. Système sympathique suractivé, il fait aussi partie des cardiaques.

Anatole 4 rejoint le désespoir. Système immunitaire pertubé + inflammation = maladies auto-immunes.

La physiologie du cerveau

Nos comportements, nos attitudes, notre compréhension des choses, notre langage... Tout est déterminé par le cerveau. Les neurones, reçoivent, structurent, organisent, transmettent les informations et ordonnent à nos muscles. La configuration spécifique de leurs inter-connexions commande nos réactions, et donc définit notre caractère, notre personnalité.

A la naissance, nous sommes déjà en possession de nos quelques cent milliards de neurones. Les connexions inter-neurones sont encore en très faible nombre. Elles vont se développer à grande vitesse pendant les premières années de la vie. Si le rythme se ralentit par la suite, la capacité à établir de nouvelles connexions ne s'arrête jamais. Notre cerveau est en permanente auto-élaboration.

Un neurone est une cellule qui possède un corps de forme pyramidale, sphérique ou étoilée, possédant un noyau dans lequel se trouve l'information génétique, et des prolongements, que l'on nomme dendrites et axone, lui permettant d'établir ses connexions avec d'autres neurones. Les dendrites, très fines, se ramifient en arborescence autour du corps de la cellule. Elles possèdent à leurs extrêmités d'innombrables « épines » qui vont leur permettre de prendre contact avec les neurones avoisinants. L'axone est beaucoup plus long que les dendrites, jusqu'à un mètre pour certains (neurones sensitifs et moteurs; les nerfs sont constitués de millions d'axones juxtaposés). L'axone se ramifie aussi à son extrêmité. Les contacts entre les neurones sont établis par les « synapses ». En réalité, les neurones ne se touchent pas, leurs « boutons synaptiques » libèrent des messagers chimiques appelés neuromédiateurs, porteurs d'information dans l'espace inter-synaptique, où ils seront captés par les récepteurs du neurone destinataire.

Les corps cellulaires meurent et ne se renouvellent pas. Mais tant que le noyau est vivant, axones et dendrites peuvent être régénérés. Les arrangements entre les neurones vont subir de profonds remaniements au cours de la croissance de l'enfant. Un certain nombre de liaisons nécessaires à la croissance de l'embryon, puis du fœtus, devenues inutiles, vont disparaître, d'autres vont apparaître.

Pourquoi et comment les neurones établissent ou rompent leurs connexions ? Les mécanismes sont très complexes, et les neurophysiologistes n'ont pas encore toutes les réponses. Les réflexes qui assurent notre survie sont manifestement programmés génétiquement, mais au delà... ? Nous savons que, grâce à notre cerveau associatif, nous avons la capacité d'inhiber nos réflexes. Et les yogis nous ont démontré, qu'avec un peu d'entraînement, on peut même avoir une influence sur les réactions neuro-végétatives, qui sont normalement hors du contrôle conscient.

Pour séparer l'inné de l'acquis, les scientifiques font confiance aux jumeaux. Bien que souvent les conclusions de ce type d'observations soient sujettes à caution (de nombreux biais peuvent intervenir). En comparant les cerveaux de vrais jumeaux, c'est à dire de deux êtres possédant le même patrimoine génétique, on devrait, si les connexions des neurones sont génétiquement programmées, constater que leurs cerveaux sont semblables. Or on constate des différences de morphologie cérébrale flagrantes qui ne s'expliquent que si l'on admet le caractère acquis des connexions.

On observe d'ailleurs une prolifération importante de dendrites dans les périodes d'apprentissage intense, notamment lors de l'acquisition du langage. Des milliards de connexions s'installent à ce moment là pour permettre au petit d'homme de parler.

La programmation de nos neurones est donc inscrite pour une part dans les gènes, puis elle s'établit par apprentissage au cours de l'évolution ou de la croissance (épigénétique). Elle est de plus remaniée par le travail conscient et inconscient de la pensée et dans le rêve.

Toute une réorganisation neuronale a en effet lieu chaque nuit. Pendant le rêve, les connexions établies durant les apprentissges du jour sont bio-chimiquement stabilisées. Les informations sont reliées entre elles de façon à se structurer en ensembles, et pouvoir former, au final, un tout cohérent : notre « carte du monde ».

L'influx nerveux déclenché par un événement extérieur provoque une synthèse de protéines qui « codent » littéralement le passage de l'influx. Par la suite, tout stimulus suffisamment proche du premier événement déclencheur sera assimilé à celui-ci, l'information suivra le parcours précédemment tracé.

Observez un bébé. Dans son berceau, il s'agite. Devant ses yeux passe un pied, par hasard. Il ne sait pas encore coordonner ses mouvements. Sa main n'était pas loin, elle attrappe le pied. Dans le cerveau de l'enfant, les neurones ayant reçu les informations visuelles, se connectent avec les neurones moteurs activés. Le bébé « associe » l'objet pied avec la sensation de « prendre ». Lorsque sa mère agite par la suite un hochet au dessus de son berceau, la vision du hochet qui bouge devant lui est suffisamment proche de l'image du pied qu'il a su saisir, pour que les mêmes réseaux de neurones résonnent. Le cerveau assimile le stimulus « hochet » au stimulus « pied », il généralise sa réponse, posant l'acte de saisir.

Et puis derrière le hochet, il y a le visage de maman. Ce visage est déjà connu, sa vue stimule des émotions, des images... D'autres réseaux de neurones vont se connecter, et venir enrichir la réponse au hochet.

Ainsi nous apprenons. Ainsi nous élaborons nos automatismes. Si le visage de maman est rassurant, le bébé associe le fait de prendre des objets avec de bonnes choses. S'il est au contraire menaçant, prendre sera associé à de l'anxiété. Vous pensez aux chiens de Pavlov ? Il y a un peu de ça.

Bien sûr nos comportements sont loin d'être réductibles à quelques conditionnements pavloviens. Mais ceux-ci peuvent nous aider à comprendre le pourquoi du comment de certaines de nos réactions ! Comme celle de Nicolas que nous avons déjà rencontré et qui a inscrit dans sa mémoire d'enfant une réponse physiologique de panique devant le stimulus : « Une vingtaine de paires d'yeux fixés sur moi, on attend que je parle ». Son cerveau a par la suite généralisé sa réponse de panique à tous les stimuli suffisamment proches, par un aspect ou un autre, de la situation première. Chaque nouvelle paralysie renforçant bien sûr le problème, puisque renforçant les connexions.

Les conditionnements établissent des automatismes, qui restent la plupart du temps totalement inconscients. Une image, un son, une sensation va déclencher une réaction physiologique automatique, sans que nous ne sachions pourquoi. Et l'inconscient est toujours le plus fort... Tant qu'il reste inconscient.

Imaginez un iceberg, une petite partie émerge : la conscience. La partie la plus importante est immergée, hors de notre vue : l'inconscient. Que pensez-vous qu'il se passera si le vent de la volonté souffle vers le Nord, alors que le courant des programmations inconscientes entraîne l'iceberg vers le Sud ? Vous irez vers le sud.

Marcel est un brillant orateur. Il est prié de prendre la parole lors d'un banquet. Il ouvre la bouche pour parler, et aucun son n'arrive à franchir ses lèvres. Il est aphone. Il parle très aisément en conférence, et ne comprend donc pas ce qui lui arrive. Il remarque qu'il devient aphone à chaque fois qu'il doit prendre la parole « à table ». Il se souvient alors qu'il lui était formellement interdit lorsqu'il était petit garçon de « parler à table ». Malgré sa volonté consciente, il n'avait pas encore la permission de parler à table !

Plus nous sommes stressés, plus nous nous enfermons dans des comportements inadaptés. Sous stress, nous cherchons des réassurances. Pour les obtenir, nous avons tendance à utiliser les mêmes stratégies qu'avec nos parents, celles qui marchaient avec eux. Et nous ne comprenons pas bien que ça ne marche pas avec les autres. C'est ainsi que Dorothée peut fondre en larmes devant son chef de bureau, alors qu'il lui fait un reproche injuste. Petite fille, c'était sa façon d'apitoyer les parents.

Nous croyons souvent, et dur comme fer, que nos réactions sont « normales » (ce patron est si terrible) ou bien encore que « nous sommes ainsi ». Dorothée se définit comme « émotive ». Elle considère donc qu'il faut faire attention à elle, la protéger, la prendre avec délicatesse... Et elle se comporte de telle façon que les gens, soit la rejettent, soit la surprotègent...Ce qui lui confirme en retour qu'elle a besoin d'être protégée, qu'elle est vulnérable et émotive...

Uriel, lui, part en claquant la porte dès qu'il y a un problème, et va se réfugier dans son monde intérieur. Petit garçon, ses désirs et besoins n'étaient jamais pris en compte. Il s'est toujours senti incompris. Et à quoi bon tenter de s'exprimer, puisque de toutes façons personne ne l'écoutait. « Va dans ta chambre, ça te passera ! » obtenait-il régulièrement, lorsqu'il émettait une quelconque émotion. Trente ans plus tard, Uriel continue de claquer la porte de sa chambre et de s'y enfermer à la moindre faille dans ses relations. Il s'est défini comme étant de toutes façons un éternel incompris. Alors à quoi bon tenter de négocier ? Autant partir.

Nombre de nos réactions peuvent parfois nous paraître incompréhensibles. Elles sont des « programmations » inconscientes de notre cerveau, résultats des conditionnements de notre enfance.

Les conditionnements de l'enfance

Conditionnements directs de « l'éducation », établis par récompenses et punitions, conditionnements indirects par soumission à l'inconscient des parents, décisions élaborées lors d'événements traumatiques... Tous ces conditionnements sont des réactions adaptatives.

Quand l'enfant naît, il ne sait pas qui il est, il ne sait même pas encore faire la distinction entre lui-même et les autres.

Il prend petit à petit conscience des limites de son corps à travers ses contacts avec les autres et avec le monde. Il construit son sentiment d'existence à travers sa relation avec sa mère et son père, à travers les caresses, l'attention qu'ils lui prodiguent. Il existe pour eux, donc il existe. Au contact de son entourage, il va peu à peu se faire une idée de quel genre de personne il est, qui sont les autres, et comment il peut obtenir satisfaction de ses besoins dans ce monde.

Le petit enfant dépend totalement de ces géants qui l'entourent. Il ne peut se permettre d'imaginer que ceux-ci sont faillibles. Il croit donc tout ce qu'on lui dit... Et comprend très vite, ce que parfois on ne lui dit pas. Il ne peut guère changer de parents, de milieu social ou de frères et sœurs... Il n'a d'autre choix pour survivre, que celui de s'adapter, de se conformer à ce que l'on attend – consciemment ou inconsciemment – de lui.

A la naissance, quelques réflexes permettent la survie. Petit à petit l'enfant découvre de nouveaux gestes, de nouveaux mouvements. En fonction des résultats obtenus, des sensations de plaisir ou de déplaisir, son cerveau mémorise les actions efficaces et les actions inefficaces. Les réponses au monde s'élaborent par apprentissage sur des pulsions instinctuelles. Le sourire, par exemple, est inné... et acquis. Si l'ébauche de sourire du nouveau-né est immédiatement renforcée, c'est à dire si elle reçoit une réponse positive de l'entourage, l'enfant a envie de recommencer cette mimique qui lui apporte du plaisir. Mais s'il n'obtient en retour que des visages renfrognés, l'enfant « laisse tomber » son sourire.

Nous conservons les comportements qui nous donnent du plaisir ou nous permettent d'éviter la douleur et nous abandonnons les comportements qui ne nous rapportent rien, voire du déplaisir. Nous mettons ainsi en place des automatismes.

« Sous l'action d'un fort courant électrique, le

chien crie et se débat. Si on lui présente de la viande, il n'y fait même pas attention. Si on répète de nombreuses fois l'expérience, et à condition de faire suivre régulièrement d'un repas, l'excitation électrique douloureuse, celle-ci finit par provoquer la salivation! Le conditionnement l'a emporté sur l'instinct, on a appris au chien à surmonter une douleur immédiate, en lui faisant escompter un plaisir futur. Le chien a été dressé. »

« L'éducation consiste à acquérir des réflexes conditionnels capables d'inhiber les réflexes innés » a dit Jean Delay. Ce genre d'éducation donne des petits enfants sages, bien « dressés », puis des adultes bien conformes, loins d'eux même, soumis à l'autorité, avec toutes les conséquences désastreuses que l'on connait. [1]

La nature fait bien les choses. Mais les réflexes innés, c'est à dire les émotions, les pulsions, l'expression de nos besoins peuvent faire peur à des gens qui les ont étouffés en eux depuis longtemps. Quand on a réprimé ses larmes, ses terreurs et ses rages, on a du mal à les accepter chez les autres. Devant les réactions spontanées des enfants, certains parents ont « autre chose à faire », qu'à écouter les « jérémiades » des enfants. D'autres sont intimidés, voire paralysés, ils ne savent simplement pas trop comment réagir. D'autres encore restent de marbre et « sévissent ». Ils ne se souviennent plus, ils ne veulent pas se souvenir, de ce qu'ils ont pu ressentir enfants.

Alors l'enfant, pour ne pas perturber ses parents, fait comme le chien de l'expérience. Il étouffe sa douleur, et sourit à ses « maîtres ». Il est « dressé », bien éduqué. Il ne crie plus, ne pleure plus. Il ne sent même plus. Il ne peut plus se faire confiance. Lorsqu'il a mal... « il n'a pas mal », lorsqu'il souffre, « ce n'est rien ». Lorsqu'il est jaloux, « il est ridicule ». Il a l'impression de « sentir faux ». Il doute de lui. Il perd le contact avec lui-même et un grand vide s'installe au dedans de lui.

Une petite fille se trémousse dans la rue, elle tente de passer sa main sous son col. « Ça pique » dit-elle. « Tu mens » lui répond vertement sa grand mère – qui ment, elle, véritablement, à sa petite fille et qui de plus parle d'elle-même à la troisième personne, pour mieux asseoir son autorité ? – « mamie sait que ça ne pique pas, mamie aussi elle est douillette, elle a bien regardé ».

Qu'est-ce qui pousse cette grand-mère qui adore certainement sa petite fille à la traiter de la sorte ? Elle ne veut pas se sentir remise en cause. Elle ne veut pas être une grand mère qui met un pull « qui pique » à sa petite fille, alors elle décide tout simplement que le pull ne pique pas.

Que se passe-t-il alors dans la tête de la petite fille ? Elle a du mal à imaginer que ce pull puisse avoir une importance si existentielle pour sa grand-mère, elle ne voit pas vraiment pas pourquoi sa grand-mère lui mentirait sur une chose aussi bénigne. Quel bénéfice pourrait-elle bien trouver à ce que ce pull ne pique pas ? De toutes façons, on ne doute pas de sa grand-mère, elle a l'expérience de la vie, elle sait mieux. Et puis elle a dit qu'elle était douillette. La petite fille est donc amenée à penser que c'est elle qui « sent faux ». Elle se met à douter de ses sensations propres. Pour protéger sa tranquillité, cette grand-mère a réussit à mettre la confusion dans le cerveau de l'enfant. Par la suite, la petite fille devenue grande, ne pouvant faire confiance à ses sensations, à son jugement propre, restera dépendante du jugement des autres.

Ce que nous appelons éducation consiste bien souvent à soumettre l'enfant à nos normes, à nos exigences, à notre égoïsme.

Le pouvoir des parents

Le renforcement positif le plus puissant est la manifestation de l'amour de nos parents, la punition la plus grave est le retrait de cet amour ou la menace de son retrait. Le lien avec les parents est ce qu'il y a de plus fondamental pour les enfants. Pour le protéger, les enfants sont prêts à tout, à sacrifier leurs perceptions, leurs besoins, leur réalité. Attentes des parents et adaptations de l'enfant, il s'établit entre les parents et l'enfant (et bien sûr toute la constellation familiale, frères, sœurs, cousins, oncles, grand parents...) un circuit de relations. Les comportements et attitudes de l'un renforcent les réactions des autres et réciproquement.

Les enfants ne sont pas toujours ce que les parents veulent qu'ils soient. Mais ils deviennent souvent ce qu'ils ont cru comprendre qu'ils devaient être, pour avoir le droit d'exister dans cette famille là.

Ils réagissent non pas tant à ce que les parents disent verbalement, mais à leur attitude, à ce qu'ils sont et à ce qu'ils font... Ou ne font pas. « j'ai beau le punir, il recommence, on dirait qu'il aime ça ! » et bien peut-être que oui, une punition, c'est tout de même une attention. Julien, 9 ans, recevait des semonces verbales tous les jours pour son désordre, et même parfois une gifle, quand maman était trop à bout. Il laissait traîner pêle-mêle cartable, livres et chaussettes au beau milieu du salon. Maman était débordée, elle rentrait du travail pour se mettre à la cuisine. Elle avait tout essayé pour qu'il range. « Que sa chambre soit en désordre, soit, mais qu'il envahisse tout l'appartement, non. » Les relations mère-fils sont devenues de plus en plus tendues... Jusqu'à ce que, sur mon invitation, elle se mette à jouer avec son fils, à lui parler, à être avec lui une demi-heure par jour.

C'est encore peu, mais suffisant pour qu'il n'aie plus besoin de s'attirer des remontrances pour recevoir un peu d'attention. Les chaussettes ont spontanément regagné leur tiroir.

Quand les parents sont trop indifférents, soit que véritablement ils ne s'intéressent pas à l'enfant, soit qu'ils soient trop occupés ailleurs, par leur travail, leur conjoint, leurs amants ou le ménage... Soit enfin qu'ils n'imaginent simplement pas que leur enfant ait besoin d'eux, l'enfant est amené à élaborer (inconsciemment) des stratégies pour obtenir un minimum d'intérêt.

Attentes inconscientes

Une grande partie de nos comportements, une grande partie de ce que nous appelons notre identité sont des adaptations inconscientes, réactions à l'inconscient de nos parents.

Matthieu est très agressif. C'est un enfant dont on dit autour de lui qu'il est « dur », difficile. Il ne se laisse pas faire. En fait, il mène son monde par le bout du nez. Sa mère n'en peut plus, elle n'arrive pas à le « faire obéir ». Il pique de grandes colères, se roule par terre, hurle quand il n'est pas content. Pourquoi ? Il est aimé, sa mère Marina s'occupe beaucoup de lui... Mais, elle-même ne sait pas, n'ose pas, exprimer sa colère. Quand elle était petite, elle avait bien trop peur de sa mère, jamais elle ne se serait roulée par terre, jamais elle ne se serait opposée à sa mère. D'ailleurs, si elle l'avait fait, sa mère l'aurait probablement laissée dans un coin, et n'aurait certainement pas satisfait sa demande. Alors à quoi bon risquer de se faire rejeter ?

Avec son premier enfant, Matthieu, ses frustrations de toute petite fille sont réactivées. C'est une aventure que vivent toutes les mères (et les pères). Devant ce bébé qu'elles mettent au monde, l'enfant en elles, le petit bébé qu'elles ont été, se réveille. Ce qui rend parfois difficiles les premiers contacts. Comment donner ce que l'on n'a pas reçu ? Comment accepter chez ce nourrisson ce que l'on a refoulé en soi ? Comment l'aider à métaboliser ses peurs et ses angoisses quand on ne sait pas faire le tri dans les siennes ?

Face à ce bébé qui n'y est pour rien, mais qui, par sa simple présence, lui rappelle qu'elle a été elle aussi un bébé, et un bébé impuissant, Marina revit la rage des frustrations de son enfance. Comme elle ne s'autorise toujours pas à exprimer ni même à ressentir consciemment sa colère contre ses parents, Matthieu va lui permettre de les exprimer, il va prendre en charge les émotions qu'elle se refuse à assumer.

Lui, sent confusément que sa mère a des sentiments mêlés. Mais il s'exprime. Quand il lui manque quelque chose, il demande. S'il n'obtient pas, il insiste. S'il n'obtient toujours pas, il insiste encore, et utilise tous les moyens dont il dispose. Il remarque vite que ses colères ont un impact inattendu sur maman. Il s'exprime alors comme elle aurait voulu pouvoir s'exprimer. Il agit, ex-prime, extériorise, la violence que Marina sent à l'intérieur d'elle sans pouvoir rien en faire. Et le système s'installe, car elle est impressionnée par les crises de son fils. Secrètement, elle l'envie... Cela suffit à Matthieu pour qu'il continue. Et on finit par dire de Matthieu qu'il « est » difficile, colérique, intenable. L'étiquette lui restera.

Géraldine hurle à chaque fois que sa mère tente de la faire garder. Pourtant, Anne est très attentive à sa fille. Elle s'occupe beaucoup d'elle, est présente à ses côtés le plus souvent possible. Elle « ne la confie pas à n'importe qui », c'est à dire qu'elle trie sur le volet les baby-sitter potentiels. Géraldine pleure beaucoup, appelle maman sans cesse. A-t-elle peur que maman ne la quitte et ne revienne pas ? Non, en fait pas vraiment. La réalité, c'est que c'est sa mère qui a peur. Anne a toujours eu peur pour son bébé, peur qu'il ne lui arrive quelque chose, peur qu'elle ne meure, peur qu'elle ne disparaisse. Géraldine réagit à la peur de sa mère, et par son comportement tente de la rassurer. Ses pleurs signifient : « J'ai besoin de toi, je ne peux pas vivre sans toi, tu es importante ». Tous ces messages dont Anne a terriblement besoin, parce qu'elle n'est pas bien sûre d'être importante en dehors de son enfant. Anne est dépendante du regard de sa fille. Alors Géraldine sacrifie son besoin d'autonomie pour rester dépendante de sa mère. Elle pleure pour un oui ou pour un non. Elle est farouche, trouillarde.

Farouche ? Anne supporterait assez mal que sa fille se précipite dans les bras de quelqu'un d'autre ! Géraldine a très bien compris comment elle devait se comporter pour maintenir la symbiose avec sa mère. Elles forment un petit couple solide où les autres n'ont pas droit de cité. Géraldine reste petite parce que sa maman a besoin d'elle. Mais adulte, elle risque de rester dépendante des autres, peu autonome.

Plus jamais !

Les événements traumatiques entrent aussi pour une grande part dans la construction de notre caractère.

Adeline était une enfant confiante, spontanée... Jusqu'à ce qu'un drame bouleverse son existence, une aventure bien anodine aux yeux des adultes. Mais qui a renversé le monde de cette enfant de 9 ans. Elle devait se faire opérer des végétations. Elle avait demandé au médecin si piqûre il y aurait, pour s'y préparer éventuellement. Il lui avait répondu : « Non, ne t'inquiète pas, il n'y aura pas de piqûre ».

Adeline arrive à la clinique, s'installe dans la chambre préparée pour elle. Arrive une infirmière, une seringue à la main, qui, sans ambages, lui demande de baisser son pyjama. « Ah non ! »dit Adeline, « le docteur a dit qu'il n'y aurait pas de piqûre. » Elle se débat, tente toutes les stratégies d'échappement, va faire pipi, s'enfuit dans les couloirs. Ils se mirent à sept infirmiers pour l'immobiliser et lui faire la piqûre.

Quand elle s'est trouvée devant le médecin, elle lui a demandé d'une petite voix vaincue : « Pourquoi tu m'as pas dit qu'il y aurait une piqûre ? » Il a ri. Il a dit que « c'était une petite piqûre de rien du tout pour l'anesthésie, que ça ne comptait pas », et il a demandé à Adeline de respirer bien fort dans le masque... Elle s'est endormie. Mais de ce jour, elle a cessé de faire confiance. Le problème n'était pas la piqûre, mais le mensonge. Le médecin n'a pas eu conscience de mentir, tout cela ne revêtait guère d'importance pour lui. Il ne s'est pas rendu compte que dans la vie d'une petite fille, une opération, même si bénigne aux yeux des grands, c'est un événement. Adeline s'est sentie trahie... Plus jamais...

Guillaume était un enfant tendre, affectueux. Il avait 6 ans quand sa mère, malgré ses promesses, l'a laissé chez ses grand-parents pendant un long mois. Il lui en a terriblement voulu de ce qui pour lui était une véritable trahison. A mi-chemin entre la vengeance, le désir de punir sa mère : « Ah tu m'as fait ça ? Tu vas voir »... et la détresse. Il a décidé : « Plus jamais je ne t'aimerai maman ». Et qui peut-on aimer quand on ne peux plus aimer sa propre mère ? La décision s'étend fatalement : « Je ne veux plus souffrir, plus jamais je n'aimerai personne. » Guillaume s'est fermé. Enfant, il a cessé de manifester son attachement. Adulte, il se trouve incapable d'aimer. Il évite de s'impliquer émotionnellement dans ses relations. Il fuit dès qu'un lien d'attachement se profile. Il a oublié bien sûr les circonstances de sa décision, sa détresse d'enfant trahi, son désir de vengeance sur sa mère. Mais il a toujours en tête : « Je ne veux plus souffrir, jamais je n'aimerai. »

Les adultes n'imaginent pas les proportions que prennent les choses dans un cerveau d'enfant. Un mensonge, un mois de vacances sans préparation chez des grand-parents, un jouet jeté par inadvertance, une part de gâteau plus grande donnée au petit frère, le prêt sans son assentiment de ses jouets à ses copains... Tout ça ne paraît pas bien grave. Mais du point de vue de l'enfant, ce peuvent être, à certains moments clefs de son développement, de vrais drames, l'atteignant au plus profond de lui.

Ces événements où l'enfant se sent nié, bafoué, trahi, sont légion. Et même si l'on est très attentif à l'enfant, il est impossible de les éviter tous. Ce qui est toxique n'est pas tant l'événement, que ce qu'en vit l'enfant, que ce qu'il en tire comme déductions sur lui-même, sa valeur et sa place parmi les autres. Il en découle que la seule chose vraiment importante en tant que parent n'est pas d'éviter les déceptions, les frustrations, les difficultés à leurs enfants. Mais de les laisser manifester leur mécontentement, leur douleur, les écouter et les respecter dans leur ressenti... Si leurs émotions sont prises en compte, écoutées, respectées, si les parents s'excusent et s'expliquent-sans se justifier ! –, acceptent la colère de leurs enfants, alors rien de toxique ne s'inscrit dans la psyché de ces futurs adultes. Mais si les enfants doivent réprimer leurs sentiments, pour quelque raison que ce soit (parce que c'est interdit ou parce que cela ferait trop de peine à maman, parce qu'on se moquerait d'eux ou parce que ça ne servirait à rien...), ils prennent des décisions qui hypothèqueront leurs vies d'adulte.

N'attendons pas d'un enfant qu'il soit « gentil » et qu'il comprenne, c'est à dire : accepte avec le sourire de rester à la cantine, d'éteindre la télévision, de renoncer à son esquimau au chocolat, ou surtout de « bien prendre » la séparation de ses parents, la naissance de la petite sœur, le succès du petit-frère... C'est à nous, adultes, de comprendre et d'accepter qu'il exprime sa colère, somme toute une réponse saine à la frustration. Il apprendra ainsi à la gérer, à la tolérer. Contrairement aux idées éducatives de nos parents, un enfant que l'on frustre sans lui laisser la possibilité d'exprimer ses sentiments de colère, restera plus sensible qu'un autre à toute menace de frustration.

L'enfant réagit à un environnement, à des messages, qu'il interprète à sa façon. Il élabore peu à peu son « caractère ». Ses attitudes, ses réactions sont mémorisées dans ses réseaux de neurones, qui associent ses expériences. Le processus d'auto-réorganisation ordonne ces milliers, ces millions de sensations, d'émotions, de pensées, de façon à ce qu'elles forment un tout cohérent, sur lequel fonder son sentiment d'identité.

Bertheline

Bertheline naît au mauvais moment. Ses parents viennent juste de se marier. Ils auraient aimé vivre un peu ensemble « en couple » avant de se retrouver en famille. Ils n'ont pas beaucoup d'argent. Ils sont tous les deux un peu (beaucoup) anxieux de savoir comment ils vont y arriver. Maman n'est pas prête, papa non plus. Plus ou moins consciemment, ses parents en veulent à Berheline d'être venue si vite. Mais il n'est pas permis d'en vouloir à son enfant... La culpabilité aggrave leur rancune...

Maman est ambivalente. Elle aime ce bébé. Elle veut l'aimer. Mais il lui pose des problèmes. Quand elle s'occupe de lui, quand elle lui donne le sein, le lange, elle a des mouvements brusques. Elle se sent coupable. Elle met un point d'honneur à être « une bonne mère ». Elle fait tout ce que le pédiatre dit... Elle écoute le médecin, mais pas le bébé. Elle fait tout ce qu'il « faut faire » mais n'y prend pas vraiment de plaisir. Bertheline le sent. Elle n'a pas la capacité d'imaginer ce qui se passe dans la tête de sa maman. Elle voit juste que sa maman n'a pas l'air d'être bien avec elle. Comment comprendre ça ? Il n'est pas possible que ce soit sa mère qui ne soit pas bien. Une maman, pour un petit enfant, c'est forcément infaillible. Il n'est pas question pour Bertheline de douter de sa mère. Il est fondamental pour elle de pouvoir lui faire confiance, de la croire idéale... Parce que sinon, qu'est-ce qu'elle deviendrait, si petite, si dépendante ?

Si maman est au-dessus de tout soupçon... Alors, qui soupçonner ? Bertheline se soupçonne elle même. Si maman ne se sent pas bien à son contact, c'est que le bébé doit avoir quelque chose de travers, c'est que, elle, Bertheline, doit être vilaine, mauvaise.

Bertheline perçoit les sentiments mêlés, l'agressivité et l'insécurité de sa mère. Bertheline a peur, et elle se sent coupable. Elle ne sait pas identifier de quoi elle est coupable. Mais puisque maman n'est pas heureuse, ce ne peut être que de sa faute.

Ayant peur des réactions de sa mère, elle ose à peine crier, elle tête tout doucement, elle cherche à gêner le moins possible, elle hésite même à lui sourire. Elle grandit, s'effaçant de plus en plus, elle n'ose rechercher le contact de sa mère. Mais elle est sage, elle essaie de faire plaisir à sa maman, elle a cru comprendre que pour lui faire plaisir, il fallait ne pas être « dans ses jupes », alors elle s'éloigne.

La mère voit que cette enfant la fuit, ne lui sourit pas, fait les choses lentement, est incertaine dans ses gestes. Elle ne voit pas qu'elle n'ose pas pour ne pas risquer de lui déplaire. Elle lui en veut de ne pas être plus affectueuse. Elle pense que sa fille a un « sale caractère », qu'elle n'est pas « aimable » (ce qui explique qu'elle n'arrive pas à l'aimer). Par réaction, elle va être encore plus distante et plus dure avec elle.... Bertheline comprend que décidément elle ne vaut rien, que quoi qu'elle fasse, c'est toujours mal. Elle se ferme toujours plus.

Ses parents décident d'avoir un second enfant. Ils se sentent maintenant prêts et désirent d'autant plus ce deuxième petit que la première – Bertheline – n'est vraiment pas gratifiante! Maman espère beaucoup que le second sera mignon et lui montrera qu'elle est bien une bonne mère. Elle le regarde comme tel dès la naissance, elle l'investit avec espoir... Et il le lui rend! Ce petit Cédric, en confiance avec une mère attentive, s'épanouit, grandit plus vite et mieux que Bertheline. Il « se révèle » plus débrouillard, plus vif, et plus affectueux que sa sœur. Maman est contente, elle est fière de son fils, le cajole facilement et ne manque pas une occasion de le citer en exemple à Berheline. Celle-ci se dit que décidément, elle n'est pas à la hauteur, son frère est plus intéressant qu'elle, et par extension, tous les autres sont plus intéressants qu'elle.

Dans sa situation, Bertheline ne peut pas croire autre chose. Elle se vit comme étant inintéressante, gênante. A la limite il vaudrait mieux qu'elle n'existe pas. Les autres, par contre, ont l'air de bien se débrouiller dans la vie.

Décidément...

A partir de là, le « destin » de Bertheline se construit. Ses croyances vont se manifester dans ses comportements, ses attitudes. Comment ferait-elle autrement? Si elle est inintéressante, comment pourrait-elle aller vers les autres? Leur parler? Oser jouer avec eux? Elle se met en retrait, observe les autres enfants mais ne participe pas à leurs jeux. Elle ne se fait pas d'amis, ou alors une amie, une autre petite fille timide qui lui ressemble.

Quelques années plus tard, Bertheline est invitée à une soirée... Elle s'habille de façon à passer inaperçue. Dès son arrivée, elle se dissimule derrière une plante verte ou se précipite vers le buffet, et grignote entre deux cigarettes, ce qui passe à sa portée. Elle n'ose pas parler à ces gens qui ont l'air de bien s'amuser. Elle se sent de trop. Elle observe les autres, elle est « spectateur ». Si une personne vient vers elle et entame la conversation, c'est le soulagement : « on s'intéresse à moi » et... la terreur : « dès que je vais parler on va découvrir que je suis inintéressante ». Désir et peur du contact, elle fige un sourire sur son visage, répond brièvement aux questions de son interlocuteur – pas question de courir de risque en en disant trop –, n'ose interroger en retour, de peur de se découvrir... L'interlocuteur finit par se lasser de cette conversation dans laquelle Bertheline ne prend pas sa place, et s'enfuit dès qu'il le peut.

Bertheline reste seule, et constate : « décidément, une fois de plus je vérifie que les gens ne s'intéressent pas à moi. C'est bien la preuve que je ne suis pas intéressante. » Et ainsi il en va de toute sa vie. Ses comportements, fondés sur des croyances négatives, provoquent des réactions de son environnement, qui lui confirment en retour ses croyances. C'est un système auto-renforçant dont elle ne voit pas la faille.

Elle ne pense pas un instant qu'elle crée sa propre réalité. Elle envie les autres et leur apparente aisance. Pourtant elle n'envisage pas de pouvoir leur ressembler. Dans sa tête, elle est comme ça. Sa timidité est son caractère, point. Elle s'est tellement identifiée à ses comportements qu'elle ne peut même pas s'imaginer se sentir à l'aise en société, parce que *ce ne serait pas elle*. Elle est « Bertheline la timide ». Mais, est-ce bien elle ?

L'enfant vit, ressent. Il a des émotions, des sensations, des désirs. Si ceux-ci ne sont pas conformes à ce qui est attendu de lui, il doit les réprimer. Il réprime ses désirs, ses pulsions, et même parfois jusqu'à ses sensations. Plus la répression doit être forte, plus épaisse est la carapace qu'il enfile. Il est amené à dresser un véritable mur de tensions contre ses affects. Ensuite il se conforme à ce qu'il imagine être attendu de lui. Bertheline a refoulé son être réel, elle a endossé la seule « identité » qui lui permettait de s'adapter à sa famille.

Les croyances élaborées et sur lesquelles se fonde

l'« identité » sont vitales. Ce sont des décisions de « survie », celles que l'enfant doit prendre pour donner un sens à ce qu'il vit. Elles le protègent de la souffrance, de ses émotions cachées. Il lui faut les maintenir coûte que coûte, et c'est ainsi qu'il passe sa vie à les renforcer par des comportements qui lui permettent de se dire périodiquement « décidément ! ».

Remettre en cause son identité de timide signifierait pour Bertheline, faire émerger à sa conscience qu'elle s'est sentie rejetée par sa mère, que sa mère ne l'aimait pas, n'était pas parfaite. C'est trop dur. Elle préfère continuer de considérer qu'elle est la coupable, l'enfant imparfaite, de façon à ne pas réveiller les douloureuses émotions de sa petite enfance.

A chaque fois que nous nous entendons dire « décidément », il est très probable que nous sommes en train de confirmer notre système de croyances. Décidément... « on ne peut faire confiance à personne », « on n'est jamais si bien servi que par soi-même », « je ne suis pas à la hauteur », « je n'y arriverai jamais », « les hommes sont... », « les femmes sont... »...

Pour dessiner notre image de nous-même et aiguiser notre image du monde, nous puisons aussi plus ou moins consciemment des modèles, des exemples, dans les histoires que nous racontent nos parents, les livres, les contes de fées et de nos jours à la télévision, au cinéma, dans les vies des stars de la musique... dans tout ce qui nourrit notre imaginaire. Certaines identifications nous aident à grandir, d'autres entraînent de graves inconvénients – d'où l'importance de faire parler les enfants sur ce qu'ils voient ou entendent!-. Toutes sont rassurantes car elles nous confèrent une identité, des modèles de comportements et une destinée.

Le poids du masque social

Lorsque l'enfant ne se sent pas accepté tel qu'il est, lorsqu'il perçoit que ses parents le veulent différent. Il apprend à se croire inacceptable. Il peut se soumettre et obéir, ou refuser et se rebeller, il n'est plus libre d'être ce qu'il est, il agit en fonction de ses parents. Il commence à perdre son être et revêt peu à peu une personnalité sociale, un masque social.

Derrière ce masque, ou parfois cette armure qui est devenue une seconde peau, il ne sait plus qui il est, ce dont il a envie et besoin. Alors il continue d'avancer dans sa vie non parce qu'il en a envie mais parce qu'il doit, non par plaisir mais pour survivre. « Cette obligation n'est pas la vie, c'est un mécanisme de défense contre la mort. »

Garance a 33 ans, elle est atteinte d'un cancer généralisé : « J'ai peur de mourir, je ne veux pas mourir... » dit-elle dans sa détresse. Mais elle se rend compte qu'elle ne dit jamais : « j'ai envie de vivre ». Elle ne le dit pas parce qu'elle n'y croit pas. Les parents de Garance sont très peu affectueux. Elle a toujours « su » que sa mère ne l'aimait pas. Elle était fine, jolie et intelligente. Mais sa mère, qui lui en voulait d'être née – et qu'y pouvait-elle ? –, lui disait qu'elle était grosse, laide, idiote, et s'occupait très peu d'elle. Les « messages » que Garance a intégré sont quelque chose comme : « – je ne vaux rien, -j'ai à peine le droit d'exister, – je ne suis pas importante, – les autres sont mieux que moi, plus importants que moi – je n'ai pas de besoins. » Sur la base de ces déductions, elle s'est construit un personnage, s'est aménagé une vie pour pouvoir survivre. Garance est devenue « parfaite » : elle s'est hyperconformée aux attentes parentales. Sa maison est toujours impeccable. Elle-même est toujours bien habillée, bien maquillée. Elle a toujours le sourire, elle est très dynamique, elle réussit bien dans son travail. Elle s'occupe aussi de sa famille, elle a un mari et deux petites filles. Elle « donne le change » aux autres... et à elle-même. Ce personnage est devenu son identité. Elle donne une image d'elle la plus parfaite possible aux autres en espérant que cette image sera agréée, car au fond d'elle, elle continue de se croire, comme sa mère la disait, sans valeur, insignifiante. L'image est sans faille, elle fait ce qu'elle doit . Mais à l'intérieur d'elle, le vide se creuse. Et malgré l'amour de son mari et de ses deux enfants, le mal la ronge. Elle a du mal à accepter l'amour, elle se culpabilise si son mari décide de passer du temps auprès d'elle malade. Elle ne peut penser qu'il peut avoir du plaisir à rester avec elle parce qu'il l'aime. Elle pense qu'elle est forcément un « poids » pour lui. La distance entre l'image qu'elle a forgé pour les autres, et sa perception réelle d'elle-même, est trop grande. L'image se craquelle sous les souffrances. L'être désespéré apparaît... trop tard. Le sentiment de culpabilité, trop profondément ancré en elle, ne lui permet pas de redevenir elle-même.

La petite Garance n'avait pas d'autre ressource que de croire ses parents... Donc de se considérer comme mauvaise. Elle a accepté cette définition d'elle, et elle a lutté pour la camoufler. Même adulte, même malade, elle n'est pas arrivée à remettre en cause cette croyance, car il aurait fallu pour cela remettre en cause ses parents, se laisser ressentir la rage qui l'animait. Elle avait trop besoin d'eux et de l'idée de leur amour. Elle a préféré partir.

L'idéalisation des parents

Les enfants ont tellement besoin de leurs parents, qu'ils n'osent pas les remettre en cause. Ils les protègent, et les idéalisent. Le personnel soignant, dans les services de pédiatrie, en est le témoin désabusé. Les enfant arrivent à l'hôpital dans un état dramatique, roués de coups, brûlés, les membres tordus, manifestement à la suite de sévices corporels. Ils défendent tous sans exception leurs parents. Contre toute vraisemblance, ils disent qu'ils sont tombés ... Et appellent leur maman.

Si les sévices physiques sont plus impressionnants, les sévices mentaux ne sont pas moins destructeurs... Même la cruauté involontaire fait mal. Moqueries, humiliations, abandons, ou simple non respect des sentiments et besoins de l'enfant sont cruels. Que l'on reproduise sur ses enfants l'éducation que l'on a reçue, ou que l'on prenne exactement l'attitude inverse, on n'est toujours pas à l'écoute de cet enfant qui est là.

Il n'y a pas de parent idéal, de parent parfait, il peut y avoir un parent « suffisamment bon ». L'enfant vit obligatoirement des souffrances, des frustrations. Il découvre qu'il ne peut avoir toujours et à lui tout seul tout l'amour de sa maman. Il est en colère contre les adaptations que lui demandent ses parents. Il ne s'agit pas de lui éviter les souffrances, de le surprotéger. Mais simplement d'accepter ses sentiments négatifs. Un parent suffisamment bon est un parent qui sait accepter les émotions de son enfant, qui ne l'empêche pas de pleurer, qui sait écouter sa colère sans se sentir coupable ou « mauvais parent ».

Pour briser, une fois adulte, les barreaux de la prison de nos croyances, il n'y a pas d'autre solution que de laisser remonter les souvenirs des souffrances passées, et d'accepter de ressentir de la colère contre ses parents. Non pas de les culpabiliser, mais de dire sa vérité, simplement, sans chercher à les protéger. On ne peut rétablir la justice qu'en dénonçant l'injustice. On ne peut rétablir la vérité qu'en regardant la réalité.

C'est interdit. Nous avons intégré que nos parents ont agi « pour notre bien ». « Ils ont fait ce qu'ils ont pu. Ils se sont sacrifiés pour nous. On doit le respect à ses parents.... » Nous les protégeons encore.

Et puis : « maintenant, ça servirait à quoi de leur dire, ils sont vieux, ça leur ferait du mal ... ». Et surtout, surtout, nous ne voulons pas les perdre. Parce qu'à l'intérieur de nous, nous sommes toujours de petits enfants. Parce que nous n'avons pu suffisamment intérioriser leur amour, nous avons l'impression que notre survie dépend d'eux. Même adultes et indépendants, nous avons peur d'exprimer notre réalité, peur d'être simplement nous-mêmes. Nous avons peur que nos parents nous abandonnent. Nous continuons de croire ce que nous avons cru dans notre petite enfance.

Un autre aspect complique encore les choses : si nous nous permettions d'exprimer cette colère maintenant, cela voudrait peut-être dire que l'on aurait pu être autrement. Ce peut être trop douloureux à envisager. Nous pouvons préférer continuer de croire que nous ne pouvions pas faire autrement, parce que « je suis comme ça ». Nous nous obstinons à nous traiter, notre vie durant, comme nous avons été traités dans notre enfance. Gardant cependant toujours au fond de nous un grand vide que nous tenterons de combler inefficacement de diverses manières.

L'angoisse de ne pas exister.

Ne pas se sentir exister est source d'une angoisse sans nom. Et pourtant peu d'entre nous ont un sentiment solide de leur existence.

Exister, pour un être humain, c'est d'abord exister pour les autres. Et les premiers autres pour l'enfant, ce sont la mère et le père. Le sentiment véritable d'existence s'établit dans les premières relations avec elle et lui. Si nous existons suffisamment aux yeux de chacun, et si nous avons la liberté d'exister pour nous devant eux, plutôt que *pour eux*, comme prolongement d'eux, nous aurons le sentiment de notre existence en tant qu'être propre.

Avoir une authentique identité, c'est faire l'expérience de soi comme être unique. C'est impossible si père ou mère ne nous voient pas, s'ils nous considèrent comme des parties d'eux, des prolongements d'eux, s'ils définissent à notre place nos désirs et besoins, s'ils cherchent à être de « bons parents » plutôt qu'à nous écouter vraiment.

Quand nous doutons quelque peu de notre existence propre, nous utilisons des subterfuges pour nous donner l'illusion d'être. Plus nous doutons, plus nous avons besoin de nous prouver que nous existons bien, que nous sommes importants. Plus nous avons besoin de « nous faire remarquer ». Dans le meilleur des cas, nous le ferons positivement, à travers une réussite professionnelle valorisante, la participation active et remarquée à des activités diverses. Au pire dans la transgression, la violence, les maladies, le suicide, ou la dépendance.

Les stratégies à notre disposition pour taire l'angoisse sont nombreuses.

• Emile est un homme d'affaire brillant. Il réussit très bien, mais... Il ne mémorise pas ses succès, il doit toujours aller plus loin, se prouver qu'il est capable, se prouver qu'il a de la valeur. L'enfant qui se sent impuissant à satisfaire les attentes (réelles ou imaginaires) de ses parents, doit « faire ses preuves ».

• Marcelin accumule les biens. Il gagne de l'argent. Il a besoin de toujours plus d'argent pour acheter toujours plus de choses. Il se sécurise dans la possession. S'il ne peut « être », il cherche au moins à « avoir ». Il a toujours envie de nouvelles choses, il s'entoure de beaux objets, de belles propriétés. « Si ce que je possède est beau, alors je suis beau », tente-t-il inconsciemment de se rassurer.

• Victor collectionne les voitures miniatures; Marthe, les soldats et figurines de plomb; Gilles, les flacons. En bons collectionneurs, ils se mesurent à leurs collections. Il prennent de la valeur à leur propres yeux au fur et à mesure de leurs acquisitions. Leur vie a un sens, elle se structure autour de leur collection, jamais terminée. Ils ont un objectif. Ils savent de quoi parler.

• Jean est un séducteur. Il laisse des marques de son passage sur le psychisme de ses jolies victimes. Comme le paranoïaque qui tente de détruire la femme qu'il aime, il laisse une empreinte sur le corps de l'autre. « Si je fais mal, si je laisse des traces, c'est que j'existe. »

• Agrippine souffre. Elle est très souvent malade, et s'occupe beaucoup d'elle. Il ne se passe pas une semaine sans qu'elle ne voit son médecin. Avant chaque repas, elle étale ses petites pillules de toutes les couleurs sur la table.

Souffrances physiques ou morales, « j'ai mal donc je suis ». Il est parfois difficile de cesser de souffrir, d'oublier une blessure, de pardonner. La souffrance est valorisée dans notre société. Elle attire le regard et le soutien des autres, voire la prise en charge.

• Nadia téléphone 4 fois par jour à l'homme qu'elle a choisi. Il la fuit, mais elle est tenace. Elle le piste. Partout où il va, elle arrive à le retrouver, pour le supplier, le menacer. « Loin de toi je ne suis rien »... En donnant tant d'importance à l'autre on s'en donne à soi-même. Plus l'intensité de la détresse est puissante, plus on se sent exister.

• Alain est violent. Il bat sa femme et parfois aussi ses enfants. L'acte violent lui fournit une excitation dont il a besoin pour se sentir puissant, se sortir du vide et de l'inconsistance de sa vie. Sa violence est une lutte contre la solitude.

• Didier est en prison. Il a tué. Il a voulu affirmer son pouvoir sur l'autre, sortir de l'impuissance. Ce fut sa façon à lui de dire « j'existe ». Par l'acte criminel il retient l'attention de l'autorité, substitut paternel. Une attention négative est plus rassurante que l'indifférence. Sa violence est un cri, un comportement demande, une tentative désespérée d'exister.

L'Homme, arborant son masque social, justifie sans trêve son existence. Plus le sentiment intérieur d'existence est faible, plus la « personnalité », le faux self, doit être affirmée.

Chacun son style

Pour être certain d'intéresser les autres, mieux vaut se montrer conforme à leurs attentes. Nous modelons notre personnage pour obtenir le maximum de gratifications. Femme-parfaite ou homme-fort, femme-poupée ou play-boy, faible-femme-incapable-de-se-débrouiller – toute – seule ou homme-qui-prend-en-charge, mère-nourricière ou père – persécuteur, pauvre-victime-de-la-société ou bouc-émissaire-personne-ne-m'aime-c'est – trop-injuste... nous endossons le rôle qui définira nos attitudes, nos émotions et nos pensées.

Il y a des inconvénients et des avantages à jouer un personnage. Bien sûr notre liberté est sacrifiée, mais nous y trouvons la sécurité d'un scénario sans surprise. Les répliques sont déja écrites. Nous prenons fort peu de risques, nos comportements sont prévisibles. C'est bien plus confortable que la liberté, qui est imprévisible par définition. Et puis, nous souvenons nous encore de ce qu'est la liberté d'être soi ? Nous l'avons perdue enfants, il y a si longtemps déjà.

Pour la plupart d'entre nous, nous nous sommes tellement habitués aux murs de nos prisons que nous ne les voyons même plus, nous nous sommes suffisamment identifiés à notre « personnalité » pour ne plus avoir conscience qu'elle n'est peut-être pas toute notre réalité. Et nous nous exclamons « mais je suis moi ! »

De façon plus ou moins importante, nous nous reconnaîtrons tous dans les quelques modèles d'adaptation aux messages parentaux suivants : dans l'ordre d'entrée en scène ; (certains messages s'installent plus précocément que d'autres) sois fort, fais plaisir, fais effort, dépêche toi, et sois parfait [1]

Tintin, Professeur Tournesol

« Sois fort » est un des messages les plus archaïques que les enfants reçoivent de leurs parents. Il est souvent transmis inconsciemment par une mère qui ne désire pas être dérangée par les pleurs, ou bien qui a peur de ses émotions. L'enfant comprend vite qu'il ne doit pas exprimer ce qu'il ressent, ni la douleur, ni la faim, ni la peur... Paradoxalement, pour avoir satisfaction de ses besoins, et survivre, il doit taire ses besoins. Il découvre que plus il pleure, plus il crie, moins il obtient. Alors il se tait. Plus tard, ce message sera renforcé. « Les grands garçons ne pleurent pas ». « Sois Fort » apprend à encaisser les coups durs sans broncher. Selon qu'il vivra son message sur un mode plutôt passif ou plutôt actif, il se réfugiera dans son monde intérieur, dans le rêve et le fantasme et deviendra un genre de professeur Tournesol, ou bien il foncera dans la vie, faisant preuve d'une extrême endurance, jamais fatigué, prenant des risques, froid et maître de lui-même, style Tintin.

Il a besoin de stimulations très importantes. Il aime les sensations fortes, il en a besoin pour se sentir exister au-dessus de la chape de plomb qui éteint ses sentiments. Il peut éventuellement devenir un sportif de l'extrême, ou encore s'adonner à l'alcool ou à la drogue, pour endormir davantage les émotions qui risqueraient de naître.

Marylin Monroe, Calimero ou maman universelle

Le second message est « Fais moi plaisir ». « Une cuillère pour maman, une cuillère pour papa... » l'enfant apprend qu'il doit manger, dormir, jouer, travailler,vivre pour les autres, et non pour lui-même. Quand ça ne va pas; « tu fais de la peine à maman ». L'enfant n'existe qu'en tant que prolongement du désir de sa mère. Il fait les choses pour « faire plaisir », et ne sais rapidement plus très bien ce qu'il a envie de faire, lui. Marylin Monroe avait tant besoin d'amour. Elle se maquillait, s'habillait, se dissimulait pour incarner son personnage. Elle cherchait par tous les moyens à se conformer aux attentes des autres, et parallèlement leur en voulait de ne pas l'aimer pour elle-même.

Fais plaisir est aussi le message typique de la victime. « C'est trop injuste » dit Calimero le petit poussin noir avec une coquille sur la tête. Il fait de son mieux pour faire plaisir, pour se rendre utile aux autres. Mais ses bonnes intentions ne sont pas reconnues et il lui arrive toutes sortes de malheurs.

On peut aussi vivre ce message sur un autre pôle, celui de la maman universelle Aider les autres, sauver les autres. Donner, donner, toujours donner. Tout pour les autres, rien pour soi. Le sacrifice permanent.

Les comportements de dépendance de « Fais-moi plaisir » sont motivés et justifiés par une terrible peur de l'abandon.

Gaston Lagaffe, Einstein et Pénélope

Le prototype de ce message se déroule sur le pot. « Allez, fais un effort, essaie encore. » Le but n'est pas de faire, de produire un résultat, mais de faire un effort. D'ailleurs, l'enfant voit bien que tant qu'il « pousse », maman reste là. Mais dès qu'il a fait dans son pot, maman se désintéresse de lui, et s'en va en emportant son œuvre. Gaston Lagaffe a une tendance très nette (bien que souvent sans le faire exprès) à faire toujours autre chose que ce que l'on attend de lui (ou que ce qu'il imagine que l'on attend de lui). Il dépense beaucoup d'énergie à « être différent ». Le tempérament « fais effort » est le rebelle par excellence. Il bouleverse les normes et les règles, il remet en cause les croyances. Il cherche toujours une autre solution, un autre chemin... C'est comme ça qu'il devient parfois Einstein. C'est souvent un créateur. Mais le refus systématique d'« entrer dans le moule » le limite aussi. Il a beaucoup de mal à faire quelque chose qu'on lui a « demandé ». Ou alors il le fait au prix d'un effort démesuré. La vie ne lui est pas facile. Il trouve sa valeur dans l'effort qu'il produit, non dans le résultat qu'il obtient. Il « rame » dans son existence, complique à plaisir les situations. Il entreprend plusieurs tâches à la fois, a toujours des piles de dossiers en retard. Il commence souvent et termine rarement. Sisyphe ou Pénélope, il a toujours du travail devant lui, toujours quelque chose à faire. S'il n'abat pas de l'ouvrage, il est vite abattu par l'alcool... car il a besoin de beaucoup de sensations, de stimulations. Il aime en général la musique forte, les rythmes soutenus.

La Castafiore, la belle-mère de Blanche-Neige, Narcisse, Lucky Luke, James Bond

Le message de la belle-mère de Blanche neige est « sois parfaite ». Il ne lui suffit pas d'être belle, il lui faut être la plus belle. L'enfant est idéalisé par ses parents, il doit être le meilleur, le plus beau, le plus intelligent, il doit réussir en tout et partout. Adulte, il est « parfait ». On ne peut rien lui reprocher (il y met un point d'honneur), il a toujours raison. Il fait peu d'erreurs, est très ponctuel, discipliné, organisé. Il s'habille avec goût, ses chaussettes sont de la même couleur que sa cravate. Il est impeccablement coiffé, toujours tiré à quatre épingles. La femme « Sois Parfaite » se maquille beaucoup, Castafiore trop peu sûre d'être suffisamment belle au naturel, se dissimule sous la poudre et le mascara.

Narcisse est amoureux de son image, et y fait attention, il a une haute idée de lui-même. Il a un esprit critique aiguisé, un discours très rationnel, des valeurs solides. On peut lui faire confiance. Il fera toujours ce qu'il a promis, quitte à y passer ses nuits. Lucky Luke ou James Bond, il assure ! Il peut être trop méticuleux, obsessionnel du détail... Il est toujours dans une tension extrême pour « bien faire ». Respecteux des lois et critique des autres. Et comme Lucky Luke, il est le meilleur... Mais il est seul... Poor lonesome cowboy. « Personne ne le comprend ». Il n'est vraiment bien qu'avec lui même.

Le lapin d'Alice

« Dépêche-toi » dit maman, et l'enfant entame sa course effrénée. L'objectif n'est pas d'être rapide ou à l'heure, mais de manifester de la nervosité. Les collègues de ceux là disent facilement qu'ils « brassent du vent ». Ils s'activent énormément, sont d'éternels pressés. Ils n'ont jamais le temps. Vite, vite !

Tombez les masques ! les permissions antidotes

Notre image peut être reconnue par tous, admirée, adulée, elle n'est jamais qu'une image. Nous nous sommes construits cette image pour plaire, être reconnus, et paradoxalement, plus nous sommes aimés pour l'image, plus notre être intérieur se sent dévalorisé, ignoré, bafoué. Nous courrons après l'image, puis elle nous fait prisonnier. Son succès ne guérit jamais la blessure intérieure. Pensez à Marylin Monroe!

Etre soi-même signifie certes courir le risque de n'être pas apprécié. Mais en réalité, si ce risque nous parait tellement important, c'est que nous nous sentons si minables à l'intérieur, que nous ne croyons tout simplement pas que nous puissions être aimés, juste pour ce que nous sommes.

Nous avons besoin d'apprendre que nous pouvons être simplement nous mêmes, pas toujours forts, pas toujours parfaits, pas toujours gentils. Nous avons besoin de nous donner les permissions que nous n'avons pas reçues dans l'enfance : la permission de ressentir et d'exprimer, la permission d'avoir une place, d'être reconnu, la permission de demander, la permission d'être faillible, la permission de réussir et de terminer les choses, la permission de prendre du plaisir... la permission d'être ce que nous sommes.

Etre soi-même c'est réapprendre à ressentir et à exprimer, se dégager du carcan social qu'est le regard des autres; Dire non aux « il faut », « on doit »et apprendre à devenir autonome.

---

1. Ou que l'on va s'empresser de connaître. A lire absolument « C'est pour ton bien » Alice Miller, Aubier 84.

6.

CRISES ET CHANGEMENTS

Tout n'est qu'impermanence, et ce n'est qu'illusion que de chercher la stabilité des choses. Morts et renaissances ponctuent nos existences. Le changement est inévitable. Nous avons beau parfois chercher à arrêter le temps, la transformation se fait de l'intérieur. La Vie fraye son chemin à travers nos formes. Notre sensibilité se modifie, nos envies évoluent. Certains tentent de résister... Mais on ne résiste pas à l'évolution. Si vous ne changez pas spontanément, vous serez de toutes façon poussés par des événements extérieurs : un licenciement, un accident, le départ des enfants... ou une maladie.

Les êtres vivants sont en permanente mutation. Les images, par contre, ont tendance à rester semblables à elles-mêmes. Plus une personne est identifiée à un rôle, plus elle aura de difficulté à passer d'une étape à une autre, parce que partir, c'est mourir un peu... Changer, c'est mourir à une partie de soi.

Le grain de blé doit mourir dans la terre, pour qu'un nouvel épi se dore au soleil. La chenille doit mourir à sa vie de chenille, pour devenir papillon. Mais qu'il est parfois difficile de lâcher ses habitudes, de quitter le confort illusoire de l'acquis... Stress résistance, l'organisme reste en tension... Nous tentons de fermer les yeux, de résister au changement ... C'est la crise.. Déstructurante dans un premier temps, c'est sa fonction que de balayer une structure vieillie pour permettre la mise en place d'une nouvelle construction.

Le point catastrophique (au sens mathématique du terme) se situe à l'endroit où la partie conservatrice abandonne et lâche la bride à la partie novatrice. Nous ne pouvons faire l'économie de ce moment de déséquilibre, nécessaire passage d'un équilibre à un autre. Mais que ce point de passage soit douloureux, n'est par contre pas du tout une obligation. Il y a un deuil à faire, celui de notre monde de chenille, c'est une réalité. Mais pourquoi souffrir ?

Si l'étape que nous venons de passer a été heureuse, si nous avons mené pleinement notre vie de chenille, nous passons en général plutôt facilement à l'étape suivante. Même le passage de la mort se traverse avec sérénité, lorsqu'on a le sentiment d'avoir pleinement vécu sa vie, d'avoir accompli tout ce qu'on avait à accomplir.

Des regrets, remords, ou rancunes, sentiments d'incomplétude, de culpabilité, nous enchaînent au passé. C'est lorsque nous sommes prisonniers de ces affects que nous étreignent la peur de grandir, la peur de vieillir, la peur de mourir...

Il n'est pas facile d'accepter le temps qui passe quand on ne l'a pas suffisamment utilisé, quand on laisse derrière soi quelque chose d'inachevé.

On idéalise facilement le passé, les parents, les compagnons décédés, une enfance dorée, le bon vieux temps... Mais le paradis perdu est un mythe. Tout ce qui brille n'est pas or. Si nous avons peur de l'avenir, grattons un peu notre passé, la dorure n'est probablement que plaquée. Quand on est pleinement satisfait de ce que l'on a vécu, réalisé, on a envie d'aller de l'avant.

Ages et passages

L'adolescence, le passage de l'état d'enfant à l'état d'adulte, est une crise reconnue. L'adolescent doit s'adapter aux incroyables transformations physiques et psychologiques dont il est l'objet et sur lesquelles il n'a pas de maîtrise. Tous les âges ne sont pas marqués par des modifications physiques et physiologiques aussi visibles. Mais une vie est faite d'étapes. L'évolution procède par stades. Chaque passage d'un âge à l'autre est susceptible d'induire une crise.

Les âges de passage d'une étape à une autre, et la nature même de celles-ci varient selon les individus, chacun suit son chemin propre, à son rythme propre. On peut néanmoins évoquer quelques repères :

De 20 à 30 ans, premières responsabilités, orientation professionnelle, installation, choix d'un compagnon, début de la famille. C'est la découverte du monde des adultes. Animée par un fort idéal, c'est une étape plutôt dirigée vers l'extérieur. L'énergie est investie dans la construction de l'image sociale. Psychologiquement, c'est une étape d'expériences et d'individuation. Si l'on accède à la majorité sociale à 18 ans, on peut rarement parler de véritable autonomie avant 30 ans. (je ne parle pas d'autonomie économique ou financière mais d'autonomie psychologique, intérieure)

De 30 à 40 ans, c'est la maturité. La vie nous a amené à faire le deuil de nos idéaux irréalistes, et nous investissons dans les murs, nous solidifions notre expérience. C'est l'âge de la production, de « l'inscription dans la matière ». L'énergie est créatrice, productive, tournée vers l'extérieur. Nous sommes occupés par nos réalisations professionnelles, par l'éducation des enfants...

De 40 à 50 ans, la récolte, et/ou l'âge du retournement. Tout ce que nous avons construit jusque là porte ses fruits. C'est un âge de plénitude personnelle et professionnelle. Mais toute apogée annonce un déclin. Les enfants vont partir un jour. Étape de questions. Le besoin d'être soi, le besoin d'expression personnelle deviennent plus forts. C'est un âge qui voit souvent le balai des constructions précédentes.

De 50 à 60 ans, la cinquantaine, quand elle est bien vécue, est un âge de renouveau. Age de liberté et d'expériences multiples. L'époque du parentage est révolue, du temps personnel nous est rendu. Cette étape est fortement marquée de pulsions d'individuation et donc de remise en cause des schémas sociaux. La quête intérieure de sens se fait exigeante.

De 60 à 70 ans, la soixantaine, âge bilan et préparation de la retraite. Bilan de nos activités sociales, de nos échecs et de nos succès. C'est une autre œuvre qui nous attend maintenant, centrée sur les valeurs intérieures. La soixantaine voit le détachement des valeurs matérialistes. Elle amène une distance qui permet de regarder le monde d'un autre œil. C'est l'âge du cheminement vers la sagesse. Les petits enfants arrivent pour en profiter. Nous sommes souvent bien meilleurs grands-parents que nous n'avons été parents.

A 70 et plus, la mission devient résolument spirituelle. C'est le moment de donner un sens à tout ce que cette vie nous a enseigné. C'est l'âge de la transmission de la sagesse aux jeunes générations.

Et vers la fin de la vie, c'est l'époque de l'ultime bilan, le moment de régler les derniers comptes, de tout pardonner, de vérifier que l'on a bien dit à tous les êtres qui nous sont chers que nous les aimions, pour ne pas laisser derrière nous quelqu'affaire non terminée, quelque regret.

Quand la chenille fait l'autruche.

Qu'est-ce qui nous fait tant hésiter à quitter nos enveloppes de chenilles ? Dans notre quête d'identité, nous nous identifions aux images d'une époque. Nous oublions qu'elles ne sont que fonctions, états provisoires. Il est certain que nous ne cessons jamais d'être un parent, ou d'être un plombier, un médecin, une artiste... Mais nos enfants un jour n'auront plus besoin de nous de la même façon, et un jour nous prendrons notre retraite. Les années passent.... Ce qui nous définit un temps ne peut nous définir toujours. « L'identité » que nous revêtons à chaque stade n'est qu'un vêtement. Comme tout costume, il sert un temps, puis il vieillit. Il se démode. Sans compter que nous grandissons, il devient trop petit. Il faut en changer.

Lorsque nous sommes trop attachés à un vêtement pour accepter de voir qu'il commence à craquer aux entournures, les tensions s'installent. Nous ne sommes pas toujours bien certains de trouver une tenue aussi « seyante » que l'actuelle. Qu'il est difficile à la chenille, de concevoir qu'elle va devenir papillon ! Nous vivons les mêmes angoisses que la chenille même lorsque, comme elle, nous quittons un paletot étriqué, triste et sombre pour un habit de lumière. Car l'être humain n'en est pas à un paradoxe près, plus le costume est inconfortable et douloureux, plus il a tendance à hésiter s'en défaire. Et n'oublions pas qu'entre deux costumes il y a aussi forcément un moment où on est « tout nu », et de cette nudité nous avons souvent peur. Bref, nous avons toutes sortes de raisons de refuser les changements. Le changement c'est la vie, mais parce que nous manquons de sécurité intérieure, ce n'est pas facile ! Alors nous freinons, adhérant à nos images de nous-mêmes et du monde, tentant d'arrêter le temps – ou de l'accélérer, en tout cas de le fuir –, en utilisant les stratégies de la passivité.

Conservateurs et novateurs

Deux tendances, l'une à la stabilité, l'autre au changement sont inégalement réparties dans la population. Il y a les conservateurs et les novateurs, – et bien sûr tous les degrés intermédiaires – Il y a les gardiens des structures anciennes, et les chercheurs en quête de structures toujours plus élaborées.

Le conservateur est mû par la peur, l'ego, la conservation de son « identité », et le pouvoir (asservir l'autre pour ne pas avoir à se remettre en cause). Pour lui, la priorité est donnée au confort, (quitte à parfois être dans une situation très inconfortable lorsqu'il continue de chercher les modalités d'un ancien confort dans des structures nouvelles) . Il conserve les acquis d'une civilisation. Il tient au « connu ». Il admet pour « vraies » les croyances qui fondent sa société. « Ça a marché comme ça dans le passé, pourquoi changer ? ». Il les démontre même avec brio, comme ces mathématiciens qui ont prouvé l'impossibilité de construire une machine volante, un an juste, avant que les frères Wright ne fassent voler leur premier avion. Il évite le stress au maximum, privilégiant la tranquillité.

Le novateur est mû par l'amour, par le désir d'évoluer et de grandir. Pour lui, la recherche prime. Il aime les questions davantage que les réponses. Il sacrifie toujours le confort à la liberté et à la découverte. Il « ne sait pas que c'est impossible ». Il est prêt à renverser ses structures de pensée pour coller à ce qu'il voit. Contrairement au conservateur qui, lui, élabore des théories pour arriver à faire coller ce qu'il voit dans ses structures de pensée. En perpétuelle quête, le novateur met en doute les évidences des idées « communément admises ». Il s'évade hors des schémas de pensée de la majorité. Il prend des risques, se remet en cause sans cesse. Il est heureux lorsqu'il se découvre un défaut, lorsqu'il constate qu'il a commis une erreur, car ce sont pour lui autant d'occasions d'apprentissage et de progrès.

Dans « la psychologie de l'intelligence », Jean Piaget, psychologue et épistémologiste, caractérise la construction de l'intelligence par le jeu conjugué de la pression du milieu et de l'activité du sujet. Selon lui, deux aspects à la fois opposés et complémentaires opèrent dans le processus d'adaptation : l'assimilation, ou l'intégration de ce qui est extérieur aux structures propres du sujet, et l'accommodation, ou transformation des structures propres en fonction des changements du milieu extérieur. Ces deux mécanismes se situant dans le prolongement de l'adaptation biologique.

Nos deux « personnalités » du conservateur et du novateur illustrent bien les deux mécanismes opposés mais complémentaires décrits par Piaget. Ces deux aspects ne sont pourtant pas à mon sens au seul service de l'adaptation, mais aussi au service de l'évolution.

Les novateurs mettent la société et ses systèmes de pensée en perpétuel déséquilibre.

Les conservateurs sont les garants de la continuité. Ils consomment les créations des autres, les « digèrent » et permettent l'assimilation des découvertes des novateurs.

Ces deux groupes entrent bien souvent en opposition. Il n'est pas facile de comprendre si différent de soi. Les conservateurs considèrent les novateurs comme des illuminés, et les combattent sans relâche pour que leur folie ne contamine pas la population. Les novateurs pensent que les conservateurs sont « coincés », bardés de préjugés, passéistes. Mais dans une société conservateurs et novateurs sont nécessaires, pour autant qu'ils ne tombent pas dans les extrêmes. Les uns sont facteurs de cohésion, les autres facteurs d'évolution. Sans l'immense masse de gens qui conservent les acquis, jamais une « civilisation » n'aurait pu se construire. Sans esprits novateurs cette civilisation n'aurait même jamais vu le jour. L'équilibre entre les deux tendances est à trouver, ce n'est pas toujours simple.

Ces deux tendances existent en chacun de nous. Une partie de nous a tendance à s'accrocher à ce qui est connu. Selon elle, un équilibre même inconfortable semble souvent préférable au déséquilibre. Cette partie de nous privilégie le confort et cherche avant tout le maintien du statut quo. Une autre partie de nous a besoin de changer, d'évoluer, d'avancer, elle combat la première. Lorsque les deux tendances se confrontent nous sommes en situation de crise.

L'homéodynamique est le processus par lequel l'être vivant intègre ces deux tendances au maintien de son identité, et au progrès, permettant ainsi l'évolution.

L'expérience du bonheur et de la réalisation de soi se situent au point d'équilibre « homéodynamique » entre la pulsion d'évolution, et le maintien de notre identité. Si nous nous sentons satisfaits et en sécurité, nous pouvons laisser libre cours à notre désir d'exploration de nouvelles aires. Mais si notre intégrité est menacée, ou notre idée de notre intégrité, la motivation à la croissance est interrompue et nous avons tendance à régresser pour tenter de retrouver l'équilibre antérieur.

Les mécanismes de la passivité

Tous les mécanismes de la passivité ont un même but : défendre l'individu, ou plus précisément défendre l'idée d'identité qu'il s'est jusqu'ici forgée, son image de lui-même et du monde. Lorsqu'il se sent coincé dans une situation, lorsque le problème lui fait peur, il peut parvenir à ne pas le voir par une perception sélective, le déni ou la distorsion de la réalité.

Lorsqu'une émotion est dangereuse, c'est à dire qu'elle risque de nous alerter sur un problème que nous ne voulons pas voir de peur d'ébranler le bel édifice de nos croyances, nous allons soit la nier carrément, soit la transformer, lui donner un autre sens que son sens originel. Les armes de la redéfinition sont multiples, les psychanalystes appellent « mécanismes de défense » ces manipulations de nos affects pour les refouler hors de la conscience.

• Le déni : le plus simple et le plus radical : « ça n'existe pas », « non, ça ne me fait rien ».

• Le déplacement : consiste à déplacer l'émotion dangereuse (l'angoisse, les affects de colère, de peur ou de culpabilité...). Par une chaîne d'associations, l'émotion éveillée par le problème insoluble est déplacée vers un autre objet qui permet de la focaliser, la localiser, la circonscrire sans faire apparaître le dilemme à la conscience. La colère non exprimée au conjoint est déplacée sur les enfants. La peur d'un désir inavouable se déplace sur un chien ou un cheval...

• La projection : Projeter sur autrui, c'est attribuer aux autres les pulsions qu'on refuse de reconnaître en soi. « Tu me détestes » se traduit alors par « Je suis en colère contre toi ». Comme « Je le sais, tu as envie de me quitter » peut dissimuler une envie personnelle de partir. La personne qui projette ainsi hors de lui ses affects « lit » dans les pensées d'autrui de plus en plus clairement, pour mieux ignorer ce qui se passe dans les siennes.

• L'isolation : est simple séparation entre une idée et son contenu émotionnel. Isolation d'une idée de son contexte, de ce à quoi elle se raccroche, de ce qu'elle évoque. A la prononciation d'un mot qui risquerait de déclencher une émotion trop vive, le cerveau se vide, c'est le blanc! Et pour ne pas rester dans le blanc, on saute du coq à l'âne. Le changement de sujet, l'interruption du cours des associations permet d'éviter la conscience d'une émotion. L'idée ou l'acte sera toujours dissocié de ce qui l'entoure.

• L'identification à l'agresseur : plutôt que de ressentir la colère contre l'agresseur (trop dangereux), nous adoptons son comportement, celui là même qui nous a fait souffrir et agressons à notre tour plus petit, plus faible que nous (femme, enfant, subordonné, chien... tout être un peu dépendant sur lequel nous avons du pouvoir)

• La formation réactionnelle : consiste à prendre des attitudes, à manifester des comportements, des pensées, des sentiments totalement à l'opposé des pulsions internes répréhensibles. Nous devenons d'une excessive gentillesse envers quelqu'un que nous haïssons dans les profondeurs de notre inconscient. Ou manions l'éponge et le chiffon avec dextérité et application. Une propreté exagérée nous permettant de « laver » cette culpabilité, cette saleté intérieure... malheureusement tenace.

Refusant à l'aide de tous ces ingénieux mécanismes, tout ce qui n'est pas balisé par nos croyances, nous finissons par vivre dans un monde proprement imaginaire, un monde que nous nous sommes construits. Et c'est le stress permanent, car nous devons sans cesse nous prémunir contre tout risque d'émergence de la réalité. De la même façon qu'un mensonge entraîne toujours d'autres mensonges pour le dissimuler, par nos stratégies d'évitement nous nous condamnons à redéfinir toujours plus. La redéfinition est un mensonge aux autres, mais surtout un mensonge à soi-même. Une fois entrés dans l'engrenage, il faut justifier ses croyances, monter des barrières de plus en plus solides autour de soi.

Quatre étapes

Quatre étapes jalonnent l'escalade dans la passivité, quatre marches que nous gravissons peu à peu avec l'espoir d'arriver à fuir un problème. Au départ nous pouvons nous contenter de « ne rien faire ». Nous ignorons simplement le problème, et nous attendons. Quoi ? Qu'il trouve peut-être sa solution tout seul, qu'une baguette magique intervienne et nous sauve. Nous attendons que « quelque chose se passe », ou que « quelqu'un fasse quelque chose ».

Un problème non résolu est source de tension, un besoin n'est pas satisfait. Pour pouvoir continuer à ignorer ce besoin, il faut arriver à faire taire cette tension.

Soledad est en colère contre Patrick, il est froid, distant, elle se sent rejetée. Mais il n'est pas question pour elle d'exprimer sa colère à Patrick. Elle aurait bien trop peur de mettre en péril la relation. Alors, elle dissimule ses sentiments derrière un grand sourire accueillant. Elle arrive même à ne plus les ressentir du tout. Elle fait de bons petits plats, tout ce qu'il aime, pour lui faire plaisir. Et elle ne lui parle surtout pas de tout ce qui ne lui convient pas dans leur relation.

Soledad se suradapte. La suradaptation consiste à se conformer plus que nécessaire à une situation, à se soumettre aux attentes des autres, ou plus exactement à ce que nous imaginons être les attentes des autres. Consacrant toute notre énergie à « être conformes », à faire plaisir, nous obtenons le double bénéfice d'avoir des excuses, tout en nous permettant de ne pas nous confronter au problème : nous avons tout fait pour les autres. L'espoir secret derrière ce comportement est que l'autre prendra en charge le problème. Soledad espère que, séduit par sa gentillesse et ses petits plats, Patrick se mette à l'aimer, et qu'il comprenne, sans qu'elle n'ait à le lui dire, ce dont elle a besoin.

La suradaptation est fondée sur une illusion, et le problème ne se résout que rarement avec cette stratégie.

La suradaptation se mue alors en agitation. L'agitation consiste à dépenser son énergie (celle qui n'est pas utilisée à régler le problème) dans des activités infructueuses : marcher de long en large, fumer cigarette sur cigarette, dévaliser le frigidaire, remuer ciel et terre pour retrouver un papier important (alors qu'il est en évidence sur le bureau), perdre ses clefs ou ses papiers et être obligé de faire des démarches, des allers-retours en métro... Bref, toutes sortes de comportements exaspérants, qui nous font perdre du temps.

Perdre du temps ? En réalité, ces comportements permettent de « gagner du temps »... pour ne pas s'occuper du problème. En nous voyant dans un tel état d'énervement, quelqu'un finira bien par intervenir... L'agitation est une façon d'évacuer le trop plein d'énergie accumulée par les tensions, et d'inviter les autres à prendre en charge le problème.

Une autre manifestation d'agitation fort utilisée est la fuite dans l'activité. Cette stratégie a de plus l'avantage de nous fournir des excuses.

Daphné fait compulsivement la vaisselle, trouve urgent de passer l'aspirateur et de faire tout le repassage en retard... en lieu et place de se mettre face à ce rapport à rédiger pour demain.

Se surinvestir dans son travail peut également devenir une façon d'éviter les problèmes existentiels... et tous les problèmes de la vie, plus le temps de s'interroger sur soi, les autres ou le monde.

René ne désire plus la femme avec laquelle il vit, il s'ennuie avec elle, alors, il s'absorbe dans sa réussite professionnelle, les réunions s'éternisent et il a toujours plus de travail à terminer le soir... Accablé de travail, il rentre chez lui épuisé. On ne peut tout de même pas lui demander encore de faire l'amour, d'être à l'écoute et disponible ! Pantoufles et télévision, au lit le plus vite possible. Il se lève tôt demain. Le week-end ? Il emporte du travail à la maison au début... Puis va le terminer au bureau : « c'est plus tranquille, les enfants font trop de bruit ! »

Impeccable ! Pas de problèmes de conscience à la maison, et tous les bénéfices du rôle bourreau de travail : admiration, considération... Même scénario pour les maîtresses de maison qui, bien que leur rôle de fées du logis soit moins valorisé, peuvent s'absorber tout autant dans les tâches ménagères, encaustiquer de haut en bas, refaire le salon tous les six mois... Et ainsi éviter de se poser les questions vitales du sens de leur vie.

Malheureusement (ou heureusement) pour ces fins stratèges de l'évitement, de telles questions ont du mal à rester sans réponse toute une vie durant, et pour les taire ils dépensent beaucoup d'énergie. Le stress dans lequel ils se plongent ainsi, bien que plus pernicieux, est bien plus sérieux quand aux conséquences physiologiques et psychologiques, que le stress de la confrontation.

La tension arrive bientôt à son paroxysme, elle atteint un jour (fonction de la résistance de chacun) une telle intensité, que vient le risque du débordement. La violence intérieure s'extériorise alors en une brusque décharge. Serge dit : « Je dois frapper, je crie, je ne peux pas faire autrement ». Perte de contrôle, perte de responsabilité, agression de l'autre, déplacement sur l'autre de la souffrance devenue intolérable. L'acte violent est une tentative pour rétablir son pouvoir sur autrui, pour se sentir puissant et vaincre, ou au moins contrebalancer le profond sentiment d'impuissance qui naît de l'impossibilité de répondre à ses besoins réels.

A ce stade de passivité, si l'acte violent est inhibé, la violence intérieure doit trouver une autre issue. Certains la cristallisent dans les crises d'angoisse, d'autres sombrent dans la dépression, utilisant toute leur énergie à retenir leur rage intérieure. D'autres encore

« tombent » malades. Ces trois dernières stratégies procèdent de l'« incapacitation » : se rendre incapable de... Le bénéfice est évident, ce n'est pas que nous ne voulons pas résoudre le problème, nous ne « pouvons » plus.

Comme l'extinction de voix de Jean-Pierre qui lui permet d'éviter de faire ce discours que tout le monde attend et que lui redoute.

Comme l'herpès d'Antoine qui l'empêche de faire l'amour avec Élisabeth... ou lui permet de ne pas avoir à assumer de dire NON. En fait il est en colère contre elle, a l'impression de ne pas être respecté, il se sent envahi, mais n'ose le lui dire. L'herpès lui permet de garder ses distances.

Comme le cancer des os de Georges, 20 ans, qui s'est senti un peu vite poussé hors du nid par ses parents, qui se sentait trop seul et trop démuni devant la vie. Cette maladie qui le rongeait lui a permis de se faire choyer à nouveau, à l'hôpital d'abord, puis après quelques rechutes désespérées, par ses parents, lorsque ceux-ci ont enfin compris que c'était grave.

Violence ou « incapacitation » sont les deux versants de ce quatrième stade de la passivité. Les tensions accumulées sont déversées sur les autres ou retournées contre soi, dans les deux cas il y a perte de la responsabilité du comportement... Et dans la maladie, tentative inconsciente de satisfaction du besoin méconnu.

Ce ne sont en réalité pas vraiment les problèmes qui nous stressent, aussi cruciaux soient-ils; ce sont les sentiments et les émotions que ces difficultés éveillent en nous, et que nous tentons de réprimer, qui sont les véritables déclencheurs du stress.

Le problème de Jean-Pierre n'est pas de prendre la parole ou non, mais de reconnaître sa peur de ne pas être à la hauteur. Le problème d'Antoine n'est pas de faire l'amour ou non, mais de reconnaître son agressivité envers Élisabeth, et surtout son sentiment d'impuissance en face d'elle, si sûre d'elle, si fascinante. Le problème de Georges n'est pas de se lancer dans la vie active ou non, mais de reconnaître en lui la profonde insécurité dans laquelle il se trouve, de sentir l'isolement, et l'immense colère, la rage, contre ses parents qui l'ont frustré dans son besoin d'amour et de reconnaissance.

Coincé!

Jacques est un « homme bien ». Président Directeur Général d'une entreprise prospère, marié, père de famille. Il a tout pour lui, argent, réussite, femme, enfants... Il ne se pose pas (ou ne se pose plus) de questions existentielles,

Il vit, il fait ce qu'il doit faire. Il joue son rôle de patron, son rôle de mari, son rôle de père. Et il pensait bien continuer comme ça jusqu'à la retraite. Mais un beau jour... Il rencontre une femme et en tombe éperdument amoureux! C'est la surprise totale. Jamais il n'a aimé comme ça. Il ne savait même pas que ça existait! L'Amour? Oui, il l'avait lu dans les romans, mais il pensait que c'était « romancé ». Jamais, non jamais il n'aurait pensé que ce pût être aussi fort. Et son épouse? Il l'a choisie parce qu'elle était jolie et un peu fragile. Il se voyait bien à ses côtés. Elle lui plaisait, mais il le sait maintenant, il ne l'Aimait pas avec un grand A. Il s'est marié, a eu des enfants. Sa femme ne travaille pas. Les enfants sont grands, ils sont partis de la maison...

Jacques se sent terriblement coupable. Il ne peut rien dire à son épouse de cette femme qu'il aime. Et il a un grand problème. Toute sa vie, Jacques a été droit, il ne supporte pas de mentir à sa femme, mais il ne supporte pas non plus l'idée de lui parler. Il ne veut pas lui faire de mal, il ne veut pas la faire souffrir, il se sent responsable d'elle, elle a élevé ses enfants, elle n'a pas d'activité... Et elle est si fragile.

Alors il va quitter son nouvel amour ? Non, ça il ne le peut pas non plus. Il l'aime, et surtout, il ne supporte pas de la faire souffrir. Il continue de la voir, moins qu'il ne le désirerait. C'est sa façon à lui de se punir, de se racheter de sa culpabilité. Au début elle accepte, elle comprend, et puis, elle finit par trouver qu'elle ne reçoit pas assez. Elle souffre et le lui dit. Et pour Jacques, c'est la panique. Il est littéralement coincé, écartelé entre deux femmes, mais surtout entre deux exigences. Il se sent maintenant coupable des deux côtés, immobilisé, paralysé.

Mais quelle que soit sa souffrance, ses croyances le maintiennent prisonnier. Il ne peut rien faire. Ni quitter sa femme, ni quitter son amour, car dans les deux cas il transgresserait la loi de sa mère : « il ne faut pas faire de peine à maman »... aux femmes.

Nos croyances restreignent nos capacités à trouver des solutions aux problèmes qui se posent à nous. Pour ne pas affronter la peur, nous cherchons à nous rendre suffisamment aveugles de façon à ne plus voir le problème, ou à le déplacer, en réduire l'importance, la signification. Nous aménageons la situation de façon à pouvoir la tolérer le plus longtemps possible sans avoir à la transformer.

Les tensions s'accumulent, Jacques devient nerveux, agressif, déplaçant la cible de ses sentiments, il déverse le trop plein d'émotions sur des personnes ou des objets qui ne sont pour rien dans toute cette affaire. Ses employés et le cendrier de son bureau en savent quelque chose ! Comme cela ne résorbe ni le problème ni ses tensions, il s'absorbe dans son activité professionnelle pour ne plus penser... Avec l'espoir magique que le problème se réglera tout seul.

C'est rarement le cas, et ici encore rien n'y fait. Les tensions accumulées tentent de se faire un chemin vers la sortie, elles sont exacerbées. Un moment d'inattention, et c'est l'accident de voiture ! Quel conducteur n'a jamais senti un jour qu' il était particulièrement en colère, ou qu'il se sentait particulièrement impuissant, le désir lancinant d'appuyer sur l'accélérateur un bon coup et de ne plus réfléchir ? Se donner une émotion si forte qu'elle évacue les autres. Nous ne nous le permettons pas et c'est heureux, mais si nous ne reconnaissons pas la pulsion, nous risquons de la satisfaire inconsciemment, en n'étant simplement pas aussi attentif que d'habitude.

La tension est à son comble, La résistance de Jacques a des limites, c'est l'infarctus! Eh oui, quand on a le cœur divisé... Ce sont des choses qui arrivent.

Revenu de l'hôpital, malgré les avertissements de son corps, il continue de refuser d'assumer la responsabilité de ses conflits pulsionnels. Il préfère laisser la fatalité jouer son rôle, il va se laisser quitter. Il ne veut pas dire à son amante « c'est fini » mais si elle le lui dit... Il souffrira intensément, et la laissera partir, résigné, soulagé. Il aura réussi, il aura obtenu que quelqu'un d'autre que lui finisse par décider et trouver une issue au problème.

Il sera malheureux. Mais il sera resté le bon petit garçon que sa maman a voulu qu'il soit. Même si au fond de lui, il n'en est pas bien fier. Sa carte du monde est intacte, elle a juste intégré un nouveau pays inconnu : l'amour. Mais c'est un pays interdit... Il pourra toujours y rêver.

Il a tu sa réalité pour ne pas affronter deux femmes. Il leur en veut terriblement de ce qu'elles l'ont obligé à se comporter ainsi. Il en veut à son amante d'être partie... Tout en se disant qu'il n'a pas le droit de lui en vouloir. Il n'a toujours rien dit à sa femme et lui en veut du secret qui les sépare. Mais bien sûr il lui est impossible de prendre conscience de sa rage, puisqu'il se sent coupable... Son inconscient trouve rapidement un compromis pour assouvir cette rage inconsciente, tout en lui évitant de faire face à sa responsabilité : il devient Don Juan et se venge ainsi des femmes, leur fait payer les émotions qu'il n'a pas pu exprimer.

Un problème est une question qu'il faut résoudre, dit le « Petit Robert ». Pour résoudre un problème, nous avons besoin d'en connaître précisément toutes les données.

Lorsque nous nous débrouillons pour ignorer un élément et ne pas prendre conscience d'une émotion, d'une envie, d'un conflit pulsionnel qui nous dérange, qui dérange nos conceptions, notre image, nous ignorons des données essentielles de nos difficultés. Ce qui nous met dans l'impossibilité de trouver une solution efficace et créative.

Résoudre les problèmes

La conscience est née, selon Henri Laborit, de l'impossibilité de rester inconscient. Tant que nous pouvons faire confiance à nos automatismes, nous n'avons pas besoin de la conscience. De la même façon que nous pouvons conduire une voiture sans être obligés de nous dire : « appuie sur la pédale de débrayage, passe la vitesse.... »

Si rien ne venait perturber notre train-train quotidien, si aucune tension émotionnelle ne se faisait sentir, si tout se passait « comme sur des roulettes », nous aurions bien souvent tendance à suivre passivement le cours de notre destin, à vivre sans nous poser de questions, inconscients de nous-mêmes. Une vie idéale, le rêve, dites-vous? Pourquoi aller se chercher des difficultés?

Eh bien pour accéder à la conscience! Lorsque nous rencontrons un problème, c'est à dire donc que deux parties de nous sont en conflit, deux automatismes, deux tendances, deux pulsions, nous devons trouver une issue. Pour résoudre une opposition il est nécessaire de trouver une solution à un niveau d'organisation supérieur, de façon à ce que les deux parties soient satisfaites, et non l'une au détriment de l'autre.

C'est le rôle de la conscience que d'entendre les deux parties et de faire place à l'intelligence, de nous permettre de réfléchir, de comprendre et de statuer avec discernement sur la suite à donner à la situation. L'intelligence de l'homme se construit sous la pression des événements et des contradictions intérieures que ceux-ci suscitent. Si nous ne les fuyons pas, nos difficultés deviennent synonymes de possibilités de croissance !

Seulement, résoudre un conflit veut obligatoirement dire remettre en cause notre cadre de référence, car si le cadre était adapté, le conflit ne serait pas né ! Et là, nous résistons. C'est bien compréhensible puisque nous n'avons que lui comme repère. Nous avons été « éduqués » c'est à dire que nous avons dû abdiquer nos sentiments et émotions réelles pour nous conformer aux attentes de nos parents. Ce monde de croyances que nous avons élaboré sous la pression parentale pour donner un sens à l'absurde, pour survivre, est devenu notre « réalité ».

Pour protéger le confort illusoire de nos croyances, nous sommes capables d'opposer à nos émotions une telle force d'inertie, que le monde pourrait s'écrouler, nous resterions aveugles et sourds. Nous défendons notre construction contre les fissures que pourrait provoquer la survenue à la conscience de nos peurs, de nos haines, de nos détresses inconscientes. Pour contrôler nos pulsions et maintenir le refoulement, nous devons jouer toujours plus fort notre personnage social. Celui qui prend les autres en charge, celui qui est toujours et en tous points « parfait », l'éternelle victime, le raté ou l'initié....

Cessons de fermer les yeux sur notre réalité intérieure sous peine de n'être que des jouets inconscients d'une destinée qui n'est en fait pas la nôtre. Notre corps et notre entourage subissent les répercussions des tensions dues à notre passivité.

Pour résoudre nos problèmes nous devons tout

d'abord en accepter la conscience. Les crises sont des signaux, sachons les reconnaître. En écoutant et en analysant nos affects, nous recevons des informations qui nous guident sur nos besoins et donc sur les décisions à prendre. Écouter ses sentiments ne veut pas dire ne suivre que ses penchants émotionnels, mais se permettre de regarder en face les données du problème sans écarter celles qui nous « dérangent ». Nous pouvons alors réfléchir en respectant notre être intérieur et nos valeurs réelles plutôt que celles de notre rôle social. Éviter le problème, se distraire, se « changer les idées », ne résout rien. C'est même nocif, puisque la difficulté enfouie dans les profondeurs devient inaccessible à la conscience et poursuit son chemin. Le temps n'efface pas. Les affects refoulés nous minent peu à peu.

Tous les problèmes peuvent trouver des solutions, à condition que nous les soumettions à une intelligence libre de préjugés et de schémas réducteurs. « Là où la vie emmure, l'intelligence perce une issue, car s'il n'est pas de remède à l'amour non partagé, on sort de la constatation d'une souffrance ne fût-ce qu'en en tirant les conséquences qu'elle comporte. L'intelligence ne connaît pas ces situations fermées de la vie sans issue. » (Marcel Proust)

Les obstacles de la vie nous forcent à apprendre, ils nous confrontent à nous mêmes. Ils sont autant d'opportunités pour nous découvrir, nous comprendre, et grandir.

Deuils et séparations

Les ruptures de liens affectifs, décès, pertes, séparations, quelles qu'en soient les raisons, sont les facteurs de stress les plus importants que nous puissions rencontrer au cours d'une vie.

La perte d'un compagnon après 50 ans de relation a des répercussions dramatiques : 92 % des veufs et veuves tombent gravement malades ou meurent dans les 2 mois qui suivent le décès de leur conjoint.

La mort d'un enfant compte aussi parmi les traumatismes les plus aigus et les plus difficiles à gérer. Les statistiques sont éloquentes, 89 % des couples ayant vécu ce drame divorcent dans les 6 à 8 ans qui suivent.

Quand une personne aimée meurt, c'est le choc, un nœud se forme dans l'estomac, la douleur monte dans la poitrine, comme une aiguille qui la traverserait d'avant en arrière. La cage thoracique se serre, la respiration devient difficile. Une boule dans la gorge nous empêche de proférer un mot, seuls des gémissements ou parfois des cris peuvent être arrachés à la douleur. Les larmes emplissent les yeux. Une substance nommée « douleur » est secrétée par certains neurones du cerveau émotionnel, et est à l'origine de la souffrance tant physique que morale.

La réaction de deuil apparait chez tous les mammifères, depuis les chiens jusqu'aux baleines. Les mammifères ont ceci de particulier parmi les autres animaux, que bébés, ils ont besoin de leur mère pour survivre. Le lien d'amour avec le parent est nécessaire, vital pour l'enfant. Toute rupture du lien parental menace sa sécurité. Plus tard, par extension, la séparation d'un être aimé réveille un sentiment d'abandon.

Le mort « nous lâche ». On se sent seul, perdu, démuni, plein de rage contre l'injustice, contre l'univers qui nous prive de l'être aimé. On se sent coupable aussi, quasi inévitablement, et souvent en dépit du « bon sens ». Coupable de n'avoir peut-être pas tout fait, de n'avoir pas été là, d'être encore vivant. Et coupable de lui en vouloir d'être parti. On a mal partout, on est tendu, nerveux, fatigué. On gère le quotidien de façon automatique, désinvestie, toute la vie est désorganisée.

Il faut du temps pour digérer les sentiments de frustration, de vacuité, de rage et de désespoir qui nous assaillent.

Les pertes brusques sont plus difficiles à accepter

que celles auxquelles nous avons eu le temps de nous préparer. Si la préparation à la mort est fondamentale pour le mourant, l'accompagnement est aussi un moment important pour celui qui reste. Nous avons besoin de « terminer » les relations, clore les problèmes, vider les abcès et se dire l'amour que l'on se porte. Pour cela nous devons dépasser notre peur de la mort.

Aglaë est décédée à l'hôpital. Lorsque sa fille Pauline venait la voir elles tentaient toutes deux de sourire comme si de rien n'était. L'atmosphère était lourde dans la chambre, et malgré les efforts de Pauline, de pesants silences ponctuaient leurs conversations. Elles parlaient de choses et d'autres mais jamais de la maladie d'Aglaë, et jamais de l'approche de sa mort. Pauline pensait que sa mère ne « savait pas », elle avait peur de sa souffrance, peur d'avoir à affronter ses propres larmes et celles de sa mère. « Ça ne sert à rien de faire souffrir » dit-elle.

Sa mère, elle, n'osait parler de sa mort prochaine, de peur d'inquiéter sa fille. Elle ne se confiait qu'aux infirmières, avec lesquelles elle se sentait plus libre et donc plus proche. Elle supportait de plus en plus difficilement les visites de sa fille qui lui demandaient trop de contrôle. Elle disait qu'elle était « fatiguée ». Pauline était d'ailleurs épuisée elle aussi et écourtait peu à peu ses visites : « maman est fatiguée ».

Aglaë est morte sans sa fille, elles ne pouvaient plus communiquer. Pauline se culpabilise de n'avoir pas été là, et surtout de ne pas lui avoir dit une dernière fois qu'elle l'aimait. Mais elle n'osait pas, de peur que sa mère ne trouve étrange cette déclaration. Le mourant a besoin de chaleur, d'amour, de vérité. Il ne sert à rien de dissimuler ses sentiments, ses peurs ou sa tristesse. Proche de la mort, il est, comme les enfants, très sensible à l'authenticité. S'il ne dit rien, ce n'est pas qu'il ne sait pas, qu'il ne sent pas, mais qu'il cherche lui aussi à nous protéger d'émotions trop douloureuses. Il est dommage de laisser passer cet instant de possible intimité. C'est le moment ou jamais de tomber les masques et de révéler sa réalité. Plus tard, ce sera trop tard. Si nous n'avons pas eu ou pire, pas saisi, l'occasion de « tout dire » à celui qui est parti, il nous sera plus tard beaucoup plus difficile de faire le deuil. Tout dire, c'est se libérer du ressentiment, parler du passé, et des sentiments, échanger vraiment. C'est aussi dire « je t'aime ».

Après le décès commence le travail de deuil. Le deuil n'est pas seulement la tristesse de la perte, c'est un parcours d'émotions complexes.

Les étapes du deuil ont été mises en évidence par Elisabeth Kübler Ross, une femme qui accompagne depuis des années la vie humaine jusqu'à sa fin. Elle a décrit les différentes phases par lesquelles l'Homme passe lorsqu'il arrive au terme de son existence sur cette terre, ainsi que les stades traversés par tous ceux qui perdent un proche. Après le choc initial, c'est le déni, la négation de l'irréparable. L'impossibilité d'accepter la réalité de la perte.

Dans la voiture accompagnant le corbillard menant son père à sa dernière demeure, Gisèle parle à sa voisine : « tu demanderas à papa, il connaît ces questions mieux que moi ». Silence dans le véhicule. Mais Gisèle ne s'est pas rendu compte de ce qu'elle venait de dire. Elle a beau voir le cercueil, savoir que son père est mort, c'est comme si elle ne l'avait pas intégré. Elle continue inconsciemment de penser et de se comporter, comme s'il était toujours vivant. Il lui faudra un certain temps avant d'accepter cette perte en elle.

Certains ne dépassent jamais cette étape du déni et continuent de parler à l'absent, voire de dresser son couvert des années durant.

Après le déni vient l'étape de la révolte, de la protestation contre ce qui est considéré comme une injustice : « pourquoi est-il parti ? » « pourquoi nous a-t-il laissé ? » « pourquoi Dieu nous l'a-t-il enlevé ? »

Mais de par la puissance de l'interdit social sur la

colère, cette étape est souvent difficilement vécue. La culpabilité de ressentir de la colère contre le disparu inhibe ce sentiment, pourtant bien légitime. Il est « mal vu » d'en vouloir au mort. La colère signale que nous commençons à nous rendre compte qu'il est parti pour de bon... Et que nous restons sans lui. Empêchée de reconnaitre son objet véritable, la colère peut être déviée vers les médecins qui « n'ont pas fait ce qu'il fallait », vers le personnel soignant « qui... », ou encore être retournée contre soi-même :« j'aurai du », « si j'avais su... », « je n'ai sûrement pas fait ce qu'il fallait », « je n'ai pas su écouter... »

Suit une période de « dépression », faite de nostalgie. Retour des images du passé, vagues de tristesse en évoquant les instants partagés. Et surgit confusément du fond de soi la peur de ne jamais voir le retour de ce qui est perdu. Alors vient la phase de marchandage avec le destin, toute à la croyance irréaliste d'une réversibilité de la mort.

Un deuil prend du temps. Une année entière est nécessaire pour finalement atteindre l'acceptation de la séparation d'avec une personne proche. Pendant tout ce temps, il est fondamental de se laisser vivre et exprimer tous les sentiments, toutes les émotions, qui nous animent. Même si elles ne sont pas jolies. Même si elles ne sont pas « polies » ou « respectueuses ». Simplement pour permettre au processus de deuil de faire son chemin jusqu'à l'acceptation de la perte.

Olivier est décédé dans un accident de voiture, il avait 20 ans. Ses parents ne s'en sont jamais remis. Ses trois frères et sœurs en ont subi le contrecoup. Non seulement ils ont eu à vivre cette perte, mais ils ont du prendre en charge la douleur de leurs parents. Céline et Armand ont en effet voulu dissimuler leur grande détresse. Céline voulait « être forte », « ça ne sert à rien de pleurer toute la journée ». Elle a voulu conserver à l'extérieur son sourire et une attitude qu'elle qualifie de « digne ». Même en famille, ils ont très peu parlé de la mort d'Olivier. Les parents ne voulant pas pleurer devant les enfants, les enfants ayant peur de faire souffrir les parents... La communication est devenue superficielle, les émotions étant interdites.

Dix ans plus tard, Céline ne peut toujours pas évoquer le souvenir d'Olivier, elle est hypertendue et s'angoisse facilement. Les enfants ont grandi mais ont tous trois des difficultés à avoir vraiment confiance en leurs capacités. Ils ont non seulement perdu un frère, mais leur parents. Pour les « protéger », pour ne pas « peser » sur eux, ils n'ont jamais partagé leurs propres difficultés, ils n'ont pas osé leur confier ce que l'on a besoin de confier à ses parents pour se sentir accompagné, soutenu, pour construire les sentiments de confiance en soi et de sécurité intérieure. Ils ont tenté de se rendre le plus autonome possible... Au prix du sentiment de solitude intérieure qu'ils vivent encore.

Les affects ont besoin d'être exprimés, partagés. Se raidir contre les épreuves douloureuses ne sert qu'à les rendre plus douloureuses encore et pour plus longtemps. Lorsque l'on refuse de laisser libre cours à ses émotions, le processus de deuil reste bloqué, les tensions s'installent dans le corps, l'organisme se met en résistance et l'on épuise ses ressources tant physiques qu'affectives.

Lorsque les émotions d'une perte ne sont pas reconnues, nous risquons des « réactions anniversaires ».

Nous réagissons inconsciemment aux dates. Un an jour pour jour après la séparation, le décès, le divorce, ou le changement, une fatigue subite nous abat, un incompréhensible sentiment de déprime nous assaille. Incompréhensible, car nous ne pensons pas immédiatement à relier cet état à la perte subie. Mais si on l'évoque, c'est la prise de conscience, « Ah oui, ça fait juste un an ! » Jacqueline s'étonne de l'intense fatigue qui l'a envahie en septembre. « C'était juste après une période de vacances. J'aurais dû être bien. Je n'ai jamais ressenti ça, j'étais épuisée sans raison. »

Sans raison ? Il y a un an, Jacqueline acceptait une nouvelle fonction. Face à l'importance de ce nouveau poste, à l'urgence de démontrer ses compétences pour « ne pas décevoir », elle n'a pas pris le temps de se laisser ressentir la peur de ne pas être à la hauteur, elle n'a pas pris le temps de faire le deuil de ses anciennes fonctions. Elle a fait le passage trop vite, comme bien souvent nous le faisons, parce que nous n'y accordons pas vraiment d'importance. Avoir des « états d'âme » est dévalorisant. Nous endossons rapidement la cuirasse, et nous courons vers de nouvelles aventures, sans nous soucier de ce qui se passe « à l'intérieur ». Mais le corps n'oublie pas, il continue de fêter les anniversaires.

« De toutes façons c'est pareil tous les ans, au mois d'août je déprime. » Cherchez donc, qu'est-il arrivé un mois d'août de votre passé ? ce peut-être dans un passé relativement proche ou très lointain. Pensez à tous types de changements, décès de personnes proches, maladies de vous-même ou de proches, déménagements, peurs intenses, pertes diverses.

La croissance est faite d'une série de transformations. Les occasions de pertes sont multiples dans une vie humaine. Nous nous attachons à des personnes bien sûr mais aussi à des époques de vie, à des lieux, appartements, jardins, villages... à des activités, à une profession, à des collègues... à des idéaux...

Faire le deuil n'est pas oublier. C'est ranger les choses à leur place, dans un rayon « souvenirs », accepter que le passé soit passé, pour faire de l'espace au présent, et continuer à marcher vers le futur.

7.

LES FREINS AU CHANGEMENT

Les principaux freins au changement sont la peur, l'insécurité intérieure, les manques affectifs, et tout ce qui en découle directement ou indirectement : rancune, répression émotionnelle, culpabilité, soumission à la pression sociale et jeux de pouvoir, où égoïsme et cupidité sont rois, et dans lesquels nous risquons de nous engluer, que notre rôle soit celui de victime ou de persécuteur.

« La vie est faite d'une longue série de choix entre la sécurité et la croissance. Quand on n'a pas besoin de choisir la sécurité, parce qu'on l'a déjà, on peut choisir le développement. » (Abraham Maslow.)

Dans une pièce on installe une mère sur une chaise et plusieurs jouets et objets à une certaine distance. Le jeune enfant tout d'abord s'accroche à sa mère, puis lorsqu'il est suffisamment rassuré, il quitte la jupe de maman et s'aventure progressivement vers les jouets. Il jette un œil de temps en temps vers la chaise pour vérifier qu'elle est bien toujours là, et il joue, explore. Si la mère disparaît, l'enfant s'immobilise et attend. Il a peur. Sa curiosité s'éteint jusqu'à ce qu'elle revienne. Dans une situation d'insécurité, le plaisir de la découverte, la tendance spontanée à explorer sont inhibés par l'angoisse.

Nous avons des besoins fondamentaux de sécurité, d'amour, de considération. La satisfaction de ces besoins primaires est vitale. Le développement, la réalisation de soi, ne peuvent commencer qu'après. Les besoins non gratifiés sont des ressorts puissants de stagnation et de régression. Si la croissance est pour nous associée au risque de l'insécurité, si nous avons à choisir entre la sécurité et la croissance, c'est bien sûr la sécurité qui l'emporte.

Soumission à la pression sociale

Nous trouvons une illusoire sécurité dans le conformisme social. L'enfant qui est mis devant l'obligation de choisir entre ce dont il a envie ou besoin pour son développement propre et ce qui lui procure l'approbation des autres choisira généralement l'approbation, et refoulera son plaisir, son désir et même ses besoins (alimentaires par exemple).

De même l'adulte, qui doit choisir entre ce qu'il désire, ce qu'il pense et ce qu'il croit, et l'approbation des autres, choisira souvent l'approbation. Même adultes, les autres nous influencent bien au delà de ce que nous acceptons de reconnaître.

Asch est passé à la postérité pour une expérience particulièrement éloquente. Les sujets devaient comparer des segments de droite de différentes longueur avec un segment étalon. Cette tâche est plutôt facile, les longueurs étant nettement différenciées. Et dans des conditions normales, le taux d'erreur n'est que de 7 %. Pour mesurer l'influence sociale, c'est à dire l'influence des autres sur les prises de position, Asch fit faire ce test en groupe. Le sujet ne donnant sa réponse qu'après 7 compères qui donnaient unanimement une réponse fausse (après quelques réponses justes pour renforcer la crédibilité de la situation). Eh bien, malgré l'évidence de la réponse juste, le taux d'erreur est passé à 33 %. Cela veut dire que 33 % des réponses étaient conformes non à la réalité perçue mais à la position du groupe. Ces résultats ont été confirmés et précisés depuis par de très nombreuses expériences.

Oser s'opposer à l'unanimité, être seul de son avis, engendre une privation sociale difficile à supporter pour nombre d'entre nous.

Les besoins affectifs d'approbation et d'affiliation sont tels que : « Si dans l'entourage d'une personne, il y a d'autres gens qui croient la même chose, alors son opinion est pour elle valide. S'il n'y a personne pour penser la même chose, alors son opinion est... non valide » (Festinger 1960 traduit in Psychologie sociale théorique et expérimentale, in Faucheux et Moscovici, Mouron 71).

L'homme interprète les situations pour leur donner la meilleure réponse possible. La meilleure réponse possible est celle qui satisfait ses besoins les plus pressants. Si ceux-ci sont des besoins de reconnaissance ...

Dépendance

Si nous dépendons de la reconnaissance des autres, nous pouvons hésiter à grandir, à évoluer. Ceux qui nous sont proches continueront-ils de nous apprécier si nous ne sommes plus comme avant, à satisfaire leurs attentes, réelles ou supposées ? Ne risquent-ils pas de nous rejeter ? Oui, pour certains, non pour d'autres. Pour tous au début, il y aura probablement quelques ruades dans les brancards. Sortant de la passivité, vous les réveillez aussi, les tirant d'un confort auquel ils se sont habitués. Vous avez jusqu'à présent structuré un mode de relations, il faut un certain temps pour négocier les réajustements nécessaires.

A 38 ans, Zoé reste une enfant fragile et timide, elle a peur du vaste monde et se dissimule facilement derrière le large dos de son mari. Au fond d'elle elle sait bien qu'elle n'est pas vraiment cette femme fragile, mais elle sait aussi que Marc se sent un homme s'il peut la protéger, s'il a le sentiment qu'elle a besoin de lui. Si Zoé se mettait à exploiter ses ressources personnelles plutôt que de compter sur lui... Que deviendrait-il ? Ne risquerait-il pas de se mettre en quête d'une autre femme-enfant à protéger ? Zoé ne veut pas risquer de mettre son couple en péril. Elle continue de s'adapter à ce qu'elle imagine que Marc attend d'elle.

De son côté Marc, s'il osait se l'avouer, commence à en avoir assez de cette femme si dépendante de lui. Il se sent enfermé, il est fasciné par les femmes brillantes qu'il rencontre.... Mais il ne veut pas faire de peine à Zoé, elle est si fragile...

Marc et Zoé évoluent. Mais pour conserver leur union, ils tentent de ne pas s'en apercevoir. Ils parlent peu entre eux et ne savent donc pas que l'autre est prêt à grandir. Ils restent sur les anciennes bases qui les ont réunies. Ils ne veulent pas changer, et parce qu'ils veulent trop sauver leur mariage, ils le mettent en péril. Ils sont tous deux de plus en plus « stressés ». La tension intérieure pour maintenir le rôle est de plus en plus forte.... jusqu'à la crise.

Les émotions interdites

Cachez ce stress que je ne saurai voir ! Etre « émotif » est mal vu. Philémon nie ses sentiments, il ne ressent rien ! Il n'est « jamais stressé » et ne serait-ce ce psoriasis et ces dérangeantes démangeaisons, il se sentirait très bien ! Philémon ne se met jamais en colère. Il ne se rend même pas compte qu'il pourrait parfois avoir des raisons d'être en colère. Il est vrai qu'il est assez difficile de lui marcher sur les pieds, on ne sait pas ou sont ses pieds. Il se laisse guider par la vie et par les autres. Est-ce la peur qui le freine ? Non, il n'a pas peur, il n'a jamais peur, dit-il. Philémon n'est jamais vraiment triste non plus. Il accepte les choses avec fatalisme. Si ça marche c'est bien, si ça ne marche pas c'est que ça ne devait pas marcher. C'est comme ça. Philémon ne rit jamais vraiment, « ça ne se fait pas ». Il a du mal à s'amuser librement, à danser, à désirer. Libre d'émotions, il est prisonnier des autres et du destin, prisonnier de lui même, prisonnier encore à quarante ans de sa maman. Pour la protéger, pour ne pas lui faire de mal, pour ne pas lui faire de peine, il a abdiqué ses sentiments.

Dans le monde de la mère de Philémon, les émotions n'existaient tout simplement pas. Pour elle, la vie, c'est faire ce que l'on doit faire. Elle n'a vraiment connu ni l'amour, ni la haine. Elle a préparé la cuisine et fait le ménage pour son mari et ses enfants sans se poser de questions. Elle n'aurait pas supporté un enfant trop remuant, trop vivant. Il ne fallait pas que son fils hurle, elle n'aurait pas su y faire, elle aurait eu bien trop peur. Elle avait besoin d'un petit garçon sage dont elle pouvait s'occuper sans problèmes. Philémon a instinctivement saisi la psychologie de sa mère et a ravalé ses émotions. Un enfant ne peut se permettre de terroriser sa mère. S'il découvre que ses cris inquiètent ou culpabilisent ses parents, il les étouffe. Il protège ses parents pour les conserver, pour conserver l'idée de leur protection.

Philémon adulte, marié et père d'une petite fille est encore le prolongement de sa mère, une mère « parfaite ». Heureusement certaines parties de lui se rebellent et manifestent. Il a des « irritations », son corps le démange.

Nous avons beau dissimuler à notre conscience nos affects, ils n'en ont pas moins de répercussions physiologiques, ainsi que le démontre le Dr James Lynch : « Extérieurement elle paraissait parfaitement calme, mais les appareils de surveillance physiologique placés à côté de son fauteuil révélaient une toute autre réalité. La température de ses mains ne dépassait pas 24,4° C, c'est à dire qu'elle était d'environ 12° C inférieure à la normale. Son cœur battait à 125 battements par minute, c'est à dire deux fois plus rapidement qu'au rythme normal; sa tension artérielle ne dépassait pas 9,8/5 cm de mercure, ce qui est étonnamment bas. Je lui demandais comment elle se sentait : elle me répondit qu'elle allait bien. Elle semblait complètement inconsciente de l'accélération de son rythme cardiaque, comme de toutes les autres perturbations importantes de son organisme. » (« Le cœur et son langage », p. 26. InterEditions 87)

Et c'est le cas de la plupart d'entre nous. Ayant appris à redéfinir nos émotions d'enfant (la colère était interprétée par un « tu es fatigué »), à nier notre ressenti (mais non tu n'as pas mal... ne sois pas triste... n'est-ce pas qu'elle n'a pas peur d'aller à la cave...), ne pouvant plus faire confiance à nos sensations, nous avons perdu nos repères internes. Nous ne ressentons même plus ce qui se passe dans notre corps et qui pourtant nous donnerait toutes sortes d'informations utiles sur notre réalité.

Ne pas avoir d'émotions n'est pas un signe de maturité et de victoire sur le stress, c'est de la pathologie! Mais comment paraître ému sans déchoir? Parce que c'est cela que nous avons souvent dans la tête. L'occidental croit dur comme fer (il n'est pas le seul mais je ne m'aventurerai pas à généraliser à d'autres cultures que je connais mal) que s'il montre qu'il est triste, qu'il a peur, ou même qu'il est heureux, il risque de passer pour « faible », il risque de perdre l'estime ou l'amour des autres, il risque d'être rejeté.

Il dit que « ça ne se fait pas », qu'il « ne veut pas ennuyer les autres avec ses histoires », que « ça ne sert à rien de le dire », qu'il « ne veut pas faire mal »... En fait il ne veut pas transgresser les interdits parentaux.

Et puis souvent les autres l'encouragent dans cette voie. Si un jour il montre de la tristesse, ses amis vont s'empresser de lui dire. « Tu verras, ça passera, allez, ne pleure pas, tu en retrouveras un(e) autre... » S'il dit qu'il a peur de quelque chose, il entendra « Allons, un type comme toi a peur de ça? Non, tu me fais marcher. » Ou : « Il (elle) ne va pas te manger »... et autres petites phrases encourageantes.

Notre société est parfois bien ambigüe, comme le rappelle Roland Jacquart (L'exil intérieur, Points Seuil) « c'est la même observation de maintien qui sert à l'évaluation du comportement de la duchesse de Buckingham en présence d'une guêpe et au diagnostic du degré de maladie mentale. »

Plus près, plus quotidien, la définition du Petit Robert. En feuilletant à « émotion » on peut lire : « état affectif intense caractérisé par une brusque perturbation physique et mentale où sont abolies, en présence de certaines excitations ou représentations très vives, les réactions appropriées d'adaptation à l'événement. » Sic! Probablement n'est-on pas très affectif quand on rédige un dictionnaire, mais tout de même...

Nos émotions sont des réactions d'adaptation de notre organisme, qui, loin d'abolir nos capacités, nous permettent d'être plus en contact avec la réalité, avec notre réalité. Mais il est vrai que notre société ne se caractérise pas particulièrement par le respect de la réalité intérieure de chacun : Civilisation de l'image dans laquelle chacun est censé se comporter « comme il faut » plutôt que comme il serait sain pour lui.

La définition du dictionnaire reflète la peur que nous avons appris à avoir du monde émotionnel, la peur de perdre le contrôle du fragile édifice de notre personnalité sociale.

Toutefois, il y a émotion et émotion...

Christophe est hyperémotif, timide, il rougit pour un rien.

Catherine a du mal à se maîtriser, la moindre anicroche la met en rage, elle crie sur les autres et ses enfants prennent facilement quelques taloches.

Hélène a la larme facile, dans la vie comme au cinéma.

Christophe, Catherine et Hélène ont l'impression de ressentir beaucoup d'émotions et de les exprimer facilement. Ils sont effectivement très émotifs mais sont en réalité fort peu en contact avec leurs affects profonds.

Nous avons souvent en surface des émotions excessives et/ou inadaptées à la réalité présente. Ce sont soit des résurgences d'émotions archaïques sans relation avec l'ici et maintenant, soit des adaptations à l'entourage familial ou social. Elles se caractérisent par leur aspect systématique. Hélène et Christophe n'ont pas accès à la colère, leurs réactions sont stéréotypées. Catherine elle, ne pleure pas et ne manifeste jamais de peurs, c'est la colère qui surgit systématiquement.

Ces émotions que Christophe, Hélène, et Catherine manifestent sont des émotions superficielles, des émotions secondaires, apprises. Leurs émotions profondes et réelles, leurs émotions primaires sont maintenues refoulées sous la cuirasse... protégées par les émotions secondaires.

Une émotion réactive et authentique dure très peu de temps (jamais plus de dix minutes d'affilée). Son expression permet d'évacuer le stress et d'arriver à la détente.

Par contre, il est inutile d'exprimer une émotion excessive ou inadaptée. La décharge des émotions secondaires ne mènera pas à une véritable relaxation, même si elle peut soulager momentanément d'une tension.

D'où viennent les émotions secondaires ? Substitution d'affect, élastique, résurgence du passé, ou liquidation d'une lente et patiente accumulation de griefs ?

Les sentiments de substitution

Un enfant traverse la rue en courant pour rejoindre Marie, sa mère, une voiture pile brutalement, l'évitant de peu. Marie se précipite, attrape son fils et lui envoie une gifle retentissante. Avisant les regards de stupéfaction mêlés de réprobation, elle s'excuse auprès des passants : « j'ai eu tellement peur ».

Mireille est agressive, autoritaire, elle se met en colère chaque fois qu'elle se sent coupable de quelque chose. Aujourd'hui, elle est en retard, distraite, elle s'est trompée de route. Dès qu'elle arrive, elle tombe à bras raccourcis sur son ami et lui reproche... Tout ce qu'elle peut trouver à lui reprocher.

Pascal a apporté beaucoup de soin à la réalisation d'un dossier qu'il a déposé sur le bureau de son directeur. Celui-ci regarde le dossier d'un air hautain et le déchire. Au lieu de se mettre en colère, Pascal se sent abattu, envahi de tristesse, un peu plus il se mettrait à pleurer.

Antoine est médecin-chef. Il ne dit jamais bonjour, ne s'adresse au reste du personnel que pour ordonner ou faire des critiques. Les infirmières se sentent niées. Quand elles le rencontrent, elles évitent son regard. Elles ont peur de lui.

Marie, Mireille, Pascal et les infirmières (et probablement Antoine, le médecin-chef) ont appris à substituer une émotion permise à une autre, interdite.

Dans notre famille, dans notre milieu social, selon que nous étions l'aîné ou le cadet, que nous avions des chaussons roses ou des culottes bleues, nous avons appris que certaines émotions étaient malvenues et que d'autres au contraire étaient acceptées, voire encouragées. Alors nous avons commencé à déguiser l'une en l'autre. C'est ainsi que nous exprimons de la peur ou de la tristesse au lieu de la colère, ou de la colère à la place de la peur... Hélas pleurer ou trembler devant une situation qui requiert de la colère ne résoud ni le problème, ni les tensions.

Les sentiments de substitution se reconnaissent à ce qu'ils nous sont familiers. Nous les connaissons bien. Ils ont aussi tendance à être relativement répétitifs et stéréotypés. Et bien sûr ils sont inadaptés à la situation. Mais cela, nous ne le percevons pas toujours à première vue. Nous rationalisons nos réactions, nous les justifions.

Les infirmières ci-dessus pensent bien entendu que le problème est chez le médecin, et non chez elles. Elles considèrent leur réaction comme la seule possible. Il est naturel pour elles de se sentir intimidées, elles attribuent la responsabilité de leur peur à l'attitude du médecin. Elles attendent que magiquement il se rende compte, et change! Elles ne voient pas comment leur attitude inadaptée renforce le problème. Car, mettez-vous à la place du médecin, qui aurait envie de dire bonjour à une personne qui se ferme quand vous paraissez?

Mireille trouve normal son comportement, elle a tant de choses à reprocher à son ami!

Nous avons tendance à considérer nos réactions comme « normales », c'est certainement notre habitude de réagir ainsi, donc notre norme, mais...

Les élastiques

Lorsqu'une émotion est disproportionnée en intensité par rapport à l'événement déclencheur, c'est probablement qu'elle n'est pas une réaction actuelle, mais qu'elle entre en résonnance avec un affect réprimé du passé. Un aspect, un détail parfois, de la situation actuelle, une similitude, nous la fait associer hors de notre conscience à un épisode mal vécu de notre histoire.

Josiane sursaute à chaque fois que le téléphone sonne. Elle ressent une peur intense. Quand Josiane avait 6 ans, elle était en vacances chez sa grand mère. Le téléphone a sonné, c'était son père qui lui a annoncé le décès de sa maman, le monde s'est écroulé, mais elle n'a pas pleuré. Seulement maintenant, à chaque fois que le téléphone sonne, elle revit ses 6 ans.

Irina déteste les vacances. Incompréhensiblement, elle est incapable de se détendre pendant toute cette période, et malgré qu'elle ne trouve rien à redire sur le lieu choisi avec son mari, qu'elle se trouve très bien avec lui et avec ses enfants, ses vacances sont un enfer. Non, elle ne voit aucune raison à son anxiété... Quand elle était petite, ses parents l'envoyaient de force en colonies! Elle détestait ça, mais ne pouvait rien dire. Elle a juste appris que les vacances sont un enfer.

Une fois identifié l'élastique, il suffit de le décrocher. Pour Irina, l'éclair de compréhension a été suffisant. Josiane, elle, doit faire un travail plus important, reconnaître et laisser sortir la souffrance qu'elle a tue et gardée à l'intérieur d'elle jusqu'à aujourd'hui, et toute la peur, la colère et la tristesse liées à la perte de sa mère.

Les collections de timbres

Vous en connaissez bien le principe dans les épiceries, on vous donne un cahier, et sur les produits que vous achetez vous trouvez les timbres. Vous collez les timbres sur le cahier et lorsque vous l'avez rempli, vous le rendez à l'épicier qui vous offre votre cadeau.

Avec les sentiments, c'est la même chose. Hector vous fait une « vacherie ». Vous ne dites rien, vous ouvrez un cahier de doléances et vous collez un premier timbre. Et vous attendez. Hector vous fait une deuxième vacherie, bien que probablement non intentionnelle, mais ce n'est pas grave, ça compte tout de même dans le cahier. Vous ne dites toujours rien et vous collez un deuxième timbre. Bon! vous avez commencé une collection il s'agit de l'agrandir. Vous surveillez Hector de plus près, vous analysez ses paroles et ses comportements pour detecter la méchanceté suivante. S'il ne fait rien de terrible pendant un temps, vous pouvez interpréter ce qu'il dit ou fait comme étant une possible méchanceté, oui, en y réfléchissant bien, ce comportement... Hop, ça y est, vous l'avez votre troisième timbre. Vous le collez soigneusement. Si les autres occasions ne viennent pas assez vite, vous pourriez peut-être lui tendre un piège ? Lui glisser une gentille peau de banane...

Votre cahier est plein ? C'est le moment de vous offrir votre cadeau. Vous attendez une dernière petite goutte qui fait déborder le vase et vous déversez votre collection sur Hector abasourdi. Selon l'étendue et la valeur (certains timbres coûtent plus cher que d'autres) de votre collection, vous avez le droit : de vous offrir une scène de ménage comme dans les films, de casser le vase de sa grand mère, de bouder pendant une semaine, de le planter là ou de divorcer.

Contrairement aux timbres de l'épicier qui ne sont utilisables qu'une fois, vous pouvez récupérer tous les timbres que vous venez d'étaler pour une prochaine fois. Economique non ?

Non! Emotionnellement, la collection de timbres consomme une énergie maximum. Elle oblige à rester en colère longtemps.

Le poison du ressentiment

Le ressentiment se range parmi les poisons les plus toxiques... Et les plus tenaces. Une véritable drogue. Qu'il est difficile de pardonner!

Louis arrive tous les matins à son bureau avec une bonne heure de retard. Il se lève fatigué, traîne la jambe, et surtout ne prend aucun plaisir à son travail. Il a un poste relativement important dans une institution internationale, exactement dans le domaine qui l'intéresse. Il avoue lui-même que ce qu'il fait est très motivant, seulement il n'arrive pas à y trouver de l'intérêt.

A fouiller dans le passé de Louis, nous avons vite trouvé la source de tous ses maux : un professeur de CM2 ! Oui, jusque là Louis était très bon élève, et puis ce Monsieur le Professeur Machin, pour on ne sait quelle raison personnelle, l'a pris en grippe. Il a été dur et injuste avec lui, le ridiculisant aux yeux de ses camarades. Louis a commencé à arriver en retard. Il s'est mis à détester l'école, à associer le travail avec le déplaisir. Il éprouvait une intense colère contre ce professeur injuste, mais il se trouvait dans l'impossibilité de la manifester, sa mère ayant de plus pris fait et cause pour le « bon professeur »... Il se rappelle très bien s'être dit dans son for intérieur : « je ne te le pardonnerai jamais ! » Il considère que cet homme a gâché sa vie. Et pour le prouver, il persiste à la saboter.

Prenant conscience de ce que ses retards actuels tous les matins ne faisaient ni chaud ni froid à Monsieur le Professeur Machin qui ne se souvenait probablement même pas de lui, Louis a compris qu'il était inutile et surtout destructeur pour lui d'entretenir ce ressentiment.

Après avoir invectivé un coussin en séance de thérapie, en lieu et place de son Professeur, Louis a décidé de lui pardonner. Il est maintenant à l'heure le matin, et prend goût à son travail.

Pardonner ? Non ! « Ce serait trop facile » et « question d'orgueil », opposerez-vous. Nous avons parfois l'orgueil mal placé. Comme si pardonner signifiait donner raison à l'autre, comme si nous étions dans une compétition ; pardonner serait alors le laisser gagner.

Quoi ? On se le demande, mais ainsi nous sommes !

En vérité l'orgueil camoufle la passivité. C'est elle qui est à l'origine de la rancune. Le chemin vers le pardon passe par la reconnaissance de ses propres torts dans l'affaire. Ne serait-ce que celui d'avoir laissé faire. Il s'agit de complicité!

Mais pour assumer une responsabilité, nous remettre en cause, nous ne sommes pas très chauds. Il est plus confortable de tout lui mettre sur le dos, et puis tout de même, « il (elle) est plus coupable que moi... je ne lui ferai pas ce plaisir, il (elle) ne va pas s'en tirer à si bon compte! » Non, nous préférons lui prouver qu'il (elle) a brisé notre vie, histoire de le (la) culpabiliser. Même s'il (elle) ne le sait jamais. Nous avons tant besoin de nous sentir importants! Car ne pas pardonner nous permet aussi d'entretenir l'idée que nous sommes importants aux yeux de l'autre.

Angoisses et phobies

L'angoisse, contre laquelle tant de gens luttent à coups de tranquillisants est un mélange de peur et de colère qui ne peuvent être exprimées.

Chez les angoissés et les phobiques on retrouve une constante : ils se trouvent dans l'impossibilité d'exprimer une colère ou simplement de dire non ou d'oser manifester un désir propre. Non pas forcément dans leur entourage actuel, mais dans leur famille d'origine. Même lorsque les crises n'apparaissent qu'une fois adulte et indépendant (c'est d'ailleurs souvent le cas), les racines de ces angoisses remontent aux relations parents-enfants.

La première crise survient pendant ou juste après la situation anxiogène, une situation dans laquelle la personne a envie de quelque chose qui lui est interdit. Envie de dire non à quelqu'un, envie de crier, envie de fuir une situation. Entre besoin et interdit, la personne étouffe, suffoque... Le combat se déroule hors de la conscience, la personne ne se sent même pas le droit d'avoir de tels sentiments. Le malaise est incompréhensible. La personne l'associe aux circonstances dans lesquelles il est survenu, la foule, le métro, le bus. Et chaque fois qu'elle se retrouvera dans les mêmes endroits, puis par extension dans tous les endroits ayant les mêmes caractéristiques, elle aura peur de faire un malaise.

Bérénice s'inscrit dans une école de secrétariat. Elle rentre chez elle en métro avec son dossier d'inscription, et soudain se sent suffoquer. Sa poitrine se comprime, elle respire difficilement, son cœur tambourine, elle fait un malaise. Depuis ce jour, chaque fois qu'elle prend le métro, elle angoisse. Elle a peur de faire une crise... Sa phobie s'étend progressivement à tous les moyens de transport en commun, à toutes les situations d'où elle « ne peut s'échapper » et bientôt elle ne peut plus sortir que dans un périmètre restreint autour de chez elle.

Sa mère voulait qu'elle fasse cette école de secrétariat. Elle n'en avait pas la moindre envie, mais n'a rien osé en dire à sa mère. Lorsqu'elle s'est retrouvée avec le dossier de l'école dans les mains, entrevoyant brutalement les conséquences de cette inscription, l'abandon de toutes ses espérances d'une autre vie.... Elle s'est sentie mal. Mais elle se sentait totalement incapable de reculer, d'affronter sa mère. Beaucoup de sentiments mêlés la liaient à cette mère, dont l'attitude oscillait perpétuellement entre l'abandon et la possessivité. Devant l'impossibilité dans laquelle elle était de fuir la situation, de s'opposer à sa mère, de dire non, de dire qu'elle avait changé d'avis, Bérénice a paniqué...

L'interdit des émotions vis-à-vis de la mère était si fort qu'elle a refoulé dans les profondeurs de son inconscient le conflit qui l'animait. Les véritables motifs de sa crise de panique dans l'autobus ne pouvaient que lui rester obscurs, lui laissant penser qu'une crise pouvait survenir comme ça, sans raison, n'importe quand, n'importe où!

Les phobies et les angoisses ont tendance à devenir de plus en plus envahissantes. Elles peuvent aller jusqu'à paralyser complètement la vie sociale.

Les phobies obligent à dépendre des autres, en fait permettent de se reposer sur les autres. Sybille se fait accompagner par sa mère dans tous ses déplacements. Elle lui fait ainsi « payer » tous les abandons dont elle a le sentiment d'avoir été victime dans son enfance. Elle n'en est pas vraiment consciente, elle se sent même coupable vis à vis de sa mère, elle s'interdit tout sentiment agressif envers elle. Mais très vite, au cours de l'analyse, elle reconnait l'immense colère qu'elle ressent contre sa mère, et admet qu'elle utilise les crises d'angoisse pour l'obliger à enfin s'occuper d'elle.

La personne utilisée pour contrer les angoisses est souvent celle qui est à l'origine de l'émotion interdite, ou son représentant par un simple processus de déplacement. Lucille se fait accompagner par son mari, véritable substitut maternel... ou paternel.

La terreur des abysses

Lorsque nous plongeons dans les profondeurs de la psyché, par l'introspection, l'analyse ou par l'intermédiaire de nos rêves, nous découvrons avec horreur : peurs, envies, jalousies, haines. Nous préférons croire que toutes ces vilaines pulsions sont inconscientes par essence, suivant la très commode idée que si c'est inconscient, nous n'en sommes pas responsables! Nous refusons de les reconnaitre comme possiblement nôtres, et les refoulons à nouveau dans cet « inconscient » dont nous nous dissocions.

Mais tant que nous laisserons nos passions agir dans les profondeurs de nos inconscients plutôt que de les amener en surface nous resterons proprement incapables de les maîtriser. Et je souligne encore une fois la distinction entre la maîtrise et le contrôle. Ce dernier consiste à exercer un rôle de vigile, de censeur. Face à la puissance des affects, le contrôle nous mène à cesser de sentir et à devenir de marbre. La maîtrise, elle, consiste à reconnaître et à diriger, à faire le tri entre nos émotions justes et les autres, à canaliser l'expression des premières et à extirper la racine des autres. Pour cela il faut savoir nager dans les eaux de l'inconscient. Apprenons!

Tout d'abord, qu'y a-t-il dans l'inconscient?

Tout ce dont nous n'avons pas voulu dans la conscience, tout ce que nous avons refoulé, c'est à dire les pulsions angoissantes, les désirs interdits, les conflits non résolus... Les émotions n'acceptent pas du tout leur réclusion dans les profondeurs abyssales. Elles s'amusent à perturber nos vies en nous donnant des angoisses « inexplicables », des peurs « irraisonnées », des colères « immotivées », ou nous accablent d'immenses fatigues, nous dépriment. Elles ne peuvent passer la barrière de la conscience que travesties ou déplacées. Elles surgissent parfois par effraction sous la forme de petits boutons, éruptions et irritations... Ou, bien pire, elle travaillent en silence à un cancer ou un infarctus.

Elles nous compliquent la vie. Nous devons faire très attention à ne pas baisser nos défenses, à ne pas nous rendre trop réceptifs à des sentiments qui pourraient de près ou de loin ressembler à une émotion étouffée et donc l'évoquer. Se mettre en colère aujourd'hui, par exemple, risquerait de ressusciter une colère très ancienne mais complètement interdite contre maman... Sentir l'amour, pourrait réveiller la souffrance et la haine, issues d'une douloureuse déception amoureuse du passé...

Nous avons peur d'affronter ce qui se passe en nous, peur de l'orage dévastateur qui nous submergerait si nous entrouvrions la porte. Nous refusons de regarder en nous car nous ne voulons pas être « déstabilisés ». Comme si nous pouvions être « stables » sur un tel matelas d'affects turbulents. C'est de l'inconscience !

La violence des affects inconscients provient de leur refoulement même. Ils sont les rémanences des conflits pulsionnels non résolus qui ont jalonné nos existences. Les pulsions les plus virulentes sont celles de notre enfance.

Les émotions d'un enfant ont une amplitude que celles des adultes n'auront plus. Car un enfant, de par l'immaturité de ses capacités intellectuelles, sa difficulté à se décentrer de lui-même, est dans l'impossibilité de comprendre nombre de situations. Il est prisonnier de l'immédiat, incapable de différer dans le temps. Des phrases comme « maman va revenir la semaine prochaine » ou « donne à ton frère, tu l'auras « après »... le plongent dans des rages ou des terreurs indescriptibles.

Parce qu'il n'a pas encore de capacités d'élaboration mentale, ses émotions prennent très vite des proportions existentielles. S'il pouvait les exprimer et surtout si sa mère/son père savaient les accueillir librement, avec amour et sans culpabilité, si elle/il l'aidaient à les métaboliser, à les reconnaître et les gérer pour construire son identité, tout irait bien. Mais la plupart des mères/pères n'ont pas appris à gérer leurs propres émotions et ont donc souvent du mal à accepter la violence des affects de leurs enfants : « c'est pas beau de se mettre en colère contre son papa », « c'est pour ton bien que je te punis », « allez fais un sourire à ta maman qui t'aime »...

La colère de l'enfant se double de la rancune d'être incompris, se charge de culpabilité (il fait de la peine à maman/ il déçoit son papa, il n'est pas un bon enfant...). Les rancœurs s'accumulent et se muent vite en haine.

La haine est d'ailleurs un sentiment interdit. Parce

qu'on aime sa maman/son papa. Comment concilier amour et haine ?

Lorsque nous les laissons affleurer à la conscience et prenons la peine de les analyser, les pulsions de haine redeviennent des sentiments de colère bien compréhensibles, face à un vécu ancien de frustration. Acceptées, elles s'évanouissent. Les jalousies disparaissent lorsque sont retrouvées leurs racines dans le sentiment de trahison vécu par l'enfant. Des peurs irraisonnées recouvrent souvent des expériences d'abandons. Expériences réelles ou fantasmées, elles n'en ont pas moins de puissance.

Le pouvoir et le profit

Nous marchons vers le progrès à reculons, car il y a toujours des gens qui privilégient leur intérêt personnel et financier à l'intérêt général. C'est vrai dans la société comme dans nos vies quotidiennes.

Alvin Toffler dans « Les nouveaux pouvoirs » nous rappelle la difficile naissance du téléphone. Lorsqu'Alexander Graham Bell dépose le brevet du premier appareil téléphonique, la Western Union a le monopole sur le réseau télégraphique. Malgré l'avantage évident, pour l'humanité entière, de pouvoir communiquer par la voix humaine, la Western Union a tout fait pour que nous en restions au morse !

Après avoir tenté de le faire passer pour fou, de le ridiculiser, de le traîner devant les tribunaux, elle empêcha Bell d'installer son réseau le long des voies ferrées et des grandes routes sur lesquelles elle exerçait son monopole. Grâce à son influence politique à Washington, la compagnie télégraphique obtint même qu'aucun bureau de l'administration fédérale n'utilisât le téléphone ! Mais la pression de l'évolution fût la plus forte et le téléphone aujourd'hui relie toute la planète.

Ce qui existe dans les interactions humaines existe aussi dans les interactions intrapsychiques, c'est à dire à l'intérieur de soi entre différentes parties de soi. Il y a bien souvent une partie qui refuse de lâcher ses prérogatives, ses acquis, ses intérêts. Même au bénéfice général.

Mensonges et protection de l'image de soi

Que préférez-vous regarder à la télévision ?

Les sondés répondent en forte majorité : Les débats, les émissions littéraires, les documentaires, les programmes scientifiques ou d'actualité... Vérification à l'audimat... Faux ! Les téléspectateurs regardent en priorité les jeux et les séries américaines.

Ce mensonge, cette distorsion de la vérité, pose de sacrées questions. Il signifie que la majorité des gens savent où est le bon et le mauvais, mais que ça ne les empêche pas de préférer le mauvais. Et quid de l'estime de soi dans ce cas ? Ils ne veulent pas voir leur réalité, ne veulent pas considérer une image d'eux qui les dérange, ils mentent et se mentent.

Le mensonge à l'autre est toujours aussi mensonge à soi-même, il évite la confrontation avec la vérité, avec sa vérité. Il dissimule le vrai problème. On ment le plus souvent pour se protéger.

Un seul mensonge est justifiable, celui qui permet de sauver une vie, de protéger un Homme contre la torture ou le meurtre, contre l'injustice ou les abus d'autres Hommes. La différence entre un mensonge « résistance personnelle » et « résistance à l'oppresseur » se définit par la question : quelles valeurs ce mensonge défend-t-il ?

Le mensonge dans l'illusoire désir de protéger l'autre masque en réalité la peur de ses émotions. « Tu t'es fait une bosse en te cognant » dit le cancérologue à Octave alité... Et immobilisé par les appareils qui maintiennent sa jambe. Sa jambe dans laquelle les métastases font rage. Octave sait très bien qu'il n'a pas bougé, pas pu bouger, même en dormant, puisqu'il est maintenu de partout, attaché dans son lit et qu'il n'a rien reçu sur la tête. Mais son médecin a peur de lui dire que c'est une métastase qui lui a poussé sur le crâne cette nuit. Bien sûr, le médecin rationalise son attitude : « il est inutile de l'alarmer », « je ne vais tout de même pas lui dire qu'il va mourir », « il ne se rend compte de rien, il est bien », ou même : « il ne veut pas savoir ».

Comment Octave peut-il conserver une quelconque confiance en ce médecin qui lui ment si évidemment ? Percevant qu'aucune de ses questions ne trouvera de réponse, il ne les pose pas. Comprenant qu'il ne sera pas soutenu dans l'épreuve qui l'attend, il se mure dans le silence. Oh, il garde un sourire agréable, il est gentil avec le personnel et avec le médecin, mais il ne dit rien de ce qui le préoccupe vraiment. De son absence de questions, le personnel et le médecin déduisent : « il ne veut pas savoir ».

Mais qui sait quoi répondre à un jeune homme de vingt ans qui demande pourquoi il va mourir ? Le mensonge ne protège pas le malade, ne nous leurrons pas. Il protège surtout qui le commet. On ment pour se protéger des émotions des autres, des émotions qu'on ne saurait pas gérer.

« Il faut bien garder son petit jardin secret » camoufle le plus souvent un sentiment de culpabilité, d'inadéquation, de manque de confiance en soi. On ment par impuissance à pouvoir affronter la vérité dans la relation, par refus de gérer la relation, de prendre en compte l'autre, pour assurer son confort personnel... Au prix de l'inconfort permanent dans la relation.

Louis ment à sa compagne, il la trompe tout en l'assurant de sa fidélité. Maryse est souvent malade, elle ne comprend pas pourquoi, elle a des problèmes de dos, des nausées. Louis dissimule sa vie sexuelle à Maryse dans la *généreuse* idée de « ne pas lui faire de mal ». Elle ne sait rien, tout se passe pour le mieux... pour lui. Si elle savait, « elle ne le supporterait pas », dit-il.

Maryse se doute bien parfois de quelque chose, il y a toujours des indices. Mais elle ferme les yeux, elle veut lui faire confiance. D'ailleurs il se moque d'elle quand elle pose des questions. Un jour pourtant elle lève le voile qu'elle mettait sur ses pupilles et fait éclater la vérité. Louis lui parle, un peu, le moins possible pour se protéger, pour protéger son image. Il tente même de la rabaisser, de la dévaloriser : « tu es ridicule », « tu demandes toujours la vérité, et voilà, je la dis, regarde le drame que ça fait », « je savais que tu ne le supporterais pas ».

Bien sûr, elle ne veut pas tolérer qu'il fasse l'amour avec d'autres femmes. Mais surtout ce qu'elle n'accepte pas, c'est qu'il l'ait trompée, qu'il lui ait menti. Elle ne peut plus lui faire confiance, elle préfère rompre. Cette rupture ne fait pas tout à fait les affaires de Louis qui aurait voulu le beurre et l'argent du beurre. Bien que d'un autre côté, finalement, il se sente soulagé. Il en avait assez de la tromper, de lui mentir. La situation lui devenait lourde. Ils se quittent.

Maryse souffre de la séparation. Mais elle se rend compte peu après que tous ses symptômes physiques ont disparu. Elle n'a plus mal au dos, et les mystérieuses nausées se sont envolées. Très perceptive, elle avait la nausée à chaque fois que son compagnon était avec une autre femme.

Dans un couple la communication d'inconscient à inconscient est très forte. Un mensonge se voit forcément, un non-dit altère forcément la qualité de la relation et s'exprime par des voies détournées. Rêves, symptômes physiques, lapsus, intuitions, les messages sont là. La responsabilité est partagée. Celui (celle) qui préfère ne rien voir, ne rien savoir, qui refuse d'écouter ces messages, n'est pas moins responsable de ce qui se passe que le menteur.

Le verrou de la culpabilité

Olivier a 12 ans, c'est un enfant « morose ». Petit, tout petit, il s'est senti abandonné par sa mère. Il est devenu triste, infiniment triste de n'avoir pas su obtenir l'amour de sa maman. Il s'est renfermé sur lui-même et son visage est devenu grave. Sa mère, Annie, dit de lui, un peu accusatrice, et vaguement pour se justifier d'avoir si peu de contacts avec lui « il n'a pas de joie de vivre, il est taciturne ! » Entre elle et son fils, les relations sont difficiles. La culpabilité d'Annie bloque toutes les issues.

Olivier avait 6 mois quand la mère d'Annie est tombée malade. Pendant 5 mois, Annie s'est occupée de sa mère mourante et a délaissé son bébé. La perte de sa mère a été très douloureuse, elle avait confusément le sentiment qu'on la lui prenait en échange de son enfant. Le peu de contacts qu'Annie avait avec Olivier pendant cette période étaient emprunts d'une angoisse et d'une agressivité d'autant plus dangereuses qu'elle ne pouvait se les avouer. Jamais elle n'a osé laisser affleurer à la conscience l'intensité de ses sentiments négatifs.

Annie sait bien qu'Olivier a souffert, mais elle se sent trop mal à l'idée d'avoir été celle qui l'a fait souffrir, trop coupable. Elle ne veut pas reconnaître ce que pourtant elle sait à l'intérieur d'elle : « elle n'a pas été une bonne mère ».

Ils sont tous deux enfermés dans une dynamique de relation très tendue. Elle est en colère contre lui (on déteste les gens à qui on a fait mal !) Elle lui en veut d'être triste, elle le met à distance. Et Olivier ne sait pas comment s'en sortir, il est de plus en plus triste.

Lorsqu'enfin sa mère a accepté de considérer sa responsabilité, (et non plus la culpabilité !), c'est à dire lorsqu'elle a accepté de ressentir la souffrance et la détresse qu'a pu vivre son fils et de reconnaître que c'est elle qui lui a infligé cette douleur, elle a pu accéder à la compassion pour l'enfant, laisser tomber le ressentiment, retrouver son amour intact et une bonne relation avec Olivier.

Les situations difficiles que nous vivons font naturellement naître en nous des sentiments « négatifs », de la peur, de la colère, de l'angoisse. Si nous les exprimons, ils nous permettent de mieux affronter les épreuves, si nous les taisons, ils prennent alors de la puissance, se chargent de culpabilité et se colorent de haine. La libre expression de toutes nos émotions dans les relations affectives permet de rétablir le lien d'amour lorsqu'il est menacé, la culpabilité, elle, le rend impossible. Nous nous sentons pleins de haine pour ceux qui nous font nous sentir coupables.

Reconnaître que l'on s'est trompé est très difficile. Nous ne voulons pas accepter l'idée que nous aurions pu faire autrement... Alors nous avons besoin de continuer à croire que notre solution était la seule bonne, et par tous les moyens nous allons tenter de la justifier. Parfois jusqu'à l'absurde.

Martin Luther King l'a très justement souligné dans ses discours, avec beaucoup d'intuition, et de compréhension de la psychologie humaine. Ce mécanisme était une des grandes difficultés auxquelles se heurtait l'abolition de la ségrégation raciale. Sans nier l'importance des enjeux politiques et financiers, l'extrême haine des blancs était aussi motivée par autre chose. Il leur était extrêmement difficile d'accepter les noirs comme étant leurs égaux, après les avoir traités en esclaves. Car c'eût été reconnaître l'injustice qu'ils avaient commise pendant tant d'années. Si les noirs restaient inférieurs, alors les actes des blancs à leur égard étaient « justifiés ». La haine des blancs, d'autant plus forte qu'ils se sentaient plus coupables, était de plus majorée par la peur des représailles.

C'est pourquoi King insistait tant sur le pardon des

blancs, il a maintes fois souligné que les blancs (même ceux qui l'agressaient directement) ne devaient pas être accusés individuellement. Leurs comportements, si scandaleux soient-ils, prenaient leurs racines dans le système et non dans l'homme. Il précisait chaque fois que l'abolition de la ségrégation ne devait pas être une vengeance des noirs sur les blancs, mais une libération des deux peuples, tous deux esclaves d'un système, chacun de son côté des grilles.

N'était-ce pas ce même mécanisme d'évitement du sentiment de culpabilité, qui était à l'œuvre chez certains nazis fortement impliqués dans l'holocauste ? Ceux qui se sont refusés à reconnaître l'ignominie de leurs actes et ont persisté dans la défense des valeurs hitlériennes. Leur absence de sentiments de culpabilité a fait frémir.

Que ces exemples extrêmes ne nous fassent pas oublier que nous avons tous du mal à revenir sur nos erreurs. Changer c'est reconnaître que l'on a vécu sur des croyances erronées. C'est parfois prendre conscience que notre vie aurait pu être différente de ce qu'elle a été (meilleure), c'est difficile à accepter !

Assumer sa responsabilité signifie regarder la réalité de ce qui a été, changer ce qui peut l'être et réparer ce qui a été abîmé. Se sentir coupable empêche toute réparation et toute progression.

Nous avons besoin d'apprendre à nous pardonner. Pardonner n'est pas excuser. Les comportements négatifs ne sont pas excusables, et il est important de pardonner aux hommes. Nous ne pouvons toujours faire l'économie de nos erreurs, elles peuvent même nous aider à apprendre dans la vie !

Si nous avons commis une erreur, c'est probablement que nous n'avions pas les ressources nécessaires pour faire autrement. Le reconnaître permet de se doter aujourd'hui d'autres moyens pour ne pas faire la même erreur de nouveau.

La gestion de la culpabilité n'est pas chose aisée,

elle passe par la reconnaissance et l'expression de ses émotions, de toutes ses émotions. Et si vos parents ont joué sur votre culpabilité pour obtenir votre obéissance, ce sera encore plus difficile. L'acceptation inconditionnelle de soi, c'est à dire la capacité à s'aimer même dans ses erreurs, ses « défauts », ses « manquements », ses « bêtises » sont les conditions d'une évolution saine.

Le changement passe par l'ouverture de soi à l'autre, par l'expression authentique des émotions et l'écoute mutuelle du ressenti. Ce n'est possible que lorsqu'on a suffisamment confiance en soi pour oser réfléchir sur soi, pour oser quitter son masque, son image.

8.

L'ENFER C'EST L'AUTRE

Vous êtes à l'aise avec les gens lorsque vous êtes à l'aise avec vous-même. Lorsque vous vous aimez vous-même suffisamment pour oser rester vous-même devant et avec eux, sans avoir besoin de vous protéger, sans être influencé ni par l'admiration ni par la critique. Vous êtes mal à l'aise lorsque vous doutez de ce que vous pouvez apporter aux autres, lorsque vous vous rendez dépendant de leur jugement, de leurs réactions.

Si vous ne vous aimez pas suffisamment, vous attendez des autres qu'ils vous aiment... Sans vraiment y croire. Un regard de travers, une critique, peuvent suffire à ébranler la confiance que vous pouvez avoir en vos capacités. Marcel(le) ne vous aime pas... Vous êtes sans intérêt, inutile sur terre, indigne... Dépendance.

Mais peut-être prenez-vous les devants, et de peur d'être rejeté, vous agressez le premier... Jeux de pouvoir.

Sous stress, certains deviennent agressifs, se drapent dans leur supériorité, deviennent cassants, lointains, directifs, autoritaires. D'autres deviennent au contraire timides, soumis, ou se mettent en quatre pour vous servir, puis en dix-huit. D'autres encore se retirent dans leur tour d'ivoire. Plus vous êtes stressé, plus vous avez besoin des autres. Mais, comble de l'ironie, plus vous êtes stressé, plus vous avez des difficultés à entrer en relation avec ceux-là même dont vous avez besoin.

Bertrand a peur de son patron... Plus il a peur plus

il essaie de « bien faire », de prévenir ses désirs, de faire tout ce qu'il imagine qu'on attend de lui. Il se met ainsi en état de stress permanent. Le patron, lui, pique des colères car il ne supporte pas la « servilité » de son subordonné. Nouveau déclencheur de stress, qui confirme à Bertrand que« décidément, il a beau faire, il n'est bon à rien ».

Faute d'avoir appris à communiquer, à comprendre l'autre et à se comprendre soi, comportements stéréotypés et « conflits de personnes » minent souvent nos relations. La peur marque davantage nos échanges que l'amour et la solidarité. L'alternative à la détresse et à l'isolement ne peut-elle se trouver que dans les masques et les jeux de pouvoir ?

La peur de l'autre

Nous avons peur les uns des autres. Lorsque nous sommes sécurisés par un rôle social bien défini, des diplômes, une blouse blanche, ça va... Et encore.

Mais de quoi avons nous si peur ? Du pouvoir de l'autre sur nous. Non bien sûr d'un pouvoir réel, qu'il pourrait avoir sur nous, mais du pouvoir que nous lui prêtons, du fait de notre insécurité personnelle : le pouvoir de nous juger, de casser notre image, de nous blesser, ou de nous manipuler.

Le malade a souvent peur du docteur. C'est un fait, et tout le monde le comprend. Ayant remis au médecin le pouvoir de le guérir, dépendant de lui pour sa survie, le malade ne peut guère que l'investir d'une autorité sans faille. Pouvez-vous confier votre vie à quelqu'un qui serait susceptible d'erreur ? Si elle est parfois source de cruelles désillusions, l'idéalisation du médecin est bien naturelle.

Bastien est chirurgien. C'est un horrible cynique, surtout en salle d'opération. Tout en maniant adroitement le bistouri, il abreuve les panseuses de plaisanteries d'un goût douteux. Humour noir et blagues sexuelles, il se rassure.

Plus le poids de la responsabilité est grand, plus le contact avec les processus vitaux est direct, plus la distance affective se marque.

Le médecin a peur de la souffrance de « son » malade, peur de ne pas être à la hauteur, de ne pas savoir le guérir, peur de sa mort, peur de l'image qu'il risque de lui renvoyer s'il échoue dans sa mission. Car si le malade lui confie sa vie, le médecin lui, confie au malade le pouvoir de le confirmer dans son rôle de bon médecin.

Si le « pouvoir médical » est aussi fort, si l'ordre des médecins est si fermé et si rigide, si l'on reproche si fréquemment aux médecins d'être autoritaires et distants, inaccessibles, si les hospitalisés deviennent des numéros de dossier, c'est que le médecin, trop insécure, a besoin de son image.

Les relations de pouvoir marquent (et souvent bloquent) le monde du travail. L'importance des jeux de pouvoir dans une entreprise est inversement proportionnelle au pouvoir personnel réel laissé à chacun, donc au style de management et à la taille de la société. Quand vous êtes cadre dans une « grosse boîte », dans un grand groupe, vous êtes éloigné de la motivation première de votre entreprise. Votre métier n'est plus le haricot vert exta-fin ou la carrosserie, votre métier est la gestion. Et quand on ne perçoit plus son influence directe sur la production, sur la réalisation d'un objectif... si on manque un tant soit peu de sécurité personnelle, on peut en venir à avoir besoin de sentir son pouvoir en l'asseyant sur les autres!

« Depuis mon poste de sous-directeur je m'imaginais qu'une fois directeur, j'aurais à gérer la société, le personnel... J'ai dû déchanter. En fait, je doit passer les deux tiers de mon temps à gérer les luttes d'influence entre les directeurs du groupe. Il faut négocier les contrats non pas en fonction de ce que cela peut rapporter à la société, mais en fonction de la carrière de chacun! »

Tant que les entreprises fonctionneront davantage sur le mode hiérarchique que sur le mode réseau de compétences, la place sera ouverte aux jeux de pouvoir. Si le système hiérarchique continue d'être préféré (par tous, ne nous leurrons pas), c'est qu'il est plus sécuritaire. Il demande moins d'implication personnelle. Il évite de se confronter à la réalité de ses compétences ou de son incompétence. Liberté et responsabilité vont de pair. Dans un système hiérarchique on peut toujours faire porter la responsabilité de quelquechose sur un tiers. Dans un système réseau, chacun assume la responsabilité de sa tâche. Le système réseau demande un haut niveau de confiance en soi et de capacités relationnelles.

N'oubliez pas qu'à chaque fois que vous refusez de porter vous-même une responsabilité, vous vous détruisez. Dès que vous vous engagez personnellement, vous vous construisez.

Nous avons déjà vu dans un précédent chapitre que les administrations sont inductrices de stress. Se réfugier dans un système déresponsabilisant qui de plus vous apporte la « sécurité de l'emploi », mène bien plus sûrement au stress, à la maladie ou à la dépression qu'au bonheur et au sentiment de réalisation de soi. Sécurité = danger.

Les administrations ont la réputation d'être des nids à jeux de pouvoirs. C'est logique : entrer dans une administration étant le plus souvent un choix sécuritaire, l'objectif premier poursuivi tout au long de sa carrière devient de se protéger et non d'apporter à la société. Comment avoir le sentiment de se réaliser quand les deux-tiers du temps de travail sont consacrés à protéger sa sécurité personnelle?

A le regarder de près, on constate vite que dans le monde du travail les enjeux réels sont plus souvent relationnels qu'économiques. Passivité, soumission, oppression et manipulation... Chacun rejoue les drames de son enfance.

L'origine des jeux de pouvoir

« Quand on a recours au pouvoir parental, on obtient obligatoirement la rébellion ou la soumission chez les enfants. La soumission dissimule une rebellion et une hostilité profondes. L'enfant qui se soumet apprend que les relations humaines sont gouvernées par le pouvoir et il n'a plus qu'un but, acquérir ce pouvoir quand il sera adulte. » (Alexander Lowen).

Nos méthodes éducatives sont à l'origine des jeux de pouvoir. Devant la prise de pouvoir de ses parents sur lui, l'enfant n'a que peu de moyens. Il est trop petit, trop dépendant d'eux pour leur résister ouvertement. Quelles sont ses options?

• se soumettre : tuer en lui tout besoin ou émotion non compatible avec l'image attendue par ses parents. Il devient alors l'enfant sage et obéissant que les parents désirent au prix de sa confiance en lui et en sa réalité.

• s'évader dans le rêve.

• se soumettre devant les parents. Si la tension est trop forte, il va dériver sa rage vers le frère ou la sœur, se venger sur ses petits camarades, voire sur ses jouets ou sur des animaux.

• retourner sa violence contre lui-même, laisser son corps prendre en charge le message qui n'est pas entendu, allergies, asthme, otites à répétition... voire plus grave.

• s'opposer, manifester sa rébellion, endosser l'étiquette de l'enfant « méchant ».

• désobéir.

Tout enfant a envie de se développer harmonieusement, d'apprendre. Tout enfant a des capacités, mais il peut les mettre en berne, si leur expression est au prix de sa vérité. Ne pas donner satisfaction à ses parents est le seul moyen qu'il a à sa disposition pour se faire entendre. Passivité, tics, lenteur ou agitation, difficultés scolaires, refus de manger, chipotages sur la nourriture, refus de tendresse, refus de grandir, d'apprendre... (attention, les « grèves » scolaires peuvent aussi être liées à un professeur, ou aux autres élèves...), les parents perdent pied devant ces comportements auto-destructeurs. L'enfant choisit (inconsciemment) ses comportements de résistance en fonction de ce qui a des chances d'émouvoir ses parents.

L'enfant devenu adulte continuera de se comporter comme il aura appris de ses parents à le faire. Certains se défendent de leur dépendance aux autres en prenant une position dominante, en devenant distants, autoritaires, manipulateurs, d'autres se rendent indispensables, pygmalions ou mères poules. D'autres encore choisissent de prendre le pouvoir à partir d'une position de victime.

L'enfant devenu adulte tentera les mêmes stratégies avec ses « supérieurs » que celles qui marchaient avec ses parents, et il aura tendance à imiter leur attitude avec ceux qui lui sont « inférieurs ». Tous ces comportements sont défensifs, ils ont pour but la protection du moi (en réalité du faux-self). Malheureusement, plus nous utilisons des comportements défensifs, plus nous renforçons l'idée que le danger est réel. La peur (qui reste dans les limbes de l'inconscient) s'intensifie, motivant l'escalade dans les comportements de domination.

L'obligation de mobiliser sans cesse des comportements défensifs, l'obligation dans laquelle a été l'enfant de se soumettre, le sentiment d'avoir été emprisonné, engendrent une rage proportionnelle à son impuissance. Cette rage, cette violence intérieure est contenue par l'adulte. Mais dès qu'il se trouve dans une situation de pouvoir sur un autre être, il peut être tenté de l'utiliser pour se venger de ce qu'il a subi en faisant subir à d'autres. Le tout inconsciemment le plus souvent, et en s'abritant derrière d'efficaces rationalisations de son comportement.

Toute violence sur un autre, tout jeu de pouvoir est la manifestation de l'impuissance de l'Enfant en soi à se faire entendre.

Si vous savez voir derrière la carapace des gens hautains, manipulateurs ou violents, les enfants en détresse qu'ils ont été, vous n'êtes plus sous leur influence, et pouvez établir un contact réel avec eux.

Derrière tout masque, derrière tout rôle, il y a un Homme. Pour sortir des jeux de pouvoir, parlez aux Hommes et non aux rôles.

Les parents : tabou !

La réalité est là, de nombreux échecs de notre vie d'adulte, de notre vie affective ou professionnelle sont imputables à un parentage déficient. Sans parler de la dépression qui nous assaille parfois, même quand « on a tout pour être heureux »... Tout ? sauf probablement la certitude de l'amour de ses parents.

Il y a des parents qui effectivement n'aiment pas leurs enfants. Il y en a hélas bien davantage qu'on n'ose le penser.

Ils n'aiment pas leurs enfants, non comme ceux-ci le croient souvent (ils le leur font croire), parce que leurs enfants ont une quelconque déficience, un défaut fondamental, mais parce qu'ils souffrent d'une incapacité profonde à aimer, et surtout à aimer un enfant. Cette incapacité n'est évidemment pas constitutionnelle, mais due à l'absence d'amour dans leur propre enfance. Certains ne donnent pas ce qu'ils n'ont pas reçu.

Il y a aussi des parents qui aiment leurs enfants, mais qui ne savent pas les aimer et les font souffrir, soit par souffrance personnelle, soit par conformisme à des normes ou des modes éducatives ou médicales, par simple incompétence, par rigidité, manque de disponibilité.... Voire par pudeur!

La pudeur émotionnelle a marqué des générations et des générations. Il y a très peu de temps, on disait encore « Ne prends pas ton bébé dans les bras trop souvent, tu vas mal l'habituer ». Comme si c'était un problème qu'un enfant s'habitue à la chaleur et à l'amour.

La situation s'améliore. Les enfants d'aujourd'hui ont droit à davantage d'affection directe que les enfants d'hier. Mais combien d'adultes d'aujourd'hui n'ont jamais entendu ces mots « je t'aime » de la bouche de leurs parents? Laissant le doute planer, et avec le doute la culpabilité. Oui, culpabilité de ne pas se sentir aimé par ses parents. Un comble! Mais c'est hélas une réaction fréquente.

Encore aujourd'hui, tous les parents ne savent pas prononcer ces simples mots d'amour. Ils se dissimulent sous des « je ne suis pas bisou », « je ne sais pas dire », « je montre à ma façon » en donnant de l'argent ou des biens matériels. Ils contournent le problème en signant leurs lettres de « tes parents qui t'aiment ».

Parents âgés et enfants « ingrats »

S'il est une relation marquée par l'incommunication, c'est bien celle des enfants devenus grands avec leurs parents. Il y a bien peu de liberté, et d'authenticité dans la plupart des réunions de famille!

Luc refuse une sortie entre amis : – « je dois aller chez mes parents ».

– « Pourquoi? »

– « Parce que je dois. »

– « Tu en as envie? »

– « Je ne sais pas, je ne me pose même pas la question. Ce sont mes parents, je ne peux pas les laisser seuls. Je me sens coupable si je ne vais pas les voir. »

Lorsque le sentiment du devoir doit remplacer l'élan de tendresse, c'est qu'une colère indicible a fait son lit dans l'espace ouvert par le manque de communication. Mais la colère envers les parents est tabou, interdite. Le poids de la culpabilité enterre bien profond les sentiments agressifs. La seule solution trouvée par nombre d'enfants devenus adultes, est de ne pas côtoyer trop fréquemment les parents, ou de rester sur un mode d'échange très superficiel.

Les parents âgés tentent souvent de manipuler leurs enfants en jouant sur le sentiment de culpabilité. « tu ne peux pas me laisser toute seule », « Les enfants de madame X ne viennent jamais la voir, si c'est pas honteux de laisser sa vieille mère comme ça »... Et les médias de relayer l'idée et d'entonner le couplet « les enfants d'aujourd'hui sont ingrats », « il n'y a plus de respect pour la famille », « les enfants abandonnent leurs parents âgés dans les maisons de retraite »...

Le manque de gratitude des enfants est un mythe! Les parents « abandonnés » sont responsables de leur destin. Comment se sont-ils eux-mêmes comportés envers leurs enfants?

« Mes filles ne viennent plus me voir. » Se plaint un père. Comme si c'était un dû.

Vivre pour ses parents mène à l'assurance de la stagnation de l'humanité. Dans le sens de l'évolution, les pères sont là pour leurs enfants, les pères ont un devoir d'amour envers leurs enfants.

Les enfants rendent toujours beaucoup plus que ce qu'ils ont reçu. Il n'y a pas d'enfants ingrats.

Françoise se voit conspuée par les infirmières de la maison de retraite parce qu'elle refuse de payer la pension de son père. Il a maintenant 70 ans et a l'air d'un adorable petit pépé. Elle n'a pas eu de nouvelles de lui depuis qu'il est parti de la maison, elle avait 20 ans. Son départ à l'époque avait été un soulagement pour toute la famille, il buvait et frappait sa femme et ses deux enfants. Il ne raconte évidemment pas cela aux infirmières.

Françoise le détestait... Et l'aimait. Mais c'était trop injuste, après tout le mal qu'il lui avait fait, à elle, à son frère et à sa mère, d'être obligée de le prendre en charge. Contrainte par la loi, elle l'a tout de même fait, elle est même venue voir son père un jour. Il n'a parlé que de lui, de sa vieillesse. Il ne s'est pas intéressé un instant à qui elle était et à ce qu'elle avait pu vivre depuis qu'il était parti. Elle n'est jamais revenue.

Les enfants font preuve d'une tolérance extrême pour leurs parents. Ils ont une immense capacité d'amour inconditionnel. Trop souvent trahis dans la sincérité de leurs sentiments, ils accumulent une colère justifiée mais inexprimable. Ils protègent leurs parents, ne veulent pas leur « faire de mal ». A ces mêmes parents qui ne manquent pas une occasion de leur rappeler tout ce qu'ils ont fait pour eux. Comme si ce n'était pas la simple fonction d'un parent que de donner à un enfant ce dont il a besoin pour grandir, s'épanouir et devenir lui-même un adulte prenant sa place dans la société.

Tant que des parents manipuleront l'idée de sacrifice pour dissimuler leur passivité, ils enfermeront leurs enfants et s'enfermeront eux-mêmes derrière les barreaux de la culpabilité.

Message aux parents

Si vos enfants ne veulent plus venir vous voir, ne croyez jamais que c'est de gaieté de cœur. Tout être humain a besoin de ses parents tout au long de sa vie. L'indifférence de votre fils ou de votre fille est une défense. Si votre enfant vous évite, c'est qu'il y a quelque chose qu'il ne peut vous dire.

Vous ne l'avez peut-être pas battu ou abandonné, mais peut-être ne l'avez-vous tout simplement pas vu, pas respecté, pas aimé comme il en aurait eu besoin.

Parents : écoutez vos enfants, permettez-leur de

vous dire ce qu'ils n'ont jamais osé vous dire. C'est ainsi, et seulement ainsi que vous rétablirez une véritable relation d'amour.

Vous estimez que votre enfant vous doit quelque chose ? C'est vous qui lui devez encore quelque chose. La dette est forcément de votre côté. Pour l'acquitter vous devez donner, donner gratuitement, et non pas en échange de compagnie ou de reconnaissance.

La première étape vers la réconciliation, vers le rétablissement de la communication, est de supprimer toute espèce de devoir de reconnaissance ou de devoir de respect.

C'est certes très dur pour le parent âgé qui a tellement besoin du contact avec ses enfants devenus adultes. Il invoque alors le devoir de reconnaissance pour les obliger à venir. Cette contrainte marchera peut-être. Ils viendront physiquement, mais ne seront jamais là psychologiquement. « Je ne peux pas laisser ma mère toute seule », loin d'être une preuve d'attachement, cette phrase est une preuve de non amour, le lien est maintenu par la culpabilité.

Les besoins d'un enfant sont simples, mais très difficiles à satisfaire dans une civilisation de répression émotionnelle. Ils ont besoin d'amour inconditionnel, de présence/soutien, de contacts physiques... Et de pouvoir estimer leurs parents.

Les enfants sont sensibles aux valeurs de la Vie plus qu'à celles de la société. Ils ne sont pas dupes des images sociales. Ils savent quand nous faisons semblant, et nous en veulent des rôles que nous jouons et que nous leur imposons.

Inutile de se justifier. Bien sûr que vous aviez de bonnes raisons pour agir comme vous l'avez fait : Vous ne saviez pas... On vous avait dit...Vous n'aviez pas le temps...Il fallait bien...

Il n'y a pas de parent parfait, et TOUS les enfants de TOUS les parents ont besoin d'exprimer leur ressenti face à l'attitude de leurs parents à leur égard et plus largement face à la vie. Ils ont besoin de pouvoir dire leur détresse d'enfant et leur colère envers les comportements qu'ils ont ressentis comme injustes, et oppressifs.

Comprenez vos enfants, acceptez leurs reproches honnêtement plutôt que de vous enfermer derrière un mur de justifications. Ils en ont besoin pour ne pas avoir à refouler leurs émotions, leurs pulsions. Ils en ont besoin pour être eux-mêmes et vérifier que vous les aimez inconditionnellement. Ils en ont besoin pour se libérer d'un poids. Parce qu'ils se sentent coupables de leur colère, parce qu'ils n'osent souvent se l'avouer à eux-mêmes, mais que cela les limite dans leur confiance en eux. Ils en ont besoin à tous les âges, même encore à 70 ans. Profitez de ce que vous êtes encore en vie pour leur faire et vous faire cet immense cadeau d'un partage d'émotions authentiques.

Dépassez vos peurs. Vous avez pu leur infliger les pires blessures, ne vous inquiétez pas, ils vous aiment! Derrière les reproches, il y a le pardon. Ce pardon ne peut jamais exister si la faute n'est pas reconnue. L'erreur est humaine. Osez la revendiquer pour libérer nos enfants du joug de l'angoisse existentielle.

Nous tous, humains sur cette terre, nous débattons avec les mêmes problèmes de vie. Nous avons à traverser diverses épreuves sans être tout à fait armés comme nous le voudrions. Il est naturel de faire des erreurs, de ne pas tout savoir, de ne pas être parfait. Si nous osons le reconnaître, nous grandissons de ces erreurs, nous rétablissons les liens avec ceux qui nous aiment, nous pouvons connaître l'amour vrai. Si nous faisons le choix de l'image nous ne le verrons jamais.

Osez affronter le jugement de vos enfants! « on ne juge pas ses parents » souligne la peur des parents de reconnaître leurs faiblesses, et n'est en aucun cas un gage d'amour ou de respect. Qu'ont-ils donc à se reprocher pour avoir si peur d'être jugés ? Et leurs enfants auront beaucoup de mal à acquérir un jugement propre, à être autonomes.

Juger c'est prendre position, c'est exister en face de l'autre. C'est se donner la permission de faire mieux, d'être différent. Le pardon passe par le jugement. Parce qu'en jugeant on analyse et qu'on peut alors prendre conscience des motivations profondes de quelqu'un, le comprendre. De ce contact avec la réalité intime de l'autre émerge toujours un profond sentiment d'amour, et de solidarité humaine.

Amélie est en colère contre son fils. Il a 26 ans, il ne lui téléphone que pour lui demander de l'argent. Lorsqu'ils se rencontrent, les conversations tournent court, il baille ouvertement. Elle fait tout pour lui, et il ne lui rend pas ! C'est la troisième fois qu'elle lui prête sa voiture et qu'il a un accident avec.

Amélie ne comprend pas « j'ai tant fait pour lui, je suis une bonne mère...je lui ai toujours tout donné »

Exprimer cette colère à son fils est voué à l'échec. Il se culpabilisera sans doute, creusant un peu plus le vide relationnel.

Une meilleure option est de tenter de comprendre. Je demande à Amélie : – « Tu peux imaginer les raisons de son comportement ? »

– « Oui, il cherche à mettre de la distance. J'ai été trop nourricière, trop présente, voire envahissante. »

Pour rétablir la relation avec vos enfants comme Amélie, osez leur dire : « quand je vois ce comportement (bâillements, tu ne viens pas, tu ne me téléphones que quand tu as besoin d'argent, tu casses ma voiture) je me dis que tu es en colère. Et je comprends cela, parce que je me suis rendue compte que dans le passé, j'ai été envahissante. Tu dois avoir encore de la rancune. »

Et restez à l'écoute, acceptez toute réaction, l'émotion se dissimulera peut-être derrière une première barrière d'ironie ou de désintérêt « Qu'est-ce que tu vas chercher maman... tu es malade ? » voire derrière un mur de silence, une dérive de la conversation... Laissez-leur le temps d'intégrer ce que signifie votre nouvelle attitude.

Lorsque vous vous rapprocherez de vos enfants pour tenter de rétablir des relations authentiques, ils s'éloigneront peut-être, refuseront le contact. N'ayez pas d'inquiétude et continuez. Leur réaction est normale. Ils ne sont pas habitués! Ils resteront sur leurs gardes jusqu'à ce qu'ils soient sûrs que vous êtes capables de les écouter sans vous effondrer, sans vous justifier et sans rien leur demander. Laissez-les vous tester.

N'oubliez pas que vous avez eu des parents vous même, et que très probablement vous avez une bonne dose de colère contre eux. Le chemin pour retrouver vos enfants passe aussi par la reconnaissance des erreurs de vos parents à votre égard. Il vous sera d'autant plus facile de parler avec vos enfants, que vous serez conscient de vos propres manques et souffrances.

« Le silence pour héritage »

C'est le titre d'un livre de Dan Bar-On (éd. Université de Harvard), sur le vécu des enfants de collaborateurs du régime nazi. Comment vivre le fait d'être le fils ou la fille d'un criminel de guerre ?

Un excellent article de *Marie-Claire* (Génération de la honte, les « enfants d'Hitler » racontent) reprend les conclusions de Bar-On et évoque les difficultés de ces êtres aux prises avec la conscience des actes ignobles perpétrés par leurs parents.

« De tous les gens qui furent traduits en justice, deux seulement ont reconnu les faits. Mes parents, aujourd'hui encore refusent de reconnaître qu'ils aient fait quoi que ce soit de répréhensible. Mon père n'était ni politicien, ni médecin, ni officier de l'armée. Il dessinait des bateaux mais idéologiquement, il était du côté des collaborateurs. Comme ils sont incapables de faire face à leurs responsabilités, ce sont leurs enfants qui doivent affronter la vérité. »

Le père de Dirk a été exécuté. « Si un père avait eu le courage de dire : Mon fils, j'ai commis des actes terribles, je les paye... Mais ils étaient incapables de honte et de repentir. Nous portons seuls cette culpabilité. »

Ne laissez pas à vos enfants le silence en héritage ! Soyez capable de regret et de repentir. Ne tentez pas pour protéger votre image de dissimuler vos erreurs. Affrontez votre culpabilité pour ne pas en laisser le poids à vos enfants.

Vous n'avez peut-être ni tué ni torturé, ni collaboré en quoi que ce soit avec une infamie. Vous n'avez jamais escroqué, jamais été violent. Mais peut-être avez-vous tout de même failli. Sans mettre vos faiblesses et vos insuffisances sur le même plan que les crimes contre l'humanité. Osez reconnaître vos erreurs :

« je suis restée avec ton père alors que j'aurais du me séparer »

« je n'ai pas eu le courage de suivre la voie que je voulais suivre »

« je n'avais pas assez confiance dans mes capacités pour créer ma propre entreprise »

« je buvais, je frappais ta mère »

« j'ai fait de la prison »

« j'étais froid avec toi, je n'arrivais pas à t'accepter tel que tu étais »

« je n'ai pas vu que tu étais malheureux dans cette école »

« je n'ai pas su te montrer que je t'aimais »

Et ne tentez pas de vous dissimuler derrière un rôle de victime. « C'était ton père qui voulait », « c'était ta mère qui disait »...

A chaque fois que vous reconnaissez votre responsabilité dans votre vie, à chaque fois que vous dites « Je me suis trompé » vous faites une très beau cadeau à vos enfants. Vous leur permettez de faire mieux que vous. Vous les libérez du sentiment de culpabilité dans lequel vous les enfermez malgré vous en tentant de vous le dissimuler.

Il n'est jamais trop tard pour faire autrement, pour donner à vos enfants l'amour et la liberté dont ils ont besoin.

Impossible communication

Martin propose à une amie d'aller prendre un verre. Mais ne voulant pas qu'elle se sente contrainte, il ajoute : « tu es peut être pressée! » Au quart de tour elle interprète qu'il ne lui propose le verre que pour la forme, et bien sûr, elle refuse, en se disant qu'elle s'est fait des illusions, qu'il n'apprécie pas de passer du temps avec elle, bref, qu'il ne désire pas qu'elle reste. Ne voulant pas lui « imposer sa présence ». Elle se sauve.

Nous avons l'art d'interpréter les paroles, les attitudes et les comportements des autres en fonction de ce que nous sommes prêts à entendre, à voir, à recevoir! Et nous nous exprimons aussi il faut le dire de façon fort peu explicite.

Thérésa offre : « J'ai deux places pour le concert de X ». Rudolf est ennuyé : « Oui ?Ah ? Euh ...! je ne sais pas, mes cousins vont peut être venir ce week end ». Thérésa interprète : « il a hésité, donc il n'a pas envie de venir : il ne m'apprécie pas ».

Mais Rudolf a pensé : « zut, elle me propose le jour où les cousins vont débarquer, si je refuse cette fois-ci elle ne va peut être plus me reproposer... De toute façons il faut que je précise que ce ne sont que des cousins. Il faut que je lui signifie que je n'ai pas d'autre femme dans ma vie. Et s'ils ne venaient pas, ce serait tout de même dommage de rater une si belle occasion... »

Rudolf aurait certes pu dire : « C'est sympa, ça me ferait très plaisir de sortir avec toi, mais samedi mes cousins risquent de venir passer la soirée. Bien que ce ne soit pas encore certain, je préférerai un autre soir de la semaine prochaine. Serais-tu disponible mardi par exemple ? »

Mais qui a appris à dire les choses simplement et à faire des demandes claires sans avoir peur du rejet?

Projections

Par nos interprétations abusives, projections de nos angoisses, nous sommes souvent les artisans de nos détresses.

L'ami de Noémie est médecin. Ces jours – ci, elle le trouve plus distant, un peu ailleurs. C'est une impression qui date du moment où il lui a raconté qu'il avait soigné une star, une femme très belle. Pire, il l'a trouvée « très sympa ». Noémie est jalouse.

Dans la réalité, Pierre n'a pas changé d'un poil à son égard. Il est d'ailleurs à cent lieues d'imaginer les idées qu'elle se fait. Elle ne lui dit rien, elle l'observe juste plus attentivement que d'habitude... Et elle ne peut s'empêcher de percevoir un certain éloignement ... Qu'elle interprète évidemment comme une confirmation de ses soupçons.

C'est en fait elle, qui, par son regard inquisiteur, installe la distance. Elle devient de plus en plus froide, de plus en plus critique, lui faisant des reproches pour un rien.

Pierre, qui ignore tout de ce qui se trame dans les pensées de Noémie ne comprend pas son changement. Ou plutôt, il le comprend « trop bien », c'est à dire à sa façon. Il se dit qu'il s'est trompé sur son compte, que, contrairement à ce qu'il avait cru percevoir au départ, elle est froide, autoritaire. Il ne supporte pas le « caractère » de Noémie et décide de la quitter.

Noémie obtient ainsi la confirmation de ce qu'elle avait imaginé. Ses « projections » ont opéré et sont devenues réalité.

Pierre a fait une généralisation abusive. Ne possédant pas les informations qui lui auraient permis de comprendre le comportement de son amie, il l'a imputé à sa « personnalité » et a réagi en conséquence.

Egocentrisme

L'égocentrisme, c'est percevoir l'extérieur comme un prolongement de soi. L'égocentrique est centré sur lui-même, il interprète tout, et notamment les comportements des autres, comme si tout lui était spécifiquement destiné.

Nous tombons tous relativement facilement dans ce piège. Nous « prenons pour nous » la plupart des attitudes et des paroles des autres, nous les interprétons en fonction de nous. Lorsque nous prenons le risque de vérifier les motivations du comportement de quelqu'un, nous sommes souvent surpris. Il évoque des raisons auxquelles nous n'aurions jamais pensé. Nous avons tous une « culture » différente, une culture ethnique mais aussi familiale et personnelle, fonction des expériences que nous avons vécues. Nos motivations nous sont personnelles.

Mais plutôt que de tenter d'écouter l'autre, de considérer sa réalité, nous avons tendance à donner un sens à son comportement en nous fondant sur nos références propres, sur notre vécu; Ce qui est forcément à la source de nombreux malentendus. Si nous étions conscients de ces malentendus, nous chercherions à les clarifier. Malheureusement, le plus souvent nous n'imaginons pas qu'il puisse exister un autre cadre de référence que le nôtre, une autre façon de voir ou de penser les choses et nous nous contentons de catégoriser les gens en fonction de nos critères. Nous nous « faisons » notre opinion sur eux et agissons ensuite envers eux en fonction de cette opinion. Ce qui a bien sûr pour effet de les confirmer dans des comportements, des attitudes que nous avons ainsi figées.

Bernadette a des rapports très conflictuels avec une personne de son service. Elle décrit Joséphine comme acariâtre, braquée contre tout ce qui est nouveau, et la détestant. Bernadette a 23 ans et Joséphine 54. Bernadette attend la retraite de Joséphine. Elle la méprise et fait tout pour être désagréable. L'atmosphère du service devient vite irrespirable... Nécessitant d'abord le masque à gaz... Puis le scaphandre. Chacune étant murée dans son système, elles ne peuvent envisager de changer l'air. Elles se contentent toutes deux de renforcer leurs protections. Chacune voyant l'autre se blinder davantage, elles réagissent en se forgeant une armure de plus en plus épaisse

Au cours d'un stage de relations humaines, Bernadette est invitée à se représenter ce qui peut se passer dans la tête de quelqu'un de 54 ans, qui a l'impression d'avoir échoué dans sa vie professionnelle, et qui voit arriver dans son service une jeune fille ambitieuse de 23 ans, qui la méprise d'emblée...

Malgré ses premières résistances à tenter de pénétrer les sentiments réels de celle qui « de toutes façons elle est comme ça. Elle est trop vieille, elle ne changera pas ! » Elle perçoit rapidement que derrière l'attitude revêche de Joséphine se dissimule beaucoup de détresse. Bien qu'elle doute que son changement à elle puisse modifier le comportement de Joséphine, elle décide d'essayer.

Un mois plus tard lorsqu'elle vient à la seconde partie du stage, elle rapporte avec un immense sourire un changement à 180° de leurs rapports. Ils sont maintenant cordiaux, elles ne sont pas « amies », mais collaborent avec plaisir. Le rire est devenu fréquent dans le service.

Pour que tous ces changements prennent place, il a suffit que Bernadette lève le jugement qu'elle portait sur Joséphine. Celle-ci a alors pu baisser son bouclier. Bernadette ne s'y cognant plus a vu autre chose de Joséphine, elle n'a plus eu besoin de lui lancer des flèches pour défendre son territoire... Devenues inutiles, les défenses sont peu à peu tombées.

Il faut oser être le premier à poser les armes, et lâcher la rancune. En général les armes de l'autre ne sont levées que pour se protéger de nos agressions plus ou moins conscientes. La rancune est un très tenace obstacle au changement : « Il n'y a pas de raison pour que ce soit moi qui fasse le premier pas »... « Je ne veux pas changer s'il ne change pas d'abord »... Notre égocentrisme nous perdra!

Dans tout conflit durable, notre responsabilité est forcément engagée. Ne serait-ce que par passivité, manque d'écoute ou aveuglement. Mais nous détestons reconnaître notre part des choses.

Nous regardons le monde avec nos yeux, et projetons sur les choses et gens notre image de la réalité. Comme si notre regard était le seul possible. Nous oublions que les autres ont forcément un angle de vision différent du nôtre, tout aussi juste. Pour améliorer nos relations, nous devons nous faire à l'idée que les autres agissent en fonction de *leur* regard sur les choses, non du nôtre.

Solitude

Qu'est-ce qui est lourd quand il est vide, et léger quand il est plein?... Le cœur.

« La solitude me pèse. » L'enfer c'est les autres, ou l'enfer c'est d'être sans les autres?

Nous sommes des mammifères sociaux et nous avons besoin de liens, d'attachements affectifs sains, qui nous permettent de nous sentir appartenir au groupe humain. Nous avons autant besoin d'aimer, que de nous sentir aimés.

Il y a des solitaires qui le sont par choix. Les ermites, les anachorètes qui se retirent du monde quittent les liens humains, horizontaux, pour renforcer leur relation à Dieu. Ils satisfont leur besoin de connexion et d'appartenance à travers ce lien vertical.

Il y a aussi les faux solitaires, les misanthropes, ceux qui ne sont bien qu'avec eux-mêmes. Ceux-là sont fréquemment attachés à une image idéale d'Homme et ont tendance à développer un lien d'identification très fort à leur « personnage de misanthrope ». Souvent conscients d'être des « acteurs » sur la scène sociale, ils travaillent leur rôle. Leur énergie affective se concentre sur leur personne propre. Egotisme, narcissisme, leur affectivité est en cage.

C'est le paradoxe du cœur qui continue. Dans le monde de l'affectif tout marche à l'envers, l'isolement enferme tandis que les liens libèrent. Les « liaisons dangereuses » dont nous avons peur qu'elles nous emprisonnent ne sont que des conséquences de nos inquiétudes. Elles reflètent nos difficultés à établir d'authentiques relations.

Nouer des relations avec des humains n'est pas facile. En désespoir de cause, certains se lient à des animaux, plus soumis, souvent plus affectueux et surtout plus fidèles que les humains.

D'autres se font collectionneurs, ils établissent des liens avec des objets. En voilà qui ne risquent pas de les quitter !

Coup de foudre

Votre cœur s'est mis à battre pour lui (pour elle). Choc visuel, un détail a stimulé votre mémoire. Plus tard seulement vous vous rendrez compte qu'il a les mêmes yeux que papa, qu'elle a certaines attitudes de maman, le même âge que votre frère, ou qu'il ressemble à votre premier amour. Votre système limbique a reconnu de micro-signaux et les a traduits en émotions... Vous êtes amoureux. Cette nouvelle relation porte en elle tous les espoirs. C'est à dire l'espoir fondamental, celui d'être enfin aimé. Attente irréaliste, démesurée, impossible à satisfaire. Pour la femme comme pour l'homme, le partenaire doit être la mère idéale que nous n'avons pas eue. Celle qui nous donne tout et qui ne nous laisse jamais.

L'amour/passion réactive les besoins archaïques d'être entièrement pris en charge. Le petit bébé est un être vulnérable qui a besoin qu'on s'occupe de lui. Il a des perspectives limitées, pas de volonté propre. Seul le présent existe, il ne sait pas attendre, il vit des émotions intenses.

Lorsque nous percevons en nous la possibilité de « régresser » ainsi, nous sommes tout à la fois irrésistiblement attirés, fascinés, et terrorisés à l'idée de nous retrouver, comme le nourrisson, totalement démuni, face à une incroyable intensité de sensations et d'émotions. « M'aimes-tu ? »

Mais de quel amour s'agit-il ?

Défenses

L'amour, par ce qu'il réveille de besoins archaïques nous angoisse ; angoisse de la fusion, de la perte d'identité propre, angoisse de la séparation.

Un temps vient toujours où l'enfant commence à avoir besoin d'indépendance et désire se séparer de sa mère; Mais si sa mère le quitte avant ce moment là.... Non, tout vaut mieux que la séparation! Impuissance du bébé, cette mère si nécessaire, le quitte toujours avant qu'il ne puisse savoir qu'elle reviendra, car le bébé n'a pas la notion du temps.

Les souvenirs (souvent inconscients) des expériences douloureuses de séparation dans la petite enfance, nous freinent dans le don amoureux.

Comment un enfant accueille-t-il la mère qui a osé le laisser? avec un total détachement! « Cette dame, je la connais pas ». Cette froideur est punition pour la mère, et défense contre la détresse ressentie.

De la même façon certains adultes jouent la froideur et l'indifférence pour tenter d'éviter la souffrance et l'amour.

Jeanne quitte avant d'être quittée pour éviter la résurgence des sentiments d'abandon.

Jean multiplie les aventures et jongle avec plusieurs relations à la fois, pour ne jamais se sentir lié à une seule femme.

Marion contrôle habilement la situation de son couple pour toujours maintenir l'autre dans une dépendance plus grande que la sienne...

Marc joue « indisponible ». Il fait attendre l'autre. Ce qui lui permet de sentir le besoin que les femmes qu'il rencontre ont de lui... Et de leur faire payer le besoin qu'il a d'elles. Ce besoin qui réveille tant d'angoisse, donc de colère. Colère qui, si elle n'est pas reconnue pour ce qu'elle est, peut se muer en haine contre ces femmes qui la suscitent.

Jeanne, Jean, Marion, Marc et tant d'autres ne se rendent pas toujours compte de leurs stratégies d'évitement, pour la plupart inconscientes.

Quand le voile se déchire

Francis et Olivia vivent la première étape des rapports amoureux. Celle qui plonge les amants dans les délices de la promesse de voir enfin réalisés leurs désirs de symbiose. Dans cette période le besoin de l'autre va croissant, comme il n'est pas question de devenir dépendant d'un être ordinaire, chacun pare hardiment sa chacune (et inversement) de toutes les qualités qui lui sont nécessaires pour s'attacher. Il (elle) est l'être parfait, idéal, il (elle) a toutes les vertus. C'est « l'amour aveugle », l'idéalisation.

Cette phase de symbiose est immanquablement suivie d'une période de désillusion, où l'autre se défait peu à peu des voiles dont il a été affublé, ces voiles/projections de « prince charmant », de « roi protecteur », de « jolie petite princesse » ou de « déesse initiatrice ».

Francis a très peu confiance en lui. Se découvrir sous son vrai jour est terrorisant pour lui. Que va penser Olivia ? Elle va se rendre compte qu'il n'est pas celui qu'elle imagine. Il est temps de fuir... D'ailleurs, Olivia n'est pas si bien que ça... La désillusion entraîne la colère. Déçu, floué, il lui en veut. Colère aussi contre lui-même, pour s'être « fait avoir ». Et viennent les doutes : « Je me suis trompé »,« je ne l'aime pas », « ce n'est pas la femme de ma vie... »

Francis refuse la frustration de ses attentes archaïques. Il ne veut pas faire le deuil de ses illusions. Dans cette société fondée sur l'image et l'idéalisation, il est difficile de ne pas continuer de courir après le soulier de vair et ses promesses. Francis veut la femme idéale. Olivia veut l'homme parfait. Ils rompent. Et partent chacun à la recherche d'une nouvelle illusion.

Accepter l'autre tel qu'il est, c'est faire le deuil de l'espoir de retrouver l'acceptation inconditionnelle des premiers jours de la vie. Il(elle) n'est plus le prince ou la princesse qui nous fait exister, Il(elle) est simplement lui(elle), et nous sommes un adulte face à un adulte. Mais faire le deuil de ce que l'on n'a jamais reçu est difficile.

Diane et Romain restent ensemble. Mais ils font ce choix guidés par un sentiment d'insécurité personnelle bien plus que par un véritable amour. Ils ont chacun besoin de l'autre pour se sentir dignes d'intérêt. Tellement besoin de l'autre qu'ils vont préférer rester dépendants plutôt que de devenir adultes dans la relation.

Pour maintenir leur couple, ils plaquent sur l'autre un habit définitif de Tarzan et enfilent la peau de Jane (ou inversement) . Ils jouent au couple idéal, s'interdisant le moindre doute. S'éloignant d'eux-mêmes, et de l'autre. Insensiblement la distance s'installe malgré les jolies couleurs de surface. Le fossé se creuse entre l'apparence et l'être réel. Le stress intérieur se développe. Les façons de le « gérer » seront très diverses, à plus ou moins long terme ils choisiront : aventures extra-conjugales, alcool, surinvestissement professionnel, divorce, maladie... Autant de tentatives illusoires de résoudre le problème sans l'affronter.

Les ruptures

Notre époque est marquée par les ruptures. Pour nécessaires que nous les reconnaissions souvent, elles ne sont pas moins difficiles à traverser.

Une rupture amoureuse engendre forcément une souffrance. Mais cette souffrance n'est pas forcément douloureuse. Si la relation est saine, si la reconnaissance et l'expression des émotions du deuil sont possibles, si enfin nous fondons notre sécurité sur la vie intérieure, une rupture peut être bien vécue, et devenir source de croissance. Parce qu'alors elle prend un sens. Et la souffrance qui a un sens n'est pas douloureuse.

Mais bien souvent, nos ruptures amoureuses nous plongent dans un état de détresse indescriptible. Notre sentiment d'Etre, notre confiance en nous est décidément encore bien fragile. Nous avons investi notre partenaire du pouvoir de nous confirmer dans notre capacité à être aimé. Nous avons projeté sur cette relation des attentes démesurées. Nous étions dépendants d'une image idéale.

La souffrance normale de la séparation se double alors de blessures narcissiques, d'amour propre, de déception ou de sentiments d'échec.

Le processus de deuil naturel est marqué par différentes phases. Chaque étape est à vivre en conscience pour permettre une guérison progressive. En conscience, c'est à dire en reconnaissant, en exprimant ses émotions. Le temps de traversée de chaque étape dépend de nombreux facteurs : la durée de la relation, l'investissement personnel, les projets communs, la communication des deux partenaires, la clarté de la relation, mais aussi la maturité, la capacité à gérer les émotions, à guérir ses blessures, fonction de la sécurité intérieure de chacun.

Chacun a sa vitesse de cicatrisation. Mais ne cherchez pas à brûler les étapes ou à aller trop vite... La blessure se réouvrirait plus tard. Les étapes peuvent s'intervertir, se recouvrir parfois. Une chose est certaine, plus la maturité affective est grande, plus les étapes sont claires, définies et facilement dépassées.

Le processus de deuil sera facilité si, malgré la rupture, la qualité de la relation est telle que les amoureux peuvent tout au long échanger et partager les émotions traversées. Mais c'est assez rare, et les étapes peuvent se mener seul avec soi-même dans une confrontation authentique avec le flux et le reflux de ses sentiments.

Les mouvements naturels d'une rupture sont :

• Souffrance de la séparation (sans le sentiment d'être rejeté)

• Culpabilité. On se met à la recherche d'une erreur qu'on aurait pu faire. On se pose des questions. Qu'est-ce qu'on a dit ou pas dit ? Qu'est-ce qu'on a fait ou pas fait ? Qu'est-ce qu'on n'a pas vu ? On imagine ce qui aurait pu être si on avait été différent. Il est naturel de se remettre en cause, c'est une tentative de maîtrise de ce qui se passe....Jusqu'à l'acceptation de ce qui a été.

• Sentiments de colère contre l'autre. Toute la responsabilité est rejetée sur l'autre. Il est important d'accepter en soi cette vague d'agressivité. Nous l'avons déjà vu, le passage par la colère est nécessaire au travail de deuil.

• Sentiments de colère contre soi-même. Renversement tout aussi excessif que le précédent. Toute la responsabilité repose sur soi.

• Phase de nostalgie pure. Les souvenirs reviennent les uns après les autres. Images du passé et sentiments ressurgissent, les amours, la tendresse, les crises, les larmes, les colères, les peurs, les réconciliations. Chaque souvenir remonte à la surface de la conscience comme pour être rangé. Il ne s'agit surtout pas de ressasser. Lorsque le processus se déroule de façon saine, les souvenirs ne reviennent guère qu'une fois chacun.

• Deuil du possible, de ce qui aurait pu être. Deuil des projets avoués ou non avoués, explicites ou implicites. « Ça aurait pu être tellement bien, on aurait pu être si heureux... »,« on aurait eu de beaux enfants », « j'aurais été un(e) p(m)ère idéal(e) »...

• Deuil de ce qui a été positif. Reconnaissance des moments de bonheur, acceptation de leur enterrement dans le passé.

• Deuil de ce qui a été négatif, disputes, mensonges, injures, blessures... Jusqu'au pardon à l'autre, jusqu'au pardon à soi-même. Si la relation était marquée par la tromperie, cette phase voit à nouveau des montées de colère contre l'autre et de culpabilité. Si c'est l'autre qui vous a trompé en sus de la colère, vous ressentez de la culpabilité à l'idée de n'avoir pas vu ou pas voulu voir, de vous être trompé sur l'autre, sur vous-même, sur la relation. La honte d'avoir été trompé est un mélange de colère et de culpabilité. Si vous avez été celui qui a trompé, vous avez à faire face à vos sentiments de culpabilité mais aussi à la colère contre l'autre qui vous a « obligé » à le tromper. Dans l'un et l'autre cas, le pardon à l'autre passe par le pardon à soi.

• Détachement de la souffrance.

Nous n'aimons certes pas souffrir et pourtant nous nous y attachons souvent. Elle nous apporte tant de bénéfices, directs et indirects. Souffrir permet de se sentir exister, de faire exister son amour pour l'autre. « Je souffre donc j'existe » « je souffre donc mon amour était vrai ». On peut aussi souffrir dans l'espoir secret de culpabiliser l'autre : « vois comme tu me fais souffrir », et ce, même s'il n'y a plus du tout de contacts entre les deux ex!

Le détachement vient naturellement après le pardon. Il en est la garantie. On le constate lorsque l'évocation de souvenirs heureux ou malheureux ne déclenche plus d'émotion.

Le détachement est profondément différent du refoulement. Le refoulement, la négation des émotions assure qu'elles ressortiront un jour ou l'autre, sous forme de symptômes : rigidités caractérielles, inhibitions, provoquant des échecs répétés, bloquant l'être dans son développement et dans ses relations aux autres, laissant la place à l'angoisse et la dépression, voire à la maladie.

• Compréhension des raisons de la séparation. Après la vague émotionnelle, la raison a besoin de donner un sens.

Un sens est à trouver dans le retournement vers le

passé pour en tirer enseignement : compréhension des raisons ayant motivé le choix du partenaire, erreurs à ne plus commettre, difficultés comportementales ou émotionnelles à mieux gérer la prochaine fois, reconnaissance du chemin parcouru grâce ou à cause de l'autre.

Mais il y a aussi un sens à trouver dans le futur : qu'est ce que cette rupture nous oblige à apprendre, qu'est-ce qu'elle permet dans l'avenir, qu'est-ce qu'elle nous apporte. Comment elle nous aide à grandir. Comment elle est un cadeau de la Vie.

- Disponibilité à une nouvelle relation, réinvestissement amoureux.

De la demande à l'offrande

Hésitations entre le désir de fusion, et la négation du lien, balance entre la recherche de l'amour qui comble et le refus de l'engagement... Nous sommes loin du couple adulte. A notre décharge, envisageons la dimension d'évolution de la société.

La difficulté de vivre en couple n'est pas seulement un problème individuel. C'est aussi un problème que traverse notre société dans son ensemble. Le couple d'antan est mort, il n'est plus possible et certainement pas désirable. L'homme et la femme, dépendants l'un de l'autre dans une relation obligatoire et sans liberté se détruisaient. Les jeux de pouvoir fleurissaient, tentatives d'exister malgré tout. L'un prenait le pouvoir, souvent l'homme. L'autre préférait la soumission. Les deux étaient aussi prisonniers l'un que l'autre, sans que l'on sache laquelle des deux positions était la plus enviable. Apparemment bien sûr, c'est la victime de l'oppression qui souffre le plus. Mais c'est oublier que l'asservissement de l'autre est aussi asservissement de soi. L'homme n'était certainement pas plus libre que la femme même s'ils en avaient tous deux l'illusion. Et ils se détruisaient par des tracasseries au quotidien.

Eric le dit, il n'aurait jamais épouser une « vraie femme », – entendez une femme libre et autonome –, de peur d'être dominé par elle. Pour conserver sa liberté, il a choisi une femme qu'il domine. Illusion. Très dépendante de lui, elle le rassure, certes. Mais très insécure, elle est extrêmement jalouse, supporte mal ses absences, et a besoin de sa présence permanente. Il a le sentiment d'être l'homme fort dans la relation, celui qui dirige. En réalité, il est prisonnier, esclave des angoisses de sa femme.

La solution ? La confrontation à soi-même et à l'autre authentiquement (dégagé des projections de l'enfance). Nos angoisses ne deviennent destructrices que si elles demeurent dans les profondeurs de l'inconscient, dès qu'elles sont reconnues, analysées, parlées, elles perdent toute puissance et le plus souvent s'évanouissent. Il nous faut guérir des blessures, des manques de l'enfance pour accéder à un amour adulte.

Maintenant les couples éclatent. Les êtres ne veulent plus vivre cet asservissement l'un à l'autre. Nous traversons une période de transition. Ces dernières années ont vu une révolution de la place de la femme. Même si les inégalités sociales et le sexisme sont encore d'actualité dans nombre d'entreprises et dans les familles, la femme a conquis beaucoup d'indépendance. Elle s'assume davantage seule. Mais la soumission et le service de l'homme ont marqué des générations. Le poids de l'inconscient collectif pèse encore lourdement sur la femme. L'autonomie reste un combat. L'homme n'a pas encore opéré sa mutation. Il cherche sa place.

Pour que l'homme accepte de s'investir davantage dans les tâches ménagères et les soins à l'enfant, pour qu'il puisse tolérer, sans se sentir diminué, une femme à ses côtés, qui soit son égale, il a d'abord besoin lui aussi de se séparer, de quitter l'ancien couple, d'apprendre à vivre seul. Il a besoin de trouver suffisamment de sécurité intérieure, pour ne pas avoir à se prouver qu'il est homme par la domination sur la femme. Lui aussi doit lutter contre le poids de l'inconscient collectif.

L'homme et la femme ont besoin d'exister séparément pour pouvoir un jour réaliser un couple marqué par des rapports d'autonomie et de respect mutuel. Tant qu'ils ont besoin l'un de l'autre, pour leur sécurité, pour se sentir exister, leur dépendance mutuelle interdit toute relation authentique. Il faut le temps pour faire ce chemin d'évolution.

L'enfant, tout petit et dépendant, a besoin de sa mère, besoin de son attention absolue. Elle est là pour lui. Totalement égocentrique, il supporte mal qu'elle s'occupe de quelqu'un ou de quelque chose d'autre que lui, qu'elle se réalise en dehors de lui. Dès qu'il peut commencer à intérioriser un sentiment de sécurité intérieure, il libère sa mère extérieure. Comme il développe son autonomie, il se détache de sa mère. Parce qu'il a été accepté inconditionnellement par sa mère, il a intégré la certitude qu'il est digne d'amour, il va chercher un compagnon pour partager un amour d'adulte, fondé sur le partage et le don, l'ouverture et la liberté, la réalisation de chacun. Et non pas sur la réassurance et la dépendance, le besoin de réparer une enfance déçue.

Apprendre à s'aimer soi est un passage obligé pour aimer l'autre pour lui(pour elle) et non pour soi. Pour aimer l'autre pour ce qu'il(elle) est, et non pour ce qu'il (elle) nous apporte.

Comme le dit si bien Jacqueline Kelen (« Un amour infini ») « L'amour creuse, évide, élargit l'espace, ouvre des pistes. Qui a dit que l'amour « comblait » . L'image de l'amour, c'est deux mains qui creusent un trou dans le sable, inlassablement ; creuser et ouvrir, c'est cela ».

L'amour vrai est offrande et non demande.

Négociations

Apprendre à dire non, à dire oui, à se positionner dans la relation est fondamental, pour s'affirmer, se respecter mais aussi pour permettre à l'autre de se positionner.

Parce que tous les êtres sont différents, vivre ensemble implique beaucoup de négociations. Mais nous sommes souvent bien trop marqués par notre vulnérabilité affective pour affronter la résolution d'un conflit. Comment négocier lorsque toute demande, toute critique, devient une remise en cause possible de soi, et de sa liberté personnelle ? Beaucoup préfèrent le refuge des manipulations et autres jeux de pouvoir.

La négociation ne vise pas à établir des compromis pour rester ensemble. La négociation vise à ouvrir l'espace, à grandir, à s'ouvrir à d'autres dimensions, à sortir des schémas par lesquels nous sommes tous entravés.

L'expression de soi, de ses émotions, non dans un but de manipulation, mais dans un objectif d'expression et de compréhension mutuelle instaure un climat de sécurité qui permet à chacun de baisser ses défenses... Et de s'ouvrir à l'amour.

Les personnes avec lesquelles on « se sent bien », celles en qui l'on a naturellement confiance, sont celles qui savent puiser leur sécurité en elles, celles qui savent s'affirmer, celles qui savent être à l'écoute sans projections ou interprétations, celles qui savent donner sans attendre de d'abord recevoir, celles qui aiment sans attendre d'abord d'être aimées.

A qui est-il plus facile de donner ? A celui qui vous tend une main ouverte ou à celui qui vous tend un poing fermé? Ouvrez donc les mains!

9.

LES DANGEREUX « ANTI-STRESS »

Tension, énervement, angoisse... Nous tentons de réagir avec les moyens du bord. Nous attrapons une cigarette, nous nous versons un bon petit whisky, avalons un café, grignotons un morceau de chocolat, engouffrons une religieuse ou un mille-feuilles, ou consommons discrètement force pilules ou gellules tranquillisantes.

Alors que nous devrions bien plutôt croquer une pomme ou une carotte, boire un verre d'eau minérale, prendre quelques respirations profondes, nous allonger pour un quart d'heure de relaxation, ou faire l'amour pour nous rééquilibrer, nous détendre, nous calmer!

Nous sommes pourtant conscients de la nocivité de nos stratégies. Qu'est-ce qui vaut donc un tel engouement à ces produits « anti-stress », dont nous savons par ailleurs qu'ils sont eux-mêmes sources de stress ?

Blondes ou brunes ?

« Le tabac, c'est la drogue la plus dure que nous connaissions » affirme le Pr. Robert Molimard, chef de service à l'hôpital de Nanterre et président de la Société d'études de la dépendance tabagique [1].

Cette assertion fait lever bien des boucliers, et pourtant il est devenu banalité que d'évoquer les difficultés que les fumeurs rencontrent lorsqu'ils décident de s'arrêter. Même malade, toussant, expectorant, le fumeur allume sa cigarette. Dans les hôpitaux, les infirmières doivent mener la guerre à certains malades, pourtant gravement atteints, qui vont jusqu'à s'enfermer dans les toilettes pour « en griller une ».

Les statistiques sont éloquentes : Malgré un infarctus du myocarde, 70 % des fumeurs repiquent presque immédiatement au tabac, comme aussi 50 % des opérés de cancer du poumon. La menace de la maladie n'est pas suffisante pour jeter ses cigarettes.

Il faut dire que celui qui s'arrête peut traverser une véritable crise de manque, proportionnelle à son intoxication : irritabilité, anxiété, maux de tête, difficultés de concentration, tremblements. Et comble du paradoxe, il se met à tousser... Il allume une cigarette... Et les symptômes cessent. Remède ou drogue ?

Qu'y a-t-il donc dans le tabac ? De la nicotine, qui, si elle n'était accompagnée de goudrons, d'oxyde de carbone et autres poisons, pourrait prétendre au titre de psychotrope idéal.

Elle agit plus rapidement que n'importe quelle drogue, même injectée par voie intraveineuse : comptez sept secondes entre l'inhalation de la fumée magique et l'arrivée au cerveau ! Une fois sur les lieux du crime, elle se fixe aux récepteurs des neurones et stimule la sécrétion d'acétylcholine, qui met l'esprit en éveil et se trouve être le neuromédiateur privilégié des circuits du plaisir !

La nicotine dynamise la production d'endorphines, ces morphines naturelles du cerveau. Et voilà pour les calmants et les analgésiques. Elle calme aussi bien la douleur, les larmes que la colère, la peur ou l'anxiété.

Là réside son grand pouvoir, dans cette double action à la fois stimulante et tranquillisante. Parfaite, elle est dynamisante le matin et sédative le soir. Elle maintient éveillé tout en mettant la pédale douce sur les émotions, et... Comble de bonheur, elle apporte en sus une impression de plus grande clarté mentale.

Les intellectuels, les créatifs, les étudiants, s'enveloppent dans la fumée pour penser mieux. Justification facile? Hélas non, une cigarette aide à se concentrer, à trouver des idées.... C'est vrai. Des chercheurs ont noté une amélioration de la mémoire immédiate, de la concentration et des performances intellectuelles!

Elle coupe la sensation de faim. Ce qui évite aux sur-nourris de se jeter sur les petits gâteaux et aux autres de sentir les douloureuses crispations de leur estomac.

Malheureusement, elle s'élimine rapidement. Pour maintenir le taux de nicotine dans le sang et profiter de sa magie, il faut vite allumer une autre cigarette...

Bref, c'est la drogue idéale... Mais attention aux dégâts dans l'organisme : 25 % seulement de la nicotine inhalée se dirige vers nos neurones. Le reste part à l'assaut de nos organes et de nos tissus, qui eux, ne savent pas apprécier ses multiples qualités!

Le rythme cardiaque augmente en moyenne de huit à dix battements par minutes et ce 24h sur 24! Ce qui entraîne un accroissement de la tension artérielle, de la coagulation ainsi que la constriction des vaisseaux sanguins.... Le cœur fatigue, les vaisseaux s'encrassent, crise cardiaque ou athérosclérose?

La nicotine agit sur les surrénales, perturbant les sécrétions hormonales régulant l'activation du système sympathique.

Et puis elle ne vient pas seule. L'oxyde de carbone nous intoxique. Les goudrons tapissent les bronches et l'estomac.

Le petit noir

On se réveille devant un grand bol. On s'encourage par une petite tasse en arrivant au travail. Une autre est la bienvenue sur les onze heures. Le repas de midi est avalé, « Le café et l'addition! »

Du petit noir du matin au café qui « fait digérer », nous sommes devenus en peu de temps d'inconditionnels adeptes de cette graine torréfiée.

Découvert dans les années 850 (après-J.-C.) le café s'est rapidement répandu dans toute l'Arabie, puis a lentement, mais sûrement, envahi l'Europe. Depuis le 17ème siècle, ses exaltantes propriétés ont fait sa popularité. Il est parvenu au rang des nécessités.

De nos jours, le café est une habitude... Mais aussi un excitant, il provoque une accélération du débit sanguin, une sensation d'éveil et de meilleure disponibilité aux événements extérieurs. Il coupe la faim, réduit nos besoins de sommeil. La caféine qu'il contient, comme les amphétamines, la cocaïne, le haschich, stimule les récepteurs du système de plaisir.

Le petit café avalé, on se sent plus actif, plus efficace, et même un peu euphorique. On ne connaît plus ni fatigue physique ni fatigue intellectuelle, nos ressources sont décuplées. Balzac, ce monstre de travail d'écriture, en savait quelque chose, il atteignait le record journalier de soixante tasses pour « tenir ».

La caféine stimule les surrénales qui produiront en quantité exagérée certaines hormones. Celles qui sont chargées de faire relâcher au foie le sucre qu'il a stocké sous forme de glycogène, et de le mettre en circulation dans le sang. C'est ainsi qu'une tasse de café « remonte », en fait elle élève le taux de glucose dans le sang, nous sommes alors littéralement plein d'énergie!

Mais le retour de bâton n'est pas loin. Le pancréas, qui ne fait pas la distinction (subtile il faut le dire) entre le sucre que nous avalons et le sucre qui provient du foie sous l'effet de la caféine, veut jouer son rôle et métaboliser tout ce nouveau sucre. Il se met à fabriquer de l'insuline qui abaisse à nouveau le taux de sucre... Et la fatigue nous tombe sur les épaules, avec tous les symptômes de l'hypoglycémie : la concentration devient difficile, nous sommes pris de tremblements, une vague d'anxiété afflue... Vite, une autre tasse, un peu de sucre... Et on est reparti pour un tour.

Un bon verre

« Tu veux boire quelque chose ? » L'alcool fait partie de notre culture, il est partout présent dès que deux personnes ou plus se réunissent. Il est symbole de convivialité, de rencontre « informelle ». Il accompagne un moment de détente, de relâchement des tensions. « On discute mieux autour d'un verre ». Il désinhibe mais aussi structure les relations sociales. On va boire un verre entre amis. Un « bon repas » se doit d'être « bien arrosé ». L'apéro est le passage obligé avant de passer « aux choses sérieuses ». Le digestif permet à la conversation de se prolonger au delà du repas. Au café, on paye la tournée. On boit pour se sentir entouré. On trinque pour sceller la solidarité. On s'enfile vite fait le « p'tit dernier avant la route. »

Tout va mal ? Elle est partie ? Il ne téléphone pas ? La journée a été éprouvante ? Vous avez perdu un contrat ? « Allez bois un coup, ça ira mieux », « je t'ai sorti un petit remontant de derrière les fagots, tu m'en diras des nouvelles ». « Ça fait du bien par où ça passe ! »

Et puis « ça n'a jamais fait de mal à personne » ! Ah bon ? Alors pourquoi tant le répéter ? Vous vous imaginez en train de dire, « reprenez un peu d'eau minérale... Ça n'a jamais fait de mal à personne ! » ?

Il ne faut pas briser le sacro-saint consensus ! Si

tout le monde est complice, boire reste « normal » et donc « inoffensif ». Le déviant aux normes est mal vécu, « il ne sait pas s'amuser ».

Si depuis peu il commence à être toléré, sinon vraiment accepté, que l'on puisse préférer boire de l'eau au cours d'un repas de midi, « Un verre d'eau s'il vous plaît » continue de résonner aux oreilles de beaucoup comme une véritable provocation. Celui qui a osé est immédiatement étiqueté « triste », voire peu viril. Les femmes sont un peu plus libres. Sexe dit « faible », elles ont le droit de boire de l'eau. En fait seules certaines catégories de femmes jouissent complètement de ce privilège sans subir de commentaires désobligeants : les « fleurs fragiles » et les dames d'un certain âge. Les autres sont plus souvent catégorisées « rabat-joie ».

L'alcool, c'est la fête. Dans notre société de répression émotionnelle nous avons besoin d'un petit verre pour lever les interdits, pour baisser le masque. Pour s'amuser il faut un peu de liberté, c'est certain. De deux choses l'une, pour acquérir la liberté on peut dire non aux interdits et devenir autonomes...Ou se déresponsabiliser. Rire ou danser sans avoir touché à l'alcool est suspect, vous êtes trop vivant. Rire ou danser après avoir bu est normal et ne risque pas de perturber l'ordre social. Ayant bu, vous pouvez tout dire et tout faire, vous êtes libre. A jeun, vous devez vous conformer aux règles sociales. Pour oser dépasser les barrières des convenances que nous maintenons par ailleurs avec une fidélité déconcertante, nous avalons donc un petit verre.

Nous buvons aussi pour anesthésier les émotions que nous maîtrisons mal. Un peu d'alcool arrête les larmes, calme les peurs, ouate la colère, dilue les tensions... Et pour certains, beaucoup d'alcool permet d'être violent, toujours sans en porter la responsabilité.

Paradoxalement, c'est alors que nos capacités

sont faussées par un peu d'alcool que l'on se vit comme plus fort, plus solide, et que l'on est en conséquence plus sûr de soi. Malgré les tests qui montrent de façon évidente le ralentissement des réflexes, les conducteurs opposent une forte résistance à l'idée qu'un peu d'alcool dans leur sang peut les gêner. Ils se sentent « parfaitement bien et au contrôle ». Et c'est vrai qu'ils le sentent! C'est une des illusions que procure l'alcool.

La boisson est aussi, et de façon assez étrange si l'on y réfléchit, associée à la virilité. La capacité à « tenir l'alcool » est reconnue comme un signe de force, de puissance. Il est vrai que ce qui se passe ensuite au lit se déroule dans le secret de l'alcôve! L'alcool, c'est certain, désinhibe, il nous permet d'oser tout ce que nous n'oserions jamais sans son aide, il nous donne toutes les permissions. Mais il altère la puissance sexuelle [2]. Ne pourrions-nous lever tous ces interdits qui nous limitent sans boire?

En France, la boisson alcoolisée est une véritable institution. Si la remettre en cause provoque tant de remous c'est que c'est une soupape dont nous avons besoin pour pouvoir maintenir le carcan de la répression obligatoire de nos sentiments.

Outre la fameuse cirrhose qui ne menace pas que les alcooliques déclarés, l'alcool favorise la survenue de cancers, de l'hypertension artérielle, des atteintes cardio-vasculaires et cérébrales. Il augmente le taux de cholestérol dans le sang, provoque des maux de tête, et des troubles du sommeil. Même si un petit verre avant de se coucher aide à s'endormir, l'alcool est un stimulant à retardement et perturbe le sommeil de la nuit. Il affaiblit la puissance sexuelle, accélère le vieillissement. Et surtout, surtout, il nous met à distance de nous même. Il y a peut-être d'autres moyens de gérer le stress des relations humaines!

Les tranquillisants refuges

La France continue à détenir le record de la consommation d'anxiolytiques et de tranquillisants, talonnée de près par le Japon. En 1987, quatre-vingt six millions de boites de tranquillisants ont été vendues, donc achetées et vraisemblablement consommées. Un psychotrope par an au moins est prescrit à 15 % des français. Témesta, Tranxène, Séresta, Urbanyl, Lexomil, ou Lysanxia, nous usons, et abusons. Il faut avouer qu'elles sont tentantes ces petites pilules nommées Benzodiazépines (BZP) qui font magiquement disparaître les symptômes de l'angoisse qui nous tenaille, ou qui nous permettent de sombrer enfin dans un sommeil réparateur. On les avale comme des bonbons, c'est facile, et on est tellement mieux.

Au début on nie la dépendance, « c'est juste un confort ». Mais lorsqu'on essaye de s'en séparer... Heureusement nos « amis » sont là qui nous parlent de « soutien efficace et inoffensif dont il serait stupide de ne pas profiter. » Et, hésitations balayées, culpabilité enfouie, nous repiquons allégrement.

Hélas, les benzodiazépines ne sont pas si inoffensives que ça. Ce que semble confirmer une enquête récemment menée dans laquelle 94 % des médecins généralistes interrogés disent avoir constaté des manifestations de rebond d'anxiété, décrivent des symptômes de sevrage et des troubles du sommeil [3] jusqu'aux « insomnies pharmacodépendante », c'est à dire auto-entretenues par les comprimés.

Les Benzodiazépines sont trop facilement prescrites par des médecins qui souvent ne mettent pas leurs patients en garde contre les dangers de leur consommation régulière. Un traitement aux BZP doit être bref.

Les médecins se sentent impuissants face à nos

angoisses, et les BZP apportent un tel confort immédiat ! Ils les prescrivent faute d'avoir d'autres moyens à leur disposition. Ne leur jetons pas la pierre, ils ne font que se conformer à nos attentes...

« Le vrai problème à poser, c'est : pourquoi doit-on administrer des anxiolytiques ? » S'insurge un généraliste parisien. « S'il n'y avait pas ce médicament qui casse l'angoisse, que deviendrait notre société ? comment les gens supporteraient-ils leur vie ? »

C'est une grave question. Et peut-être faudrait-il se la poser vraiment.

Changer la société ? « Impossible », « on n'y peut rien », « c'est comme ça » . Nous préférons étouffer la voix de la partie de nous qui se rebelle contre la vie que nous lui faisons mener. Impuissants à changer de vie, nous nous assommons de tranquillisants et de somnifères qui vont nous permettre de ne plus voir les problèmes et de supporter notre « vie de fous ».

La paix des parents

Et nous entraînons nos enfants dans notre inconscience. De façon bien involontaire car nous ne connaissons pas, le plus souvent, les effets des médicaments que nous leur infligeons. Mais les chiffres sont alarmants, près de 16 % des moins de 7 ans prennent des « calmants » ! [4]

Le fétiche s'appelle Théralène, il est en vente libre dans toutes les pharmacies, ce qui rassure les parents sur son innocuité. Ce sirop qui fait dormir est un antiallergique puissant. Le laboratoire qui le fabrique met en garde les adultes contre les somnolences au volant, et prévient que selon les susceptibilités individuelles, il est possible de ressentir : sècheresse de la bouche, vertiges, photosensibilité accrue... mais qui va se préoccuper de ce que vont ressentir les bébés ? Ils ne conduisent pas, ce n'est pas grave...

Le second favori des médecins est le Valium. (Nous battons le record mondial de sa consommation, laissant loin derrière les États Unis) Le Valium calme mères et enfants. Il n'est en vente que sur ordonnance. Évidemment il entraîne quelques petits inconvénients : faiblesse musculaire, sensation d'ébriété, modification des perceptions, des sensations. Il fait voir le monde différemment. Quel en est l'effet sur la perception du monde d'un tout petit, sur son appréhension de la réalité ?

Le Nopron, est un somnifère pour enfant. Il est conseillé dans les troubles du sommeil et la turbulence !! Il abrutit un peu . Il est en vente libre, il ne peut donc être toxique !

Les sirops contre la toux contiennent de la codéine. Saviez-vous que c'est un dérivé de l'opium ? Pas étonnant qu'ils calment les enfants et même ceux qui ne toussent pas. Certains laboratoires ajoutent même un peu de bromure dans leur composition, histoire de faire bon poids. Ils sont tous en vente libre.

Le calme du soir se paye à l'école. Troubles scolaires, difficultés à apprendre, à coordonner les gestes.... « Il est amorphe », « il ne bouge pas » disent les parents. Bien sûr, ils dorment. Leur cycle de sommeil est perturbé par les médicaments. La paix des parents coûte cher. S'est-on penché sur la signification des comportements de l'enfant ? sur ses raisons d'être rebelle, turbulent, désobéissant ?

N'avons nous pas d'autres possibilités que d'endormir les enfants insupportables pour les rendre obéissants ?

Le chocolat anxiolytique

C'est bien connu, le mal d'amour se soigne par le chocolat, le vrai chocolat, le noir, l'amer, à plus de 50 % de cacao. Le carré fond délicieusement sur la langue et fait disparaître le vague à l'âme. Les papilles frémissent de plaisir, et nous avalons prestement la tablette.

Le chocolat est bourré de magnésium, il procure cette espèce d'effervescence de la pensée qui explique pourquoi les intellectuels sont facilement chocolatomaniaques. Ils sont loin d'être les seuls. Le chocolat donne du plaisir bien au-delà de son goût. Il calme les blessures morales et euphorise, parce qu'il contient un certain nombre de substances magiques et notamment deux acides aminés : le phényléthylamine, et le tryptophane.

Le phényléthylamine est une amphétamine naturelle de l'amour sécrétée par le cerveau. Il est présent au niveau des neurones du cerveau émotionnel et du système de plaisir – là ou se déclenchent les petites crises d'épilepsie qui sont la manifestation de l'orgasme –

Le tryptophane est un précurseur de la sérotonine. Un neuromédiateur qui disparaît dans la dépression. La sérotonine calme et donne une sensation de plénitude.

Dans la composition du chocolat, on trouve très souvent de la lécithine de soja. La lécithine est un constituant naturel de toutes les cellules du corps. Elle permet la synthèse de l'acétylcholine, ce neuromédiateur que l'on retrouve lui aussi dans les synapses du système de plaisir.

Le chocolat procure une douce excitation physique et mentale, accompagnée de sentiments d'euphorie et de plénitude. Le nirvana!

Mais attention au sucre!

Boulangerie-pâtisserie

Tension, énervement, ennui, il faut que Francine « mange quelque chose »... Elle fonce dévaliser le frigidaire.

Nous pensons « compensation », « plaisir de la bouche. ».. Et nous ne croyons pas si bien dire. Saviez-vous qu'une même hormone est retrouvée dans le cerveau émotionnel et dans le système digestif et qu'elle contrôle l'érection de l'homme ? Elle s'appelle Vaso Intestinal Polypeptide : VIP. La production de VIP est déclenchée par les stimuli buccaux. Dès que vous ouvrez votre bouche et la laissez pénétrer, que ce soit pour vous nourrir ou pour embrasser, le VIP agit sur les intestins, dans le sang et sur l'excitation sexuelle.

Manger rassure et procure du plaisir. Mais une tomate ou une feuille de salade ne sont pas denrées propres à satisfaire nos boulimies. Nous choisissons de préférence des aliments sucrés ou des féculents.

Lorsque nous consommons des glucides, la concentration de tryptophane s'élève [5] et donc permet la synthèse de sérotonine, régulatrice de l'humeur.

La consommation de glucides n'a pas le même effet sur tout le monde [6]. Après avoir ingéré un repas exclusivement composé de glucides, sans protéines, ceux d'entre nous qui ne prisent pas spécialement le sucre réagiront par de la fatigue, de la somnolence. Les autres, ceux qui sont comme aimantés par les aliments sucrés, se sentiront revigorés, pleins d'énergie.

Un petit gâteau calme les détresses, les glucides guérissent la déprime. Le sucre peut se ranger aux côtés des excitants, c'est un véritable psychotrope. Son succès est grand auprès de tous, grands et petits, hommes, femmes et même animaux de tous les pays. On le consomme partout et de plus en plus.

Le sucre, une drogue insoupçonnée

Dans les années 1700 la consommation annuelle de sucre par personne en Angleterre était de 2 kilos. En 1970 elle était de 54,5 kg et ce sans prendre en considération le miel, la mélasse, le sirop d'érable...

Les zoulous ruraux de l'Afrique du Sud sont passés de 3 kg à 27 kg par personne en l'espace de seulement 10 ans!

En Europe, nous consommons environ 60 kg de sucre par an et par habitant. Et n'oublions pas que ces chiffres sont des moyennes. Cela signifie qu'un grand nombre d'entre nous consomme jusqu'à 130 kg de sucre par an! Quel chiffre impressionnant! Mais combien de temps vous dure un paquet de sucre?

« Premièrement, il n'y a aucun besoin physiologique pour le sucre; tous les besoins de la nutrition humaine peuvent être complètement comblés sans avoir à prendre une seule cuillerée à thé de sucre blanc, de sucre brun ou de sucre brut, tel quel, dans les aliments ou les boissons. Deuxièmement, si seulement une petite fraction de ce qui est déjà connu au sujet des effets du sucre devait être révélée et mise au compte d'un quelconque additif alimentaire, cet additif serait promptement banni. » [7]

« La seule différence entre la dépendance envers l'héroïne et la dépendance envers le sucre est que le sucre n'a pas besoin d'être injecté, il peut être consommé immédiatement parce qu'il est disponible et il n'est pas considéré comme une plaie sociale. Cependant la puissance de la dépendance au sucre est aussi forte que la dépendance à l'héroïne. » [8]

Quand on évoque les méfaits du sucre, les réactions sont souvent vives. Nous nous défendons comme les toxicomanes! Regardons-y de plus près: L'arrêt brutal de la consommation de sucre provoque l'apparition des mêmes symptômes que ceux qui accompagnent le sevrage de n'importe quelle drogue!

Que vous croquiez un bonbon ou que vous avaliez goulûment une belle part de tarte, vous infligez à votre organisme un apport très rapide de sucre. Votre pancréas réagit en sécrétant de l'insuline. Impressionné par la quantité de sucre arrivée si rapidement, il en produit trop, ce qui ramène le taux de glucose sanguin en dessous de la normale, vous êtes pris d'une faim de loup, vous avez envie de sucré, vous êtes énervé, anxieux, mal à l'aise. C'est la fameuse « hypoglycémie »

Le glucose a une importance fondamentale dans notre organisme. Chacune des cellules de notre corps en a besoin pour fonctionner, pour vivre. Nous puisons ce sucre si nécessaire dans notre nourriture quotidienne. Mais nous devons doser les apports. Dans les céréales complètes, les fruits, les légumes [9], on trouve des fibres qui favorisent une absorption progressive des glucides.

Dans la farine blanche, le sucre blanc, l'alcool, dans tous les produits « raffinés », c'est à dire dont on a retiré tous les éléments vitaux et donc les fibres, la transformation est trop rapide, l'afflux de sucre trop brutal.

Le taux de glucose dans le sang doit rester constant à 1g par litre. En l'absence d'insuline, le taux de sucre s'élève trop et c'est le diabète. Si le pancréas, trop sensible au glucose, secrète trop d'insuline, c'est l'hypoglycémie avec pour symptômes : bouche sèche ou en feu, bourdonnements dans les oreilles, mémoire défaillante, hypersensibilité au bruit et à la lumière, difficultés à respirer, mauvaise haleine, odeur forte de la transpiration, nausées, bouffées de chaleur et sur le plan émotionnel, alternance inexplicable d'instants d'euphorie et de moments dépressifs. Les « coups de déprime » inexplicables ont souvent pour origine une simple crise d'hypoglycémie!

Le goût du sucre se développe très vite, mais le

sucre raffiné que nous consommons avec gourmandise est dangereux. Le métabolisme du glucose est fragile. Lorsqu'il est déréglé, toutes les cellules sont affectées. C'est la marche de tout notre organisme qui est perturbée. Le retentissement est global et altère tant les fonctions musculaire, nerveuse, émotionnelle, que mentale. Nous ressentons fatigue, énervement, angoisse, difficultés à se concentrer, à mémoriser...

Nous vivons dans une véritable « civilisation du sucre ». N'oublions pas que c'est aussi une civilisation du stress et de l'angoisse. Le diabète et l'hypoglycémie chronique se répandent. L'abus de glucose est un facteur important du vieillissement [10], il favorise l'artériosclérose, il est à l'origine de douleurs musculaires multiples, il joue un rôle aggravant dans de nombreuses affections, sans compter les encombrantes rondeurs dont il nous affuble et contre lesquelles nous luttons régulièrement chaque année à l'approche de l'été.

Ne méconnaissons pas les conséquences du goût pour le sucre, de l'habituation progressive et de la sournoise dépendance dans laquelle il nous plonge. Protégeons au moins un peu nos enfants.

Rappelons-nous que le sucre raffiné est absorbé trop rapidement pour notre métabolisme et résistons à la tentation de donner de l'eau sucrée aux nourrissons pour les calmer ! Évitons aussi les « petits pots » sucrés pour bébés. C'est vrai que c'est bon (au goût !), c'est vrai que bébé aime ça. Mais... Tout ce qui est vendu dans cet « Espace de santé » qu'est la pharmacie n'est pas forcément sans danger.

Pour nous-mêmes, sans bannir totalement toute sucrerie de notre alimentation, ouvrons tout de même les yeux sur la toxicité à long terme de nos excès sucrés. Nous pouvons limiter les dégâts en consommant de préférence des produits non raffinés, du sucre brun, de la farine complète, qui contiennent des fibres ralentissant l'assimilation du glucose.

Pour le cafard, préférez le riz complet à la barre de confiserie industrielle! Et attention aux édulcorants de synthèse [11], ils ne se valent pas tous et l'appellation « sans sucre » ne veut pas forcément dire « sans calories ».

---

1. « Ça m'intéresse » n° 77, juillet 87
2. L'abus d'alcool peut mener jusqu'à l'atrophie des testicules et des ovaires.
3. « Les camés des tranquillisants » Claire Mary
4. Exactement 15,7 %. « L'impatient » n° 99, février 86. Enquête de pédopsychiatres.
5. En raison de la sécrétion d'insuline par le pancréas.
6. « Glucides et dépression » Richard et Judith Wurtman. « Pour la science », n° 137, mars 89.
7. Docteur John Yudkin en 1970
8. Docteur Abram Hoffer en 1980
9. Les céréales complètes apportent 100 % de glucose, les légumes 3 à 20 %, les fruits 10 à 20 %, les protéines 58 % et les graisses 10 %.
10. « Glucose et vieillissement » Anthony Cerami, Helen Vlassara, et Michaël Brownlee. « Pour la science » n° 177, juillet 87.
11. « Science et vie » n° 862, juillet 89.

10.

ENVIRONNEMENT ET POLLUTIONS

Quelques catastrophes écologiques tentent de nous ouvrir les yeux sur les risques que nous prenons avec nos vies. Gaïa, la Terre, absorbe nos excès comme elle le peut, en attendant, pollutions diverses, de l'air, de l'eau, de la terre, pollutions chimiques, sonores et radioactives, agressent nos organismes... Mais aussi altèrent nos capacités relationnelles et intellectuelles.

Lorsque notre corps est occupé à se défendre, à résister à un agresseur, la disponibilité à l'autre ou à la tâche n'est évidemment pas la même que lorsque nous sommes dans un environnement sain et protecteur.

Le bruit

Le bruit constitue aujourd'hui la nuisance la plus souvent mentionnée par les français dans les enquêtes portant sur l'évaluation de la qualité de leur environnement. (rapport du ministère de l'environnement mai 84. C'était 9 ans avant la parution de ce livre, mais si peu de choses ont changé!)

62 % des gens habitant dans des grands ensembles construits depuis le début des années 50

estiment que le premier défaut de leur logement est la mauvaise insonorisation. C'est une réalité : 7 à 8 millions de personnes habitent un logement exposé à un niveau sonore extérieur « inacceptable », c'est à dire perturbant le sommeil, les conversations, l'écoute de la radio ou de la télévision (65 décibels). En France, près de 50 % des personnes ne disposent pas d'un niveau satisfaisant de confort acoustique, c'est à dire inférieur à 55 décibels (chiffres de 1985). Le bruit des transports, 80 % du paysage sonore urbain, est de loin la source la plus importante de nuisances acoustiques. Les constructeurs automobiles et de transports en communs font quelques efforts pour rendre plus silencieux leurs moteurs. Mais il y a d'une part de plus en plus de véhicules, et d'autre part encore beaucoup trop de gens qui mesurent leur puissance au vrombissement de leurs moteurs.

Entre 1960 et 85, le parc automobile a été multiplié par 3, le trafic aérien a décuplé, la population urbanisée s'est accrue de 50 %. Nous nous habituons au bruit, l'élévation du niveau sonore est partout. Quelques chiffres pour mettre en évidence l'inflation sonore de ces dernières années : Les Beatles avaient en 1967, 3 amplis de 30 W. Pink Floyd disposait de 1000 W en 70, Bob Dylan 120000W et maintenant les concerts voient jusqu'à 60 hauts parleurs de 40000W.

Et ça ne touche pas que nos oreilles ! Outre les atteintes auditives on a observé dans les industries des accidents divers : le bruit est à l'origine de nombreux arrêts de travail, d'excès de fatigue, d'irritabilité, et partout, dans les écoles et dans les entreprises, il altère la productivité.

Annie Moch maître assistante dans le département de Psychologie de l'université Paris VIII, s'intéresse particulièrement à la psychologie de l'environnement et aux stress qu'il engendre (La Recherche n° 203 octobre 88). Elle constate d'une part que nous faisons beaucoup trop de bruit, du coup nous ne chantons plus, nous nous contentons de recevoir la musique; et d'autre part que le bruit empêche de s'entendre, et pas seulement sur le plan acoustique. Un environnement bruyant accroît l'agressivité, voit augmenter le nombre des conflits, et diminuer la sensibilité et l'intérêt à l'égard d'autrui.

Elle fait une expérience : dans une rue, une personne portant un plâtre simule une chute et ses livres s'étalent sur le trottoir. Elle fait varier le niveau sonore de la rue (quantité de voitures, de passants qui parlent fort, travaux et marteau-piqueur) Résultat : 60 % des passants s'arrêtent et aident la personne à ramasser ses livres si le niveau sonore est de 50 dBA, mais à 100 dBA le pourcentage chute à 35 %.

Dans un environnement très calme, tout le monde aide une personne en difficulté. Mais si le bruit devient trop envahissant, (tondeuse électrique, marteau piqueur) les passants ne remarquent même pas le plâtre.

On a aussi mené nombre d'expériences sur effets nocifs du bruit sur les apprentissages scolaires. Le pourcentage d'erreurs de compréhension du discours du maître était multiplié par 4 dans les salles de classe exposées au bruit et par 8 quand on ouvrait les fenêtres ! Bâillements, agitation psychomotrice et désintérêt peuvent être simplement dus au bruit ambiant. Tous ces résultats ne modifient hélas guère les habitudes... Les constructions actuelles ne semblent pas en tenir compte. Les salles de classe des collèges et lycées sont encore très mal insonorisées.

Les enfants mais aussi les adultes sont plus distraits, moins tolérants à la frustration, ont tendance à abandonner rapidement un travail jugé difficile.

Le bruit perturbe la santé, la communication et le travail [1].

Tout est question d'interprétation

Laurine habite un petit pavillon près d'un aéroport, elle évoque le stress du bruit.« Le Concorde passe tous les jours à 10h20 », dit-elle, « j'aime bien le regarder passer. Mais ce que je ne supporte pas, c'est le chien des voisins. Il sort faire son tour et aboie pour rentrer. Dès que j'entend le chien sortir, je sais que dans quelques minutes il va aboyer pour rentrer, c'est intolérable. »

Le ronronnement du moteur du réfrigérateur qui se met en route, l'horloge qui égrène les heures, le réveil et son imperturbable tic-tac, en agacent certains au point de les empêcher de dormir, et en rassurent d'autres, qui, bercés par ces sons familiers, dorment sur leurs deux oreilles. D'un jour à l'autre nous pouvons avoir une sensibilité différente. La tolérance aux ronflements, par exemple, est sujette aux plus grandes variations en fonction de vos relations avec le ronfleur. Les ronflements sont tour à tour attendrissants quand vous êtes amoureux, rassurants quand vous avez peur de le perdre (vous l'entendez, il est toujours là), insignifiants quand tout va bien au quotidien, ils deviennent franchement insupportables quand vous êtes « en froid ».

Les ronflements ne changent pas, vous changez. Votre perception change.

Espace vital

On reconnaît aux animaux la nécessité de disposer de leur territoire. Les humains ont aussi besoin de leur espace vital.

Les animaux vivant en collectivité forcée sont victimes de tuberculose et de nombreuses autres maladies.

Des observations menées sur des cervidés, des rats musqués, des lemmings et d'autres mammifères ont montré que lorsque la prolifération va au delà de la capacité d'un territoire donné, le stress déclenche des réactions qui mènent à la diminution de la fécondité, à l'augmentation du taux de mortalité et donc au déclin de la population. Sur une île au large des côtes du Maryland on a introduit des cervidés. La population est rapidement montée jusqu'à 300 individus, ce qui excédait notablement les capacités du lieu. 200 cervidés sont morts dans de bref délais. A l'autopsie on a noté des glandes surrénales hypertrophiées et des signes de maladie rénale chronique. Ils sont morts de stress!

Heureusement l'Homme n'est pas un cervidé. Il possède un cerveau qui lui permet de mentaliser, de symboliser et ainsi de pouvoir aménager la réalité et survivre là où le cerf ne peut rien. C'est ainsi que l'humain survit dans les villes surpeuplées, dans des logements trop petits, et même dans les camps de concentration ou comme on en voit malheureusement de plus en plus dans les camps de réfugiés. l'Homme, en se réfugiant dans son espace intérieur, résiste à des conditions insupportables pour des animaux .

Les passagers du métro se soumettent deux fois par jour à l'épreuve du rétrécissement de leur espace vital. La foule ajoutée au bruit! Comme les enfants des classes surpeuplées, ils se retirent dans leurs espaces intérieurs ou deviennent agressifs, ils se blindent dans l'indifférence à l'autre, mais ils parviennent à s'en tirer vivants.

Mais ce n'est pas parce que nous avons d'importantes capacités de résistance qu'il faut en profiter pour tolérer que des humains supportent des conditions de vie ou de transport insalubres. La Terre n'est-elle pas suffisamment spacieuse pour accueillir et nourrir tout le monde?

John Calhoun, au laboratoire de psychologie de l'institut national de santé mentale US met 5 rates pleines dans un vaste enclos de 100 m^2. Tout est prévu en confort et en ressources, eau, nourriture, matériel pour la construction des nids... pour 5000 rats. Pourtant même après 27 mois, jamais la population ne dépasse 150 sujets.

Que s'était-il passé ? Quelques mâles dominants s'étaient réservés un territoire personnel spacieux avec leurs femelles qu'ils défendaient contre les intrus. Les autres vivaient en surpopulation sur un reste de territoire exigu, dormaient et se nourrissaient en masse confuse. Bientôt des bandes de mâles dominés se sont constituées pour attaquer les femelles. Comportements sexuels aberrants et homosexualité sont apparus chez ces rats devenus pour la plupart passifs, asociaux, manifestant beaucoup d'agressivité et même des tendances cannibales. Avortements, décès de nouveau-nés par négligence... Ca vous rappelle quelque chose ? Pas d'anthropomorphisme primaire s'il vous plaît !

A New York, dans le cœur de ville surpeuplé on voit 2 fois plus de suicides, de morts accidentelles, de tuberculose (!) et de délinquance juvénile et 3 fois plus d'alcoolisme que la moyenne de la ville entière.

S'agit-il de surpopulation ? ou bien chômage, pauvreté, instabilité de la vie familiale, désespoir général de ne jamais pouvoir quitter son taudis sont-ils en cause ? Mais tout n'est-il pas lié ? Notre cerveau d'humain, l'intelligence dont nous sommes fier ne nous a pas encore permis de nous élever au dessus des rats. Quelques uns se partagent 80 % (si ce n'est plus) du territoire, des richesses et des ressources, les autres tentent de vivre sur les 20 % restants.

L'eau

Chaque année nous buvons une tonne d'eau. Et avant de l'éliminer, nous la filtrons, en retenons des nutriments, des métaux, des minéraux... des bons, mais aussi des toxiques. De plus en plus de toxiques. Le robinet de la cuisine nous empoisonne. Lentement certes, mais non moins sûrement. Le chlore, et ses organochlorés donne un goût de piscine. On pourrait un jour penser à polluer moins plutôt qu'à désinfecter l'eau juste avant qu'elle n'arrive sur la table.

Les nitrates sont connus, reconnus, mais comme ils ne se voient pas et que nos papilles ne les détectent pas, nous faisons confiance aux pouvoirs publics pour surveiller notre santé. C'est oublier un peu vite les enjeux politiques et financiers dont ils sont prisonniers.

L'OMS (Organisation Mondiale de la Santé) a placé pour les adultes un seuil de tolérance à 45 mg/litre. La CEE se fixe un objectif déjà plus limité en posant un maximum de 50 mg/litre. Elle précise toutefois une valeur guide à respecter de 25mg/litre. Mais les français tout à coup se mettent à aimer les lois et préfèrent se rapprocher des 50mg que des 25. La teneur en nitrates de l'eau municipale est régulièrement affichée dans les mairies mais comme peu de gens se déplacent pour aller surveiller le taux journalier avant de se servir un verre d'eau... Un chiffre ? Les dernières statistiques officielles (il est des études qu'il vaut mieux ne pas renouveler) sont de 87. Cette année là, plus de deux millions de français ont bu de l'eau à plus de 50mg/litre.

Que font les nitrates dans votre corps? Transformés en nitrites, ils oxydent l'hémoglobine. Ils empêchent les globules rouges d'alimenter les tissus en oxygène, et menacent les enfants de la maladie bleue.

Les nitrates peuvent aussi réagir dans l'organisme

avec des amines d'origines diverses (habituellement alimentaire). Ils forment des nitrosamines considérées cancérogènes.

L'agriculture intensive, et avec elle, l'épandage de produits phytosanitaires, herbicides, fongicides, insecticides, est un problème de plus en plus grave. La France détient le record européen de consommation de ces « cides ». Les pesticides migrent vers les eaux souterraines et les scientifiques redoutent les effets à long terme de ces concentrations. On ne connait pas encore bien tous les risques chimiques. Dans les sous-sols il y a d'autres substances, quelles combinaisons vont voir le jour ? Même des doses infimes peuvent devenir infiniment polluantes.

Et puis il y a les élevages industriels, lisiers de cochons, poulaillers... Vu le nombre de cochons bretons au m^2, si les éleveurs devaient respecter les normes d'épandage du lisier, la surface totale de la France n'y suffirait pas. Mais qui a dit que les normes étaient édictées pour être respectées ? Si vous voulez boire de l'eau un peu plus pure, limitez donc votre consommation de jambon.

Préférez les eaux minérales à l'eau de ville, qui contient aussi en quantités variables et plus ou moins nocives, plomb, sulfates, chrome, mercure, nickel... Et j'en passe. Ou dotez-vous d'un appareil qui la purifie (en vérifiant bien qu'il filtre les nitrates!).

Atmosphère, atmosphère...

Il y a le CO^2 dans l'air, la pollution par les voitures, les usines, les fumées... Mais il y a aussi d'autres sources de pollution de l'atmosphère que nous respirons dont nous sommes souvent inconscients bien que nous en constations les méfaits.

50 % des malaises recensés dans les bureaux sont liés à des difficultés respiratoires. (Sciences et Avenir

n° 506 avril 89). Longtemps les responsables se sont retranchés derrière l'explication du tabac. Si le tabac reste un toxique à bannir, la pollution des bureaux est largement due à une autre cause, la climatisation et la ventilation défectueuse.

Lorsque l'humidité excède 70 % les spores microbiennes se développent avec bonheur. Lorsqu'elle est inférieure à 40 %, gorges sèche, irritations des muqueuses nasales, des yeux, toux, éternuements, difficultés respiratoires apparaissent. Les filtres des conduits de ventilation trop souvent mal entretenus se bouchent. Moisissures, détritus envahissent les conduits. La climatisation ventile alors un air vicié par des bactéries ou des gaz nocifs. Ne cherchez pas à prendre refuge ou à vous faire soigner dans un hôpital, hauts-lieux de la pollution microbienne, les hôpitaux détiennent le record de la toxicité en bâtiments!

La pollution de l'air par une climatisation défectueuse ou mal entretenue reste invisible, et mobilise donc peu de plaintes. Pourtant ce qui ne se voit pas... est parfois plus toxique que certaines fumées bien noires et bien évidentes.

Maisons malades

On trouve 22 cas de cancers sur 24 maisons dans un quartier de Franche-comté? Ces maisons sont construites sur des failles du sous-sol, secrétant des micro-énergies pathogènes. En 1975 aux USA, un quartier entier de 33 immeubles modernes habité par 10000 personnes a du être dynamité sur décision de l'administration. L'enquête officielle avait détecté une fréquence anormalement élevée de maladies nerveuses et dégénératives.

Ce n'est pas une impression, ce n'est pas un mythe, il y a des maisons ou l'on se sent bien et des maisons où l'on se sent mal à l'aise. Il y a des pièces dans une maison où l'on se sent bien et d'autre où l'on se sent « bizarre ». Ecoutez-vous, faites confiance à vos sensations et faites les vérifier par un géobiologue.

Les immeubles en béton ne sont pas seulement froids et impersonnels. Le béton ne peut être utilisé qu'avec des soutiens métalliques qui vibrent... pas toujours en phase avec vous. Habillez vos murs de béton de coton, de frisettes de bois ou doublez-les de liège, de terre ou de briques. Couvrez les sols de planchers ou de tapis de laine ou de coton. Et sentez la différence. Faites l'expérience : les yeux fermés passez votre main à quelques centimètres au dessus d'un bloc de béton, puis d'une brique de terre cuite.

Les murs qui vous entourent sont un peu votre troisième peau, (après les vêtements). Comme toute peau, elle a besoin de respirer.

Polluants invisibles

Nous sommes entourés de polluants invisibles jusque dans nos maisons. De nombreux meubles, voire des objets en bois à l'air inoffensif, des panneaux d'agglomérés, des moquettes, diffusent du formol (formaldéhyde) provenant des résines utilisées pour les fabriquer. Le formol provoque des irritations des muqueuses, de l'œil et des voies respiratoires supérieures, tous symptômes dont les causes nous restent bien souvent inconnues car nous ne pensons pas devoir les attribuer à notre mobilier.

Les peintures diffusent pendant des années des polluants créant tout d'abord des problèmes respiratoires, des allergies (que nous déplaçons par le mécanisme des phobies sur les poils de chat...) puis des problèmes plus sérieux de tumeurs ou de maladies auto-immunes.

La fée électricité

Les centrales nucléaires font planer leur menace et de toutes façons nous intoxiquent de leurs déchets. Mais EDF est fière de nous annoncer que 75 % de notre électricité est ainsi produite. La France encore une fois détient un triste record, celui de la plus forte concentration mondiale de centrales! Tchernobyl a fait réfléchir tous les pays, sauf la France, ici, EDF a réussi à utiliser la publicité faite à Tchernobyl pour banaliser le risque du nucléaire. Il y aurait tant d'autres options plus sûres et moins coûteuses... Mais aussi moins rentables pour certains, je vous l'accorde.

Nous sommes aujourd'hui entourés de champs électromagnétiques. Lignes, fils, câbles envahissent l'espace. L'air est saturé de rayonnements : radars, radio, télévision... (Sans compter les micro-ondes qui s'échappent de votre four, il existe des détecteurs de fuites, allez vite en acheter un).

L'électricité nous rend tant de services que nous avons pris l'habitude de la considérer inoffensive. Elle est certes une amie, mais les déperditions électriques qui saturent nos maisons et dépolarisent le champ électrique, entraînent de nombreux troubles. Débranchez ce qui peut l'être pendant la nuit et découvrez le confort du « silence électrique ».

Dans de nombreux pays les normes sont très strictes. En France on construit encore jusque sous les lignes à haute tension. (EDF commence toutefois à s'alarmer des maladies de ses ouvriers et prévoit davantage de rotation et une retraite anticipée pour ceux qui travaillent à installer ces lignes).

Les distances de protection varient en fonction du voltage et du degré hygrométrique de l'air mais on peut dire grosso-modo, qu'une ligne de 450000 volts (à 3 fils) est dangereuse à 400 mètres. Les protections les plus efficaces sont les arbres, les haies, le lierre, toutes les plantes. Le principe est celui de la mise à la terre.

Chez vous aussi, faites raccorder tous vos appareils électriques à une prise de terre de qualité que vous ferez mesurer par un professionnel.

La télévision

Nous passons de nombreuses heures devant la télévision. En mesure-t-on les effets? Les rayons X émis par le canon à électrons ne sont pas en cause, le verre de tous les tubes cathodiques contenant du plomb, mais la fréquence de balayage du spot lumineux est problématique. Conscients, les constructeurs ont cherché à faire mieux et de nouveaux écrans apparaissent sur le marché. (En 92 des procédés non toxiques existent au Japon. Mais protectionnisme oblige, il faut d'abord écouler les stocks et rentabiliser les usines qui produisent les postes actuels.) La plupart des foyers sont donc équipés de postes sur lesquels 50 fois par seconde, un spot lumineux balaie l'écran, fatiguant la vue et le cerveau. (Contact n° 265 février 89, revue mensuelle d'information de la FNAC.)

Les 265 lignes horizontales qui forment l'image se renouvellent 50 fois par seconde. Un léger papillotement est assez nettement perceptible lorsque les sujets sont contrastés et les surfaces importantes. Ce phénomène produit les mêmes effets que la stroboscopie. La durée d'utilisation des flashes stroboscopiques en discothèque est réglementée... Mais pas le temps passé devant le téléviseur!

La télévision a un effet excitant sur nos rythmes cérébraux. Ce qui explique, outre la fascination pour des images qui bougent, qu'il soit si difficile de s'en détacher,

Jusqu'à 9 cycles par secondes, ou 9Hz, le cerveau enregistre chaque éclair d'une lampe clignotante, au delà de 10Hz, le cerveau ne cherche plus à suivre le rythme et considère ces vibrations comme une lumière continue. Néanmoins, plus la fréquence est lente, plus la fatigue visuelle est importante. Dans une pièce ne recevant pas d'autre éclairage, cette fatigue s'accentue et l'on perd toute notion de distance.... Ce qui va avoir de plus des conséquences psychologiques! Un certain nombre de programmes ont besoin d'être regardés avec un certain recul! C'est particulièrement vrai pour les enfants et il est bon que les parents restent présents devant le téléviseur quand l'enfant regarde pour l'aider à maintenir cette distance.

Des chambres à gaz pour les ananas

Notre nourriture a énormément changé ces dernières années, culture intensive, engrais chimiques, manipulations génétiques, rivalisent d'ingéniosité avec les nouveaux modes de préparation, de conservation et de conditionnement des aliments. On s'est encore relativement peu interrogés sur l'impact de ces techniques industrielles sur ce que nous mangeons et donc sur notre santé. [2]

L'industrie alimentaire emploie couramment 2500 à 3000 additifs, concrètement, cela signifie que chaque consommateur ingère en moyenne 2 kilos d'additifs chimiques chaque année! [3] Les stress chimiques sont cumulatifs et souvent plus dangereux en petites doses répétées qu'en une seule forte dose.

Il est devenu courant de dire que les légumes ont perdu leur goût d'antan, que les fruits sont devenus inodores et sans saveur. Nous savons que nous achetons une nourriture « aseptisée ».

Bananes, ananas, citrons et avocats cueillis trop verts pour être transportés plus facilement passent dans les chambres à éthylène pour y mûrir avant d'arriver sur les marchés.

Des céréales, nous ne gardons plus que l'amidon. La farine blanche se conserve très bien, ni les vers ni les mulots ne s'y intéressent. Ils ne la considèrent pas comme comestible![4] Le sucre blanc est lui aussi chimiquement mort.

Le gibier sauvage contenait de 4 à 5 % de graisses, maintenant la viande que nous achetons chez le boucher titre 25, 35 voire 40 % de graisses. Nous mangeons énormément de protéines animales, de viande, d'œufs et produits laitiers, un peu moins de poisson. L'excédent de protéines fatigue le foie et les reins et peut entraîner chez l'adulte une baisse de calcium et donc une déminéralisation osseuse, contrairement aux croyances répandues sur les vertus fortifiantes de la viande et du lait.

Les huiles que l'on trouve couramment dans le commerce sont obtenues par pression à chaud. La conservation est bien meilleure. Elles ne s'altèrent pas, elles ne peuvent rancir puisqu'elles ne contiennent plus d'éléments vivants. Elles ont perdu toutes leurs vitamines.

La main de l'Homme a retouché la quasi totalité des substances que nous ingérons quotidiennement. Les transformations que l'humain impose à la nature pour sa commodité et une meilleure rentabilité commerciale, se font le plus souvent au détriment du goût, des saveurs et des qualités nutritives des produits. Pour pallier à ce petit ennui, pas de problème, on ajoute des renforçateurs de goût, des colorants, des « améliorants », et on vend en pharmacie des « compléments vitaminiques » pour remédier aux carences alimentaires.

Un peu absurde non ? Il nous parait impossible de faire autrement. « C'est le système ». Mais quelles sont les conséquences de ces carences sur notre santé ?

Sournoise intoxication

La nourriture, est le combustible. de notre organisme. Le stress a un retentissement physiologique. Il demande une mobilisation énergétique importante, nous devons fournir à notre corps les ressources dont il a besoin. Des aliments inadaptés ou vides d'éléments vitaux nous fragilisent et ne donnent pas à l'organisme ce qui lui est nécessaire pour traverser les stress émotionnels. En mangeant mal, nous diminuons notre énergie, affaiblissons nos capacités adaptatives.

Sans se priver totalement de toutes les gourmandises inventées ces dernières années, on peut éviter d'absorber trop de toxiques. Le physique et le psychique sont intimement liés. Les mécanismes psychiques dépendent des cellules du cerveau, de leur fonctionnement, donc de leur nourriture.

Dans les villes nous vivons dans un état de tension et d'agitation quasi permanent. Les aliments du citoyen moyen, surchargeant l'organisme de graisses animales, de protéines et de sucre et de produits dénaturés, aggravent le stress et fatiguent l'organisme. Nos cellules sont à la fois surchargées et carencées, installant les conditions de la surexcitation. L'ennui c'est que nous sommes résistants. Nous avons tellement habitué nos estomacs à digérer n'importe quoi qu'il ne crie plus lorsqu'on lui inflige un cheese-burger/frites. Pire, si nous le privons brutalement de ce qui est devenu une « drogue », il réagit. Arrêtez d'un coup le sucre, la viande, le café... Vous allez vous sentir vide, mou, déprimé. Mangez de la salade, des légumes verts, des crudités... Vous serez pris de diarrhées! Passez au riz complet, au blé entier... Vous aurez du mal à digérer. Le pain complet est devenu lourd! Il faut dire que nous en absorbons autant à la fois, que du riz ou du pain blanc, habitués que nous nous sommes à remplacer la qualité par la quantité!

Ces réactions de nos organismes, un peu rapidement interprétées comme des preuves que notre corps ne « supporte pas les légumes », nous confortent dans l'idée que nous pouvons continuer à manger impunément ce que les industries alimentaires nous proposent.

Et puis nous sommes rassurés par l'équation « si tout le monde le fait, c'est que c'est juste ». Nous nous berçons de l'illusion : « si les produits sont autorisés sur le marché, c'est qu'ils ne sont pas toxiques », oubliant les enjeux financiers dans lesquels sont pris les industriels.

Nous méconnaissons l'importance du problème. « Tout le monde est dans le même cas et personne n'a l'air de mal s'en porter. »

Nous refusons de regarder la réalité en face et de voir une relation de cause à effet entre notre façon de nous nourrir et notre santé. Comme s'il était possible que l'alimentation n'ait pas de retentissement sur le fonctionnement de l'organisme. Les médecins sont d'ailleurs souvent complices et rares sont ceux qui demandent à leurs patients ce qu'ils mangent avant de rédiger leurs ordonnances.

Même dans les hôpitaux [5] la nourriture est souvent désolante. Sans compter les fréquentes erreurs diététiques, vous avez une idée de la teneur vitaminique du plateau repas qui arrive au chevet du malade ?

Les recherches sont de plus en plus nombreuses et les résultats vont tous dans le même sens. La relation entre la consommation régulière de certains aliments et les maladies a été maintes fois mise en évidence. Mais nous préférons nous infliger un vaccin contre l'artériosclérose ou passer sur la table d'opération, plutôt que de modifier nos habitudes alimentaires. Nous rivalisons d'inventivité dans la mise en place d'une impressionnante machinerie médicale, et nous restons sourds et aveugles à la prévention.

Pourtant nous savons...

Que les mangeurs de viande prennent de gros risques avec leur système cardio-vasculaire.

Que l'huile de poisson retarde les maladies auto-immunes [6] et atténue certains syndromes inflammatoires.

Que le poisson protège le cœur et que deux repas de poisson par semaine seulement permettent d'éviter de nombreux problèmes [7].

Que les graisses végétales permettent une réduction du taux de cholestérol sanguin et jouent un rôle notable dans la protection cardio-vasculaire.

Que 3 pommes croquées crues par jour permettent d'éviter l'athérosclérose [2].

Que le sel dont nous saupoudrons allègrement nos plats invite l'hypertension.

Eh oui, le corps s'adapte. Mais attention, il vous présentera bientôt l'addition! Le système digestif n'apprécie pas vraiment. Il fait avec ce qu'on lui donne, il « résiste ». Pour tenir le coup, malgré l'état de carence dans lequel la nourriture industrielle nous met, nous avons besoin de stimulants : sucre, café, tabac, alcool! Un véritable cercle vicieux.

Ouvrons les yeux

Si nous fermons les yeux à ce point sur l'importance de ce problème, c'est que nous imaginons mal pouvoir y remédier. « C'est comme ça, c'est le lot du progrès, on est trop nombreux.... »

Non, c'est faux, il y a largement suffisamment de nourriture sur terre pour que tous soient bien nourris. Mais vous vous rappelez des rats ?

Il est vrai que la nourriture saine est plus chère. Il est certain qu'aller chercher les œufs pondus par des poules en liberté dans un pré est moins facile que de regarder les boîtes se remplir automatiquement dans les élevages en batterie. Le goût des œufs ? On oublie. Que contiennent donc ces œufs pondus par des poules qui n'ont jamais vu le soleil, et qui n'ont été nourries que d'aliments de synthèse?

Est-ce vraiment la seule solution, à l'heure des quotas laitiers, quand nous jetons du lait parce que nous en produisons trop, que de créer des vaches qui par manipulation génétique produisent encore davantage? Notre système économique mène souvent à des aberrations [9]. Il soutient un système stressant qui nous détache de plus en plus de la terre et de nous même.

« Dire qu'il suffirait de ne pas acheter pour que ça ne se vende pas! » disait Coluche. Ne nous leurrons pas en accusant les autres... les producteurs, les industriels, les pouvoirs publics... Nous avons ceux que nous méritons. Tant que nous sommes consommateurs, notre responsabilité est engagée à 100 %.

Les nourritures terrestres

Manger sain, c'est de façon générale manger des aliments non traités par la chimie, et le moins possible travaillés par l'homme. A chacun de trouver le régime qui lui convient, sans devenir non plus un obsessionnel de la nourriture!

Quelques éléments reconnus :

Un tiers d'aliments crus à chaque repas vous assurera l'apport d'éléments vivants... à condition que vous ne les coupiez pas trop et que vous ne les passiez pas à la râpe! Les légumes et les fruits s'oxydent très vite. Râpées, les carottes ne contiennent presque plus de vitamines. Les végétaux renferment des fibres qui transportent les aliments. Celles-ci assurent une meilleure digestion et évitent les surcharges. Les graisses sont nécessaires, elles constituent les blocs de construction de notre système de défense. Mais attention aux graisses animales qui ont tendance à provoquer des dépôts de cholestérol dans les artères. Les résultats de la recherche médicale nous invitent à préférer les huiles de tournesol et d'olive. (elles ont des fonctions différentes) Et bien sûr des huiles de première pression à froid.

Si vous tenez à la viande, choisissez sa provenance, vérifiez que l'animal que vous allez manger a vu le soleil, bu le lait de sa mère ou brouté de l'herbe tendre et a pu gambader dans la nature. Si l'agneau est reconnu pour donner la viande la plus saine, c'est qu'on n'a pas encore réussi à en faire un élevage industriel. Il reste de vrais bouchers qui manifestent aujourd'hui « contre la viande anonyme » et affichent l'histoire des animaux qu'ils vous proposent.

Troquez tout de même deux fois par semaine votre steak contre du poisson (en vérifiant que la boîte de thon ne contient pas du dauphin).

En période de stress : Ce sont les hydrates de carbone complexes (pâtes, riz, céréales, pain complets) et non les protéines qui sont les meilleures sources d'énergie, de chaleur et d'endurance face au stress. Vous avez un rapide besoin d'énergie ? Les agrumes et les fruits rouges contiennent du sucre et la vitamine C nécessaire à la synthèse de l'adrénaline et des corticoïdes. Les cacahuètes, les noix de cajou, les amandes, les céréales, le germe de blé, contiennent beaucoup de magnésium et sont faciles à grignoter ou à ajouter à nos repas plutôt que de prendre des capsules de magnésium pharmaceutique.

En donnant à votre corps des aliments qui ne lui conviennent pas, vous entrez dans la spirale du stress. Et attention à ne pas confondre énergie et excitation. Pour combler les carences la tendance est trop souvent de privilégier les excitants au détriment d'une véritable nourriture énergétique.

Une alimentation saine fournit à notre corps les ressources dont il a besoin pour s'adapter. Par contre, un mauvais régime alimentaire est un facteur d'aggravation sur les répercussions physiques du stress. Une même quantité d'inflammatoires (ces hormones que nous déclenchons naturellement lors d'un stress physique ou émotionnel) injectée à des rats de laboratoire, endommage les reins et provoque l'hypertension chez les animaux soumis à un régime salé et reste sans aucun effet sur les rats suivant un régime sans sel!

Et être en forme et plein d'énergie aide tout de même à se sentir « bien dans sa peau ». Entre le physique et le psychique, qui de l'œuf ou de la poule.... L'un influe sur l'autre et inversement.

---

1. Josette Dall'Ava, Laboratoire de physiologie du bruit de Paris V. Ministère de l'environnement; Comité Bruit et variations;
– opinion sur le bruit et protestation contre le bruit des avions Paris, 1980;
– l'influence du bruit sur les caractéristiques biologiques et psychosociologiques d'une population française (aspects biologiques) Paris, 1980.
2. Voir l'excellent article de Léonard Cohen « l'alimentation et le cancer » dans la revue Pour la Science, de Janvier 88. N° 123.
3. Aux États Unis, mais nous ne devons pas être loins du compte!
4. Dr Kousmine.
5. Sauf en Suède, où l'agriculture biologique est subventionnée par l'État et où de nombreux hôpitaux et collectivités ne s'approvisionnent qu'en légumes de culture biologique. Revue Silence n° 120-121 sept. 89.
6. La Recherche n° 177 – mai 86 p.635.
7. La Recherche n° 181 – oct. 86.
8. La Recherche.
9. Un très bon article de Claude Julien « La faute gestionnaire » quand l'économie oublie sa finalité humaine, dans Le Monde Diplomatique de février 88.

11.

NOUS SOMMES ARTISANS DE NOS VIES

Nous sommes artisans de nos vies, et responsables de notre malheur ou de notre bonheur. Nous n'avons certes pas toujours le pouvoir sur ce qui nous arrive. Mais nous avons toujours l'absolue liberté de notre façon de le vivre.

« Que Dieu me donne la force d'accepter ce qui ne peut être changé, le courage de changer ce qui peut l'être et la sagesse de distinguer l'un de l'autre. » (Reunhold Niebehr)

Changer ce qui peut être changé

Nous sommes directement responsables d'une bonne partie du stress que nous vivons. Nous l'avons vu, nous nous stressons à chaque fois que nous sommes passifs devant la vie, à chaque fois que nous reculons devant le changement, à chaque fois que nous nous conformons à des exigences extérieures (réelles ou supposées), à chaque fois que pour nous faire accepter par les autres, nous ne respectons pas nos limites, nos besoins, nos rythmes naturels.

Nous nous stressons en réagissant de façon disproportionnée aux événements, inquiétudes ou accès de rage... Nous nous stressons en restant sous l'emprise d'émotions telles que la peur, la colère ou la tristesse, la culpabilité, le ressentiment... Nous nous stressons en nous dévalorisant.

Nous nous stressons en suivant des croyances aberrantes telles que : « L'estime de soi dépend de la quantité de travail abattue »... « Il faut avoir toujours l'air occupé »... « Il faut faire des efforts pour réussir »... « Le monde est hostile, pour survivre on doit se battre »... « Il faut se dépêcher »... « Il faut être fort, et ne pas montrer ses émotions »... « Il faut être parfait »... « Il faut faire plaisir aux autres ». Et autres : « Il faut/on doit! »

Écoutez la différence entre « il faut que je fasse la vaisselle » et « je vais faire la vaisselle ». Le résultat est le même : je fais la vaisselle. Mais la quantité d'énergie mobilisée est bien plus importante lorsque je pense qu'il *faut* que je la fasse. Remplaçons tous les « il faut » par « je veux », « je fais », « je décide », « j'ai envie de ».

Pourquoi ne le faisons-nous pas? Cela paraît si simple, si évident. Mais une idée est profondément ancrée en nous : « Si on ne s'oblige pas, on ne fait rien. »

Nous travaillons pour combler un sentiment d'inexistence. Et si nous réapprenions à travailler par plaisir, par pure envie d'expression, d'utiliser nos compétences, de nous réaliser, de créer?

La confusion commence, comme toujours, dans l'enfance. Les parents croient souvent que s'ils ne sont pas derrière les enfants, à les tanner pour qu'ils travaillent, ils ne feront rien. Dans la tête des parents, le travail d'école est fastidieux, et personne n'a envie de le faire s'il n'y est obligé. C'est faux! Tout le monde a naturellement envie d'apprendre, de découvrir, de progresser. Tout le monde a envie d'acquérir des connaissances, de développer ses capacités.

Comment se fait-il alors que nos enfants traînent la patte pour faire leurs devoirs? Eh bien tout le problème est là, ce sont des « devoirs ». Ils y sont obligés, et personne n'aime faire ce qu'il est obligé de faire.

Les parents ont tendance à présenter le travail

comme un pensum, un passage obligé, avant de pouvoir aller jouer. Le plaisir d'apprendre est nié. Et il est vrai aussi que l'école n'arrange rien. La structure scolaire n'est en général pas construite non plus sur le mode du plaisir. En associant si fort travail et contrainte, on a réussi à inhiber le désir d'apprendre.

Beaucoup de gens prendraient davantage de plaisir à ce qu'ils font, s'ils n'avaient l'idée que c'est une contrainte. Les chômeurs ne sont pas particulièrement heureux, et le rêve des pieds en éventails sous les tropiques n'est sublimement attirant que parce que c'est un rêve inaccessible. Ceux qui n'ont rien d'autre à faire, que se faire servir, tirent peut-être satisfaction de leur pouvoir, s'enivrent de leur puissance. Mais ils ne connaissent pas le bonheur de la réalisation de soi.

Cessons de croire que nous sommes flemmards par nature et que nous sommes obligés de nous obliger, nous nous en porterons mieux, et toute la société avec nous (sauf peut-être les laboratoires pharmaceutiques).

Voulez-vous faire une expérience ? il vous faut un « sujet ». Demandez-lui, debout, de tendre un bras à l'horizontale et de résister à la pression que vous allez lui imposer pour ramener son bras le long de son corps. La première fois, vous testez simplement sa résistance musculaire. N'appuyez pas excessivement, ce n'est pas un exercice de force, mais un simple test !

Vous permettez ensuite à votre sujet de baisser le bras pour se relaxer, puis il le remonte à l'horizontale. Cette fois-ci vous lui dites avant d'appuyer et d'une voix convaincante : « Attention, c'est difficile, tu dois tenir, fais vraiment des efforts, essaie de résister de toutes tes forces, tu dois y arriver »…. Et imposez la même pression que précédemment…. Que se passe-t-il ? Votre sujet se trouve dans l'incapacité de vous opposer une résistance. Il n'a plus de force !

Permettez lui de se relaxer un peu à nouveau, et de nouveau demandez-lui de lever le bras. Et dites-lui : « Tu es fort, C'est facile ! tu peux y arriver, tu es plein d'énergie, et tu es solide ». Votre sujet est redevenu fort, vous devez appuyer beaucoup plus fort pour réussir à abaisser son bras. Impressionnant non ? Et une jolie preuve de l'impact des mots que nous utilisons soit disant pour nous « motiver » ou motiver les autres. Tous les mots qui impliquent une obligation sapent notre énergie. Tous ceux qui indiquent une possibilité, une permission, nous donnent de l'énergie.

Nous nous enfermons dans des contraintes inutiles. Mais nous ne savons pas qu'elles sont inutiles, nous les avons apprises de nos parents en qui nous avions toute confiance et à qui nous « devons tout » (c'est à dire la vie). Nous avons appris à avoir une image de nous, une image des autres et de la vie, et nous entendons que le monde fonctionne selon ces images.

Supprimez les « Il faut ». A chaque fois que vous faites quelque chose parce que vous devez le faire, interrogez-vous sur le pourquoi. Si la réponse est « parce que je dois », « parce que c'est comme ça ». Ce ne sont pas des raisons suffisantes. Trouvez-en d'autres ou arrêtez.

Décommandez les rendez-vous auxquels vous vous sentez obligés d'aller. Si vous n'avez pas d'objectif personnel, pas de motivation à la rencontre, c'est un rendez-vous inutile, pour vous comme pour l'autre. Écourtez les coups de fils. En un mot, osez dire non ! Sous prétexte de respecter les autres, vous vous manquez souvent de respect à vous même. La voie de l'authentique respect de l'autre passe par le respect de soi. Apprenez à dire NON.

Vous pouvez interrompre une réunion sinistre. De toutes façons elle est inutile, vous ne mémorisez pas, vous ne réfléchissez pas clairement, le contact est mauvais. Faites quelque chose pour modifier la situation ou sortez. Si vous vous sentez mal, il y a de grandes chances pour que vous ne soyez pas le seul.

Pour bien gérer son temps, il est important de

savoir établir des priorités dans les tâches... Et de respecter ses priorités. Ce qui est prioritaire est ce qui vous permet de vous réaliser. Jamais ce que vous faites par obligation. Apprenez la patience, il n'y a que peu de véritable urgence. Y a-t-il danger de mort? Non... Alors ce n'est pas urgent.

Débarrassez-vous des contraintes inutiles. Et pour cela vous avez tout d'abord besoin de les reconnaître inutiles. Parlez-en avec vos amis. Comment font-ils? Vérifiez toutes les tâches qui vous paraissent lourdes ou qui vous prennent du temps. Le ménage, par exemple, n'a pas besoin d'être fait en grand tous les jours. Si nos mères et nos grand-mères le faisaient avec autant de zèle c'est qu'elles n'avaient rien d'autre à faire et que leur sentiment d'existence et d'estime d'elles mêmes reposait sur leur capacité à tenir une maison! « Je me sentirais mal si le ménage n'était pas fait » dit Lucie. Elle a tout de même accepté de le laisser pendant une semaine, juste pour expérimenter. Personne dans la famille ne s'est rendu compte de rien. Elle même a constaté que sa maison était plus chaleureuse. Elle avait laissé des cendres dans la cheminée! Pister les poussières oblige à un contrôle perpétuel. Il y a un juste milieu entre le taudis et le musée.

Accepter ce qui ne peut être changé

Lorsque vous n'avez pas d'influence sur les choses, lorsque que vous n'avez aucune possibilité d'intervention sur ce qui vous préoccupe, vous avez encore du pouvoir sur vos réactions.

« Accepter ce qui ne peut être changé » ne veut pas dire se soumettre passivement à l'agent stresseur en abdiquant toute réaction mais faire un réel travail d'acceptation. C'est à dire tout d'abord ressentir et exprimer ses émotions (primaires s'entend!), de façon à ne pas maintenir le corps en état de résistance.

Et s'occuper de soi sur tous les plans. Faites du sport et de la relaxation, mangez plus sainement que d'habitude. Faites appel à vos amis (le sentiment d'appartenance est un soutien fondamental). Tentez de comprendre, de vous connaître mieux à travers ce que vous vivez. Choisissez votre attitude en fonction de ce que vous voulez être, choisissez un comportement qui vous permette de vous estimer.

Mimiques et attitudes

Un proverbe dit « Si vous n'êtes pas responsables de la tête que vous avez, vous êtes responsables de la gueule que vous faites ». Et il se trouve que la « gueule que nous faisons » n'est pas sans influence sur notre vécu...

Le psychique influe sur le physique et réciproquement... Froncez les sourcils, serrez les lèvres, crispez le menton... Comment vous sentez-vous ? Vos sentiments s'affichent sur vos visages. Ce ne sont pas les mêmes muscles qui sont sollicités par la tristesse, par la colère ou par la joie. Cette constatation d'apparence banale est lourde de conséquences. Elle signifie que dans vos cerveaux, les réseaux de neurones associent la mobilisation de certains muscles à un sentiment et donc à certaines réactions physiologiques.... Et donc, à chaque fois que passe sur votre visage une mimique émotionnelle, toute votre physiologie se modifie en conséquence. Il suffit de modeler les muscles de votre visage pour présenter un masque de colère, pour que la réponse physiologique de la colère soit déclenchée. Une sensation de chaleur vous envahit.

Imitez ensuite le visage d'un homme effrayé, une vague de froid vous traverse.

Un chercheur, Paul Ekman, a mesuré certains paramètres physiologiques incontrôlables par la volonté (pour le commun des mortels n'ayant pas suivi d'entraînement yogique) comme la fréquence cardiaque ou la température de la peau. Des acteurs, dont on enregistrait battements de cœur et température de la peau, prenaient tour à tour les expressions typiques de la tristesse, de la colère, de la peur, de la joie, du dégoût ou de la surprise. Les résultats furent remarquables. Il fut possible de repérer l'émotion mimée par le comédien sur la base des modifications de sa physiologie.

Voilà pourquoi la tristesse appelle la tristesse... Sans dissimuler ses émotions sous le masque du sourire, il vaudrait peut-être mieux éviter de garder trop longtemps les masques de souffrance. Ils risquent d'entretenir la douleur!

A nos émotions correspondent des états physiologiques précis, des attitudes, des mimiques et des pensées. Dans nos représentations mentales, sensations, émotions, images et mots sont associés. L'évocation d'une partie de la représentation rappelle tout le reste. Les mots ont donc aussi un impact déclencheur. Si vous dites, ou si vous pensez, « je suis fatigué », votre cerveau associe avec les diverses expériences de fatigue que vous avez eues dans votre vie et il déclenche la production d'acide lactique, cet acide qui est à l'origine de votre sensation de fatigue. Tout se passe comme si vous aviez donné l'ordre à votre corps d'être fatigué! Bien sûr si vous venez de courir un marathon ou d'essuyer une dure journée de labeur, il ne suffira pas que vous vous disiez en pleine forme pour retrouver votre énergie... Mais si vous vous répétez sans cesse que vous êtes épuisé, vous entretenez la fatigue dans votre organisme. Vous avez un coup de pompe? Redressez-vous, ouvrez les épaules... Se tenir droit donne de l'énergie!... Et respirez.

La vie des émotions

Des américains débarquent chez des papous réputés n'avoir jamais connu de blancs. « A quoi ressemblerait votre visage si vous veniez de perdre un enfant ? » leur demandent-ils par l'intermédiaire d'un traducteur. Et de photographier la mimique des papous. De retour aux Etats Unis, ces chercheurs montrent les photos aux étudiants qui identifient sans erreur... le chagrin.

C'est maintenant chose admise, partout dans le monde, ce sont les mêmes contractions musculaires qui expriment la peur ou la surprise, la colère ou la joie.

Sur cette base universelle et innée, – sans méconnaître l'importance de la sensibilité plus ou moins grande de nos parents à telle ou telle émotion –, les conventions culturelles, les interdits et les rites des civilisations, ont « éduqué » nos manifestations émotionnelles. Atténuées, déguisées ou exagérées, elles conservent une valeur relationnelle de communication et d'identification au groupe qui les partage, mais elles ont tendance à perdre leur fonction originelle : nous permettre de réagir de façon sensible et originale aux situations auxquelles nous sommes confrontés.

Retournons à l'étymologie du terme Émotion : ex movere, se mouvoir hors de. Wilhelm Reich le dit, l'émotion est le mouvement par lequel la matière vivante s'exprime, s'ex-prime, ex-premere, développe une pression interne (premere) en mouvement vers l'extérieur (ex).

Celui qui refuse, nie, réprime ses émotions bloque son énergie vitale. Ces blocages énergétiques forment une véritable cuirasse qui rigidifie son corps et le limite dans son expression.

En réprimant nos émotions spontanées ou les déguisant pour les rendre conformes et socialement acceptables, nous perdons des informations précieuses sur notre vécu psychique et ainsi une part de notre liberté d'être. Bien loin de nous enchaîner, nos émotions sont les garantes de notre autonomie. La répression des émotions est un des meilleurs outils de contrôle social. Éloigné de ce qu'il ressent, ne pouvant plus faire confiance à ses repères intimes, l'Homme se laisse influencer. Il se conforme plus facilement, se soumet à l'autorité et peut même devenir capable de faire ce dont il serait incapable s'il était plus proche de lui-même.

L'autonomie (auto=propre, nomos=lois) signifie que l'on se dirige en fonction de ses propres règles, que le jugement se fonde sur des repères internes. Un être qui ressent ses émotions sait ce qui est bon et ce qui est mauvais pour lui.

Tristesse, peur, surprise, dégoût, colère, joie

Telles sont les différentes couleurs de nos expériences. Peur, colère, tristesse, dégoût, joie, surprise, sont les six émotions de base que la physiologie distingue.

Chaque émotion a sa fonction.

La tristesse est la réaction à une perte. Pleurer soulage. Nous en avons l'expérience subjective, mais aussi une preuve objective par l'analyse de la composition des larmes. Les larmes provoquées par une irritation, une poussière dans l'œil, ou l'épluchage d'un oignon ne contiennent guère que de l'eau salée et quelques oligo-éléments. En revanche, les pleurs d'émotion contiennent des hormones de stress. L'expression de la tristesse permet de « digérer » une perte, de faire un deuil.

La peur est une réaction saine à l'apparition d'un danger. Elle déclenche un réflexe de protection, elle mobilise le corps pour l'attaque ou la fuite.

La surprise ressemble un peu à la peur, mais les modifications de la fréquence cardiaque sont bien moins importantes. Quelques battements de cœur pour être certain d'être prêt à réagir si besoin est... et tout revient à la normale.

Le dégoût nous fait repousser ce qui pourrait être toxique.

La colère crée de l'énergie expansive, elle sert à s'affirmer, à définir et défendre les limites de notre territoire (physique ou moral). C'est une énergie de protestation contre l'injustice.

La joie est l'expression de l'eustress, elle s'exprime par le rire, les cris.

La colère

La colère non exprimée devient rancœur et sépare. L'expression de la colère permet de rétablir le lien menacé. Jules offre à Julie un bouquet d'œillets. Julie déteste les œillets et se rappelle très bien le lui avoir dit l'année dernière en passant devant un fleuriste. Elle se sent niée. Elle a l'impression qu'il ne l'écoute pas, ne la reconnaît pas. Elle est furieuse, mais ne dit rien. Elle sourit à Jules, prend les fleurs, mais elle est ailleurs. Tout ce qu'il dira ce soir là et peut-être même les jours suivants sera interprété et retenu contre lui... Et creusera le fossé entre eux. Il n'a bien sûr pas la moindre idée de ce qui se passe, pas la moindre information sur les raisons de l'attitude de Julie. Il se dit simplement qu'elle ne l'aime plus...

Si Julie s'exprime, et montre sa colère à Jules, elle lui donne des informations sur elle, sur son vécu, et permet à Jules de s'expliquer sur son vécu à lui, sur ses raisons d'avoir choisi les œillets,. Il peut alors corriger son erreur et rétablir la relation.

Le problème est que lorsque l'autre a un comportement qui ne nous convient pas, nous lui prêtons une intention négative. Nous avons du mal à imaginer que quelqu'un ayant des intentions positives à notre égard puisse à ce point manquer de tact et de considération! Nous oublions que tout le monde n'a pas la même carte du monde, que l'autre n'a pas les mêmes conceptions que nous, pas les mêmes références parce que forcément il n'a pas le même passé.

Exprimer sa colère n'est pas devenir violent. Le passage à l'acte violent entretient la colère davantage qu'il ne la libère. En laboratoire, on a constaté que des rats à qui l'on donne l'occasion de se battre deviennent de plus en plus agressifs. Chez les hommes c'est la même chose, se battre, frapper quelqu'un, le menacer, ne permet pas la décharge de l'agressivité. La raison profonde en est que le plus souvent notre colère ne concerne pas l'autre, mais est l'expression d'une frustration, d'un sentiment d'impuissance devant une situation.

Par contre pour sortir de la sensation d'impuissance il est utile de passer par une expression physique. La colère est dans les muscles, elle a besoin de sortir. Choisissez un coussin pour l'accueillir en douceur et frappez-le, malmenez-le autant que vous le désirez. Ce n'est pas ridicule de s'attaquer à un coussin, c'est une preuve de maturité émotionnelle.

On peut aussi, quand on a besoin de se confronter à quelqu'un, quand on lui en veut vraiment ou quand il y a trop de frustrations accumulées dans une relation, mettre en place un excellent rituel pour assainir le terrain : la bataille de polochons! Chacun son camp, on s'envoie les oreillers à toute force en criant tout ce qu'on veut. Dans le cadre du jeu les mots les plus durs, les plus méchants sont autorisés. Attention à ce que les deux parties soient aussi virulentes l'une que l'autre. C'est à cette condition que la bataille permet une véritable libération.

De régulières batailles de polochons harmonisent un couple, libère les tensions entre parents et enfants.

Elles ont l'avantage d'être ludiques, on termine par des rires et tout le monde se sent mieux.

Attention, on ne fait pas une bataille pour régler un problème. On traite le problème par ailleurs de façon adulte et on libère les tensions par la bataille.

La colère saine est prise de responsabilité, elle se manifeste pour rétablir la justice, pour manifester son droit, non pour asservir, dominer ou détruire l'autre. La colère authentique est le contraire de la violence. L'exprimer renforce le sentiment de pouvoir personnel sur la situation, ne pas l'exprimer revient à se sentir impuissant.

Montrer ses sentiments est important pour soi, mais c'est aussi notre responsabilité sociale. Si davantage de gens montraient leur colère de façon saine (non-violente), il y aurait sans doute moins d'injustices de par le monde. Mais la responsabilité fait peur, tant dans nos vies quotidiennes que dans la vie sociale, nous nous réfugions facilement dans un « c'est comme ça, on n'y peut rien ».

Nous utilisons souvent cette idée que « ça ne changerait rien » pour ne pas exprimer ce que nous avons sur le cœur.

Exprimer sa colère, c'est dire à l'autre ce que l'on ressent face à un comportement spécifique qu'il a eu notre égard. Expliquer les raisons pour lesquelles nous ressentons ces émotions devant ce comportement (non, ce n'est pas évident pour tout le monde). Demander précisément un nouveau comportement et montrer à l'autre la motivation qu'il peut avoir à nous donner satisfaction. Une phrase magique et véritablement efficace a été mise au point par Thomas Gordon (Parents efficaces) : « Quand tu (comportement précis), je (émotion), parce que (raison). Et je te demande de (nouveau comportement) de façon à ce que (motivation). »

Attention, une fois la colère exprimée, on ne la ressert pas !

La peur

Il y a ceux qui ont peur de tout, et ceux qui n'ont peur de rien. Ils ne sont ni les uns ni les autres en contact avec eux-mêmes et avec leur véritable angoisse. Les craintes des premiers sont très probablement des sentiments de substitution de la colère, une façon de se faire prendre en charge et protéger par les autres. Les seconds refusent tout simplement de ressentir leur peur.

La peur est « honteuse », la peur fait peur. Nous dissimulons nos hantises et nous pouvons même parfois préférer nous exposer aux dangers que nous avons à traverser dans l'inconscience plutôt qu'affronter nos terreurs.

Faire face à un danger demande vigilance, focalisation de l'attention, précision des gestes, acuité sensorielle, mobilisation d'énergie dans les muscles. La réaction de peur prépare notre corps, adapte notre physiologie pour que nous ayons à notre disposition tous les moyens de notre protection. Nier la crainte, plutôt que de canaliser ses manifestations, diminue l'efficacité de nos perceptions et de nos mouvements, notre taux d'erreurs augmente!

Une expérience a été menée sur des parachutistes novices, n'ayant sauté qu'une fois. Le jour de leur second saut, on les soumet à des tests projectifs de façon à évaluer leur niveau d'anxiété. On leur demande donc de se laisser imaginer des histoires sur un certain nombre d'images qui leur sont présentées. Les récits inventés révèlent le vécu des sujets, et l'on peut penser que ce qu'ils disent à propos des héros de leurs contes s'applique en réalité à eux-mêmes. Un groupe contrôle, constitué de non-parachutistes, passe le même test, de façon à pouvoir attribuer les éventuelles différences de résultats entre les deux groupes à la seule variable « saut en parachute ».

Étonnantes réponses des parachutistes qui commentent avec enthousiasme toutes les images montrant des parachutistes dans des avions : « il n'a pas peur du tout », « il va faire un superbe saut », « ça va être vraiment génial »... En revanche, sur des dessins n'ayant aucun rapport avec le parachutisme, comme celui d'un jeune garçon en train de courir, ils verbalisent sur le mode : « il a l'air très inquiet »... « il pense : « Est-ce que je vais mourir ? ». Ces réponses sont très éloignées de celles du groupe contrôle et marquent une importante anxiété.

Tout indique dans ces résultats que les parachutistes, le jour de leur second saut, sont dans un état de stress émotionnel intense mais que, refusant de reconnaître leur hantise du saut, ils la déplacent.

Ce type de déplacement est une défense typique contre la peur qui aide à évacuer les désagréables sentiments d'appréhension. Seulement, si cette stratégie permet de conserver une attitude de calme extérieur, la physiologie marque tout de même l'inquiétude sous-jacente . Et comme nous refusons de voir la réalité du danger, l'alarme physiologique originellement conçue pour nous rendre plus alertes et plus efficaces, altère nos capacités de réaction et nous amène à faire davantage de fautes.

Peur non reconnue = énergie mobilisée par nos adaptations physiologiques non canalisée = capacités de réaction au danger amoindries.

D'autres études montrent que la frayeur est à son maximum avant la confrontation réelle avec le danger, avec un pic juste au moment où l'affrontement devient inévitable. A l'instant du « prêt ? » la tension est à son comble. Ce qui est physiologiquement naturel. Notre corps se prépare, dès que nous avons sauté et que nous sommes au centre du danger, notre énergie est canalisée dans l'action, l'expérience de frayeur disparaît au profit de l'effort et de l'attention. Et ce qui est vrai pour le parachutisme est vrai pour toute autre situation à risque ou inquiétante. Que ce soit pour exécuter une prouesse sportive, subir une opération chirurgicale, faire une conférence publique, passer un examen, jouer une pièce de théâtre, passer à la télévision... Se présenter « les mains dans les poches » devant une situation difficile demandant la mobilisation de toutes nos ressources n'a jamais permis à personne de brillante réussite !

Se laisser ressentir la peur ne signifie pas être paralysé par elle... Si nous nous laissons envahir, si nous la laissons prendre des proportions démesurées, alors là, effectivement, elle sera inhibitrice.

Guérir la peur

Que faites-vous quand une petite fille de 4 ans est paralysée d'effroi à la vue d'un chien aussi grand qu'elle ? Vous vous agenouillez auprès d'elle et vous lui parlez doucement pour la rassurer. Vous ne la regardez pas de haut en vous moquant d'elle... Ou bien vous avez fort peu de chances de l'aider à calmer son affolement. Face à nos peurs, c'est la même chose, nous avons besoin de nous rassurer, en nous parlant doucement, et non pas de nous dire « tu es ridicule », « c'est idiot »...

Éprouver de la peur face à un événement, à une situation future nous pousse à vouloir savoir comment « ça va se passer ». L'incertitude nourrit l'angoisse. Et « ne pas vouloir savoir pour ne pas s'inquiéter » nous laissera démunis devant les difficultés ou simplement les imprévus lorsqu'ils surgiront.

Les malades, par exemple, manifestant une « totale confiance » en leur chirurgien, se réfugiant dans une rassurante passivité, et ne demandant aucune information, ont beaucoup plus de difficultés à affronter la situation postopératoire et font davantage de complications que ceux que l'angoisse préopératoire a poussé à poser de nombreuses questions et à se faire tout préciser en détail.

Les « confiants » se trouvent totalement dépassés et impuissants devant des suites qu'ils n'avaient pas envisagées. Surpris par la douleur, par les effets secondaires de l'anesthésie, ou par des soins supplémentaires inattendus, ils les supportent mal, ils souffrent donc davantage que les « peureux », qui, somme toute, se sont préparés à tout cela.

Les « confiants » ne comprenant pas ce qui leur arrive, ils commencent à avoir peur. Ils perdent confiance en ce médecin qu'ils avaient investi du pouvoir de les protéger de la souffrance. Ils lui en veulent, et deviennent même parfois agressifs envers lui. Toutes ces perturbations émotionnelles sont loin de favoriser un prompt rétablissement... Surtout pour ceux qui taisent leurs angoisses, se culpabilisent et n'osent manifester leur colère à leur médecin.

Avant d'affronter une situation impressionnante, ou de réel danger, que ce soit évoluer sur un trapèze à 4 mètres de hauteur, parler devant 200 personnes, passer un oral ou se faire opérer, nous avons un véritable travail d'inquiétude anticipatoire à mener.

Refusez les fausses réassurances du type « mais non, vas-y, il n'y a pas de quoi avoir peur » ou « un type fort comme toi.... » « il n'y a pas de danger ».. Une véritable réassurance consiste en un accompagnement fait de présence et d'écoute.

Contacts

Saviez-vous que l'agitation rythmique d'un pied, d'une jambe, voire des deux jambes fait baisser le rythme cardiaque ? C'est ainsi que certains « nerveux » se calment, en énervant l'entourage. C'est un comportement souvent inconscient. Jouer avec une mèche de cheveux, tripoter un stylo, avoir « quelque chose dans la main », un objet à manipuler sert le même objectif : ralentir ce cœur qui a tendance à s'emballer. Par quoi pouvez-vous remplacer vos tics et vos petites manies? Par un étirement de tout le corps qui libère l'énergie bloquée, en buvant un grand verre d'eau, en prenant quelques respirations profondes. Vous pouvez vous installer pour faire une courte relaxation... Ou bien bouger, changer de rythme sinon d'activité. Mais il y a encore plus efficace : le contact.

James Lynch, co-directeur de la clinique de psychophysiologie de la faculté de médecine de l'Université du Maryland, a travaillé des années sur la tension artérielle. Il relate ses expériences et observations dans son livre passionnant « Le langage du cœur ». Je le cite : « Alors que la tension artérielle des patients s'élevait nettement lorsqu'ils s'adressaient à l'expérimentateur, elle ne montait pas, et parfois même baissait, lorsqu'ils parlaient à leur chien en le caressant. » Lynch observe même que la simple présence d'un chien dans la salle suffit à abaisser la tension artérielle de ses sujets. Une importante enquête est menée sur les patients du service de cardiologie ayant eu un infarctus du myocarde ou une angine de poitrine. Elle établit une forte corrélation entre le fait de posséder un animal familier, et le fait d'être encore vivant au bout d'un an.

Caresser un animal est donc très efficace dans la réduction de l'impact du stress. Les peluches peuvent être aussi une solution. Elles sont certes plus commodes que des animaux vivants, mais tout de même nettement moins affectueuses... Néanmoins cajoler une peluche n'a rien de dégradant, et si les adultes se le permettaient un peu plus souvent, ils n'en seraient que plus adultes dans la gestion de leur vie.

Et que penser des contacts humains? En enregistrant la fréquence et le rythme cardiaque des malades lorsqu'ils étaient seuls, puis lorsque l'infirmière, le médecin, un ami ou un parent venaient les voir, Lynch a établi que l'interaction humaine la plus élémentaire affecte l'activité cardiaque. Jusque dans le coma le plus profond, où on constate qu'une brusque accélération du rythme cardiaque marque le moment exact où l'infirmière ôte sa main du bras du malade endormi.

Tout contact, et toute modification du contact, est capté par le cœur, et il y réagit très vite. Le simple toucher est calmant (à condition bien sûr qu'il ne soit pas chargé d'angoisse!).

L'impact du contact physique est indéniable, les enregistreurs en font foi... Même si les sujets le nient « moi ça ne me fait rien ». Car il est incroyable de constater que les sujets, tant les malades que les sujets sains venus pour les expériences, sont, la plupart du temps, totalement inconscients des modifications physiologiques qui se déroulent dans leur corps. Le toucher est tellement tabou dans notre civilisation que nous n'aimons pas l'idée d'être si puissamment réactifs à une main qui se pose doucement sur la nôtre. Mais les faits sont là.

Lynch étend ses constatations sur l'influence des interactions humaines et du contact physique, et sur la base des statistiques énonce :« Toutes les données indiquent que l'absence de compagnie, la solitude chronique, l'isolement social et la disparition subite d'un être cher figurent parmi les principales causes de mort aux États Unis. » « Quels que soient l'âge, le sexe ou la race de l'individu, les taux de mortalité des célibataires, des veufs et des divorcés sont de deux à dix fois plus élevés, selon la cause de décès, que chez les gens mariés » Nous avons besoin les uns des autres!

Faire l'amour

Vous l'embrassez... Et vous vous embrasez.. Toute cette énergie, cette tension qui monte en vous, va atteindre son paroxysme dans l'orgasme. Puis vous vous sentez apaisé, heureux. Une impression de douce euphorie vous envahit, vos jambes sont en coton, vous êtes comme anesthésié...Tout cela est dû aux fameuses endorphines, ces analgésiques euphorisants du cerveau qui stimulent l'adrénaline et inhibent la douleur. Leur taux sanguin après orgasme atteint des pics impressionnants, jusqu'à quatre à cinq fois la normale.

Plénitude, paix intérieure, légère euphorie, cœur qui bat, jambes qui flageolent et impression d'être dans du coton : ces sensations s'apparentent aux effets ressentis par les fumeurs d'opium.. « et si l'amour était le véritable « opium du peuple » ? ose le docteur Marc Schwob, soutenu par tous ceux qui ont vécu l'ivresse de la passion, et avec elle l'envie de tout laisser tomber, travail, responsabilités, devoirs... La répression sexuelle protège la société industrielle ajoute Wilhelm Reich.

L'acte sexuel permet une décharge nerveuse, hormonale et sexuelle qui stimule le tonus de l'organisme, augmente la vitalité, apaise les tensions et ce sans aucun effet secondaire.

Faire l'amour est le meilleur remède contre la fatigue, le spleen, le cafard, la dépression. Et pas de risques de faire lâcher le cœur, les cardiologues d'aujourd'hui recommandent aux cardiaques une activité sexuelle régulière. A condition toutefois de faire l'amour avec quelqu'un que l'on aime. Car faire l'amour c'est aussi faire l'expérience d'être aimé, d'être accepté inconditionnellement, d'être en relation intense et proche avec une autre personne. Tous ces aspects sont importants pour trouver dans l'acte d'amour, sérénité, réassurance, confiance en soi.

L'acte sexuel ayant pour seul but la satisfaction instinctuelle de pulsions détachées de tout sentiment, et pour seul horizon, la jouissance du corps, n'amène pas les mêmes résultats. Fantasmes et excitants creusent le vide intérieur, le sexe devient insatiable, et le rapport entre les deux êtres se termine non plus dans un sentiment de complétude et bonheur, mais dans un besoin de s'isoler, de mettre une distance entre soi et l'autre, de fumer une cigarette, boire un verre, voire se lever et partir. Traiter son propre corps ou le corps de l'autre en objet engendre mépris de soi et de l'autre. De l'indifférence pour le partenaire objet, jusqu'au dégoût, on est loin de l'amour bon pour le moral!

Aimez d'amour!

Rire

Le rire est un excellent anti-stress et probablement un des meilleurs somnifères qui soient. Malheureusement nous rions de moins en moins. Il y a cinquante ans, les français riaient, parait-il, trois fois plus. Faites une moyenne, combien de temps consacrez-vous chaque jour au rire? D'après un sondage de l'institut Louis Harris-France pour le Parisien, 24 % des personnes interrogées rient moins d'une minute par jour.

Le rire provoque des mouvements convulsifs du diaphragme, comme le bâillement et la toux (surtout dans les concerts). Il est contagieux. Il a une importante fonction sociale. Il nous détend et détend l'atmosphère. Il balaye les doutes, permet de prendre de la distance, du recul. C'est aussi un analgésique puissant, et il peut même nous aider à guérir de nos maladies. (« Guérir par le rire », Raymond Moody, Laffont)

Respirer

La respiration est l'outil privilégié du contrôle des émotions. C'est pourquoi nous respirons si peu ou si mal. En limitant l'apport d'oxygène nous bloquons le processus énergétique dans notre corps. Une respiration profonde permet à l'air de pénétrer entièrement les poumons, repousse le diaphragme, et gonfle alternativement le ventre et la poitrine. Les respirations profondes permettent un afflux important d'oxygène pour récupérer plus rapidement, dissoudre les tensions, mieux supporter la douleur, se calmer, mais aussi se réveiller, de se réchauffer, se tonifier, vaincre le trac et la timidité (parce que quand on a peur on respire tout doucement, alors si on respire fort, le cerveau croit que nous n'avons plus peur! c'est aussi simple que ça, essayez!) Respirer profondément fait immédiatement baisser la tension artérielle. Observez votre respiration et testez! Variez votre rythme respiratoire, modifiez la profondeur de l'inspir ou de l'expir. Et mesurez les différences.

En respirant consciemment, vous entrez en vous, et prenez de la distance avec la situation qui vous occupe. Ce qui vous donne le temps de la réflexion, et plus d'aisance pour gérer les difficultés.

Lorsque quelqu'un vous agresse, lorsque vous vous sentez coincé devant une personne sans savoir quoi lui répondre, avant d'ouvrir la bouche, respirez. Respirez en tournant toute votre attention vers l'intérieur de vous. Suivez le chemin de l'air dans votre corps.... Et répondez à votre agresseur! Vous serez plus affirmé, plus précis, plus percutant, et plus crédible.

Respirez consciemment à chaque fois que vous avez une décision à prendre, à chaque fois que vous vous confrontez à une difficulté, à chaque fois que vous voulez regagner votre liberté dans une relation, à chaque fois que vous voulez être sûr de ce que vous voulez vous, à chaque fois que vous voulez vous sentir Vivre.

La relaxation

La relaxation a pour but de permettre une complète détente musculaire, et par interprétation en retour du cerveau, une détente psychique :« si le corps est détendu c'est qu'il n'y a pas de danger ». Se relaxer permet de prendre du recul par rapport à nos problèmes, de diminuer la tension artérielle et d'abaisser notablement le niveau d'angoisse. Il arrive (souvent, trop souvent) que l'on soit tellement habitués à ses tensions, qu'on ne les ressente pas. Certains soutiennent de toute bonne foi qu'ils sont « très détendus », être tendu est devenu leur état normal. Ils découvrent dans la relaxation des sensations qu'ils n'ont jamais connu.

Il est plus facile au début d'apprendre en se faisant guider par une personne compétente, bien que de nos jours il existe de nombreuses cassettes dans le commerce qui permettent de pratiquer seul chez soi. Les techniques de relaxation sont multiples, à chacun de choisir celle qui lui convient. En voici quelques spécimens :

• Fermez les yeux, respirez. En commençant par la main droite puis la gauche, les pieds, les jambes... serrez très fort vos muscles et relâchez, expérimentez les différences de sensation. Tendez et relâchez ainsi alternativement toutes les parties de votre corps.

• Imaginez que vous êtes allongé sur la plage, vous entendez la mer et vous sentez la chaleur du soleil sur votre peau. Voyez une image de vos muscles en train de se détendre sous les rayons du soleil. Prenez votre temps et visualisez les rayons du soleil qui s'attardent sur votre jambe droite, sur la gauche, sur le bras....

• Vous pouvez aussi vous concentrer sur votre respiration, et la faire passer mentalement dans tout le corps....

On peut très bien se relaxer assis, mais faîtes attention à avoir le dos droit de façon à ne pas obliger les muscles du cou à faire des efforts pour maintenir votre tête. fermez les yeux, écoutez votre respiration.

• Écoutez les bruits au dehors, concentrez votre attention sur tous les bruits et sentez le contact de vos pieds sur le sol... Concentrez votre attention, une de vos deux jambes commence à avoir des sensations différentes de l'autre, accentuez cette impression d'engourdissement, votre jambe s'endort... et laissez progressivement cette sensation envahir tout le reste de votre corps.

Petit à petit vous vous détendrez de plus en plus rapidement. Bien entraîné vous descendez en relaxation profonde en quelques instants, que vous soyez assis dans le métro, dans votre fauteuil au bureau, ou n'importe où.

Cette possibilité de se ressourcer instantanément, de se recentrer est un outil merveilleux et d'une grande efficacité. Que nous soyons physiquement fatigués ou moralement exténués, la relaxation régénère. Elle favorise le contact avec soi-même, avec ses désirs et ses besoins, elle rend plus créatif... Et même plus intelligents! Nos capacités de concentration, d'association d'idées et de mémorisation sont largement améliorées par le relâchement musculaire. On a beaucoup trop tendance à penser qu'il faut faire des efforts pour faire les choses. Les efforts sont inutiles et mêmes inhibants!

Un médecin bulgare, Georgi Lozanov a fait des test sur les calculateurs prodiges et autres génies doués d'une surprenante mémoire. Lors de leurs exploits les enregistrements montrent un corps au repos et des ondes cérébrales « alpha », typiques de l'état de relaxation.

Un électroencéphalogramme montre en effet différents types d'activité électrique dans le cerveau. L'éveil est caractérisé par le rythme « bêta », une onde courte. Au cours de l'endormissement et chaque fois que vous fermez les yeux et que vous rêvassez, ou encore que vous vous relaxez, vous êtes en ondes « alpha », elles sont un peu plus longues et lentes que les ondes bêta. En ondes « alpha », notre cerveau fonctionne différemment, nous avons plus facilement accès à nos ressources et à nos facultés d'associations, d'analogies et d'imagerie mentale. Puis lorsque vous faites un pas de plus dans le sommeil, votre cerveau passe en ondes « thêta ». La plupart des gens non entraînés entrent dans le sommeil lorsque leur cerveau manifeste des ondes thêta. Mais on peut aussi rester éveillé, on atteint alors un état de relaxation profonde, permettant d'avoir accès à certaines techniques, comme par exemple à celle de l'insensibilisation à la souffrance. C'est aussi l'état dans lequel vous plonge l'hypnose profonde.

En ondes « delta », vous êtes tous profondément endormis, seuls quelques yogis ont encore accès à la conscience.

Sans avoir la prétention de devenir yogi, vous ne pouvez toutefois que largement bénéficier d'une augmentation votre taux quotidien d'ondes alpha. Fermez-donc les yeux plus souvent pour vous écarter des sollicitations du monde extérieur et vous tourner vers les richesses de votre monde intérieur.

Sous les pavés, la plage

De par les propriétés des associations automatiques entre les images mentales et la physiologie, vous pouvez aller recharger vos batteries à la mer ou à la montagne en quelques instants de relaxation. Dans les transports en commun, plutôt que de subir en maugréant la promiscuité, les odeurs et le bruit, et de perdre votre temps et votre énergie, pourquoi ne pas vous évader mentalement vers un endroit agréable de la nature, vous imprégner des odeurs de la mer ou de la campagne, vous laisser doucement caresser par les rayons du soleil ?

Ne laissez pas l'environnement influer négativement sur vos humeurs. Vous prenez ce métro ou ce train tous les jours pour aller au bureau, ce n'est pas une raison pour passer un mauvais moment. La « vie moderne » comme nous l'appelons est hautement stressante de par la multiplicité des sollicitations et des rythmes qu'elle impose. Mais plutôt que de soupirer parce que les vacances sont loin, et donc d'associer vos souvenirs de vacances avec le stress de la rentrée, réutilisez ces images pour vous replonger dans les sensations de détente qu'elles vous auront procurées!

Ressources et images mentales

Dans le cerveau, les souvenirs sont stockés dans les réseaux de neurones. Tout ce que vous avez vécu est engrangé. Les images du passé sont associées aux sentiments que vous avez éprouvés dans ces instants, aux pensées que vous avez eues. Les revoir évoque sons, bruits, odeurs, et sensations.

Pensez à un moment difficile de votre vie, revoyez la scène.... Que ressentez-vous? Automatiquement, votre respiration se modifie, certains muscles de votre visage, et peut-être même de votre corps se contractent. Vous revivez les émotions de cet instant. Images et sensations sont associées, les unes évoquent les autres et réciproquement. Le même processus est bien sûr à l'œuvre pour les souvenirs positifs, mais ceux-ci ont malheureusement une moindre prégnance que les négatifs. Nous oublions plus facilement les moments heureux et nos réussites que les moments difficiles et nos échecs.

Lorsque vous êtes devant une situation stressante, votre cerveau associe spontanément avec les souvenirs en images, sons et sensations du passé et vous met en relation avec vos réactions antérieures au même type de situation ou au même type d'émotion. Cet effet cumulatif est aidant si vous savez résoudre efficacement le problème. Mais il est fort ennuyeux lorsque vous vous êtes déjà sentis impuissants et sans ressources devant une telle difficulté. La maîtrise de vos images mentales peut vous aider à créer en vous les conditions de la réussite. Vos représentations inconscientes dirigent vos états internes. En les dirigeant consciemment vous pouvez influer sur votre vécu. Vous avez en vous les ressources nécessaires pour faire face à la plupart des situations que vous rencontrez, mais vous ne savez pas toujours les mobiliser, parfois vous ne savez même pas que vous les possédez.

Si vous avez réussi quelque chose une fois, votre cerveau possède les informations nécessaires pour vous mettre dans les conditions d'une nouvelle réussite. Si vous avez eu confiance en vous, ne serait-ce qu'une fois, vous en avez l'expérience! Votre cerveau connaît la recette de la confiance. Qu'est-ce qui fait qu'il ne l'utilise pas à chaque fois que vous en avez besoin? C'est que vous le dirigez autrement. Peut-être que d'autres expériences de manque de confiance ont gagné tellement de puissance qu'elles prennent le pas sur le souvenir positif. Peut-être ne croyez-vous tout simplement pas à la possibilité d'avoir confiance dans cette autre situation.

Comment faire pour accéder à vos ressources? Voici la technique : Revivez tout d'abord mais brièvement une situation dans laquelle vous vous sentez bloqué, juste pour identifier vos sensations et ce dont vous avez besoin pour donner à la situation un tour plus positif. Vous pouvez fermer les yeux ou les conserver ouverts selon ce qui vous est le plus facile.

Une fois que vous avez repéré la ressource nécessaire (confiance, sécurité, attention, dynamisme, calme, persuasion, clarté....) Ramenez de votre mémoire le souvenir d'un moment de votre passé dans lequel vous avez expérimenté cette confiance, ce calme, cette persuasion... Revoyez les images, entendez les sons, votre voix et ce que vous vous disiez à l'intérieur, et expérimentez les sensations qui accompagnent cet état. Répétez-vous alors le nom de la ressource « confiance » ou « calme » ou « persuasion ».... Éventuellement pour renforcer le processus, pincez légèrement l'un de vos pouces à l'aide du pouce et de l'index de l'autre main. Votre état de ressource est maintenant associé avec la prononciation de son nom et la pression du pouce.

Vérifiez, pincez votre pouce, et sentez la sensation de ressource revenir en vous.

Maintenant vous êtes prêt pour le transfert : évoquez de nouveau l'image de la situation difficile et dès que vous commencez à vous sentir vous bloquer, déclenchez la pression sur le pouce, prononcez le mot magique « confiance »... Sentez ce qui se passe lorsque vous êtes en contact avec vos ressources dans cette situation négative. Projetez-vous ensuite dans l'avenir devant le pire des problèmes similaires... Voyez ce qui se passe.

Vous avez le choix de vos états internes si vous le décidez. Reste qu'il est utile de s'entraîner à mobiliser ses ressources avant d'entrer dans la cage aux lions. Sinon les automatismes de l'habitude seront les plus forts !

Rappelez-vous les jeux olympiques de Montréal en 1976. Les Soviétiques ont pris la première place en raflant la bagatelle de 47 médailles d'or. Les Allemands de l'est, seconds, ont eux totalisé le nombre proportionnellement impressionnant de 40 médailles d'or.

L'hypothèse de dopage tout d'abord évoquée ayant été rejetée, il fallut admettre que ces fantastiques résultats étaient bien dus aux nouvelles méthodes d'entraînement utilisées dans ces pays. Quelles méthodes ? Un entraînement mental ! Avec relaxation, images mentales, pensée positive et expérience sensorielle imaginée. Voici donc les secrets de la réussite que la plupart de nos sportifs ont aujourd'hui adopté et que nous pouvons adapter aux exigences de nos vies quotidiennes. Ils consistent à effacer mentalement les erreurs passées et la crainte de l'échec, et à se représenter visuellement le succès comme déjà remporté. Attention, non pas seulement imaginer ce que l'on désire, mais se voir réellement comme l'ayant déjà obtenu et surtout en ressentant toutes les sensations. Il s'agit de se mettre dans l'état physiologique optimal de ressource.

Dormir

Le stress donne des insomnies. Insomnies du soir, du matin ou réveils en pleine nuit. On reste démuni devant les obstacles au sommeil. Malgré leur célébrité, les moutons ne sont pas d'une grande aide, et vous avez beau les compter et les recompter, vous continuez de vous retourner sur votre matelas sans pouvoir trouver le sommeil.

Tout d'abord, tout le monde n'a pas les mêmes besoins de sommeil, et les huit heures par nuit sont un mythe. Sachez que Thomas Edison ne dormait que deux heures, Napoléon quatre. Einstein lui, faisait tranquillement ses dix heures. Churchill dormait très peu la nuit, mais faisait systématiquement la sieste dans la journée. Que ces exemples illustres vous permettent de relativiser vos nuits. Il n'y a pas de règle absolue en matière de quantité ou d'horaire de sommeil. Soyez plus simplement à l'écoute de vos besoins propres. Ceux-ci d'ailleurs sont loin d'être stables tout au long d'une vie. On dort en général moins à trente ou quarante ans qu'à vingt.

L'organisme humain est en harmonie avec des cycles qui le dépassent, il est naturel de dormir moins lors de la pleine lune. Pas la peine de s'énerver, ou de s'inquiéter, le corps connaît les rythmes de l'univers, comme les siens propres. La fatigue consécutive à une nuit plus courte que d'habitude peut même être davantage induite par la lutte pour trouver le sommeil, que par le manque réel de repos.

Le sommeil n'est pas uniforme, il est cyclique. On distingue différentes phases de sommeil, du plus léger au plus profond, caractérisées par des ondes cérébrales de plus en plus longues. Si votre réveil sonne le matin au milieu d'un cycle, vous aurez beau avoir dormi 8 heures, vous vous sentirez fatigué. Une sieste de 20 mn repose parce qu'elle permet de faire un cycle complet de sommeil. Une sieste plus longue risque de ne pas être plus reposante si le réveil a lieu en cours de cycle. Le mieux est de se « programmer » pour se réveiller avant la sonnerie du réveil, entre deux cycles.

Faut-il le dire ? Évitez le soir les repas trop copieux, et les excitants tels que le café ou la cigarette, et n'oubliez pas non plus de repousser les excitants « émotionnels ». Les hormones du stress trop abondantes dans la circulation sanguine gênent le sommeil. Un film d'épouvante n'est pas vraiment préparateur d'une bonne nuit.

Pour dormir sans somnifères, le plus efficace est encore de trouver des solutions aux questions qui vous préoccupent et de vous réaliser pleinement. Une journée qui amène un sentiment d'accomplissement vous offre un sommeil profond et réparateur.

Les insomnies sont le signal que vous êtes sous stress, que quelque chose ne va pas à l'intérieur de vous ou dans votre vie. Soit que vous traversiez une épreuve, soit que votre vie soit simplement un peu vide. Réglez les problèmes dont vous êtes conscient, et si rien ne vous apparaît, si vous avez l'impression que « tout va bien pour vous », cherchez, écoutez votre inconscient, écoutez vos rêves.

L'hypersomnie peut être aussi invalidante que l'insomnie. Elle prend du temps, ce temps que peut-être vous ne sauriez utiliser ? Si vous dormez beaucoup, c'est très rarement parce que vous êtes physiquement fatigué. Vous êtes stressé. L'hypersomnie camoufle l'angoisse. Quand on n'ose se faire face, autant dormir : « Tant que je dors, je ne vois rien, je n'entends rien... »

Faites de beaux rêves

Les somnifères posent un problème important. Ils diminuent notablement la phase de sommeil paradoxal (ainsi nommé parce que la profondeur du sommeil est associée avec des mouvements rapides des yeux). C'est le moment privilégié du rêve. Il occupe d'ordinaire 20 à 25 % du temps de sommeil.

Si l'on ne connaît pas encore toutes les fonctions du rêve, on sait qu'il joue un rôle fondamental dans la mémorisation, et qu'il est le siège (ou la manifestation) d'un travail de réorganisation des réseaux de neurones. Comme si l'inconscient tentait de mettre bout à bout toutes les données, toutes les sensations, toutes les informations recueillies pendant la journée. En dehors de la conscience, le cerveau continue de réfléchir... Ce qui n'est pas accessible à la conscience est accessible au travail du rêve. Hors des interdits qui imposent à la conscience le cadre étroit de « ce qu'il faut penser », à l'intérieur duquel votre problème semble insoluble, le rêve peut élaborer des éléments de solution.

Votre inconscient est la partie de vous qui est restée libre, la partie de vous qui ne « sait pas que c'est impossible ».

C'est un rêve qui a donné à l'inventeur de la machine à coudre, Elias Howe, la solution au problème sur lequel il butait désespérément, c'est un rêve qui a montré à Niels Bohr la structure de l'atome et à Rutherford sa désintégration, c'est encore un rêve qui a permis à Von Kekulé de jeter les bases de la chimie structurale, à Mendel de définir les lois de l'hérédité, à Einstein de concevoir l'espace-temps, à Lœwi de percevoir le mécanisme des neuromédiateurs... du rêve. Presque toutes les inventions de Thomas Edison sont nées dans ses rêves.

Respectez vos rêves. Des pistes, des idées, des images vous sont présentées, mais pour passer les barrages de la conscience, l'inconscient est souvent obligé de crypter ses messages. Prenez le temps de déchiffrer les images. Notez le « point de vue » de vos rêves sur les questions qui vous animent. Ecoutez leurs reformulations, vous vous donnerez accès à des ressources insoupçonnées.

Couleurs

Le monde est en couleurs. Bleu, vert, rouge, jaune, c'est de la lumière aux différentes longueurs d'ondes. Il y a les couleurs de l'extérieur, les couleurs que vous choisissez pour votre intérieur et celles que vous portez. Avez-vous déjà été attentif à ce qui vous fait préférer un jour une couleur à une autre ? Il est certainement de votre expérience tout à fait quotidienne, d'avoir envie de mettre un chemisier rouge un jour, dans lequel il vous est tout simplement impossible de vous supporter le lendemain.

De multiples études ont été menées sur l'impact des couleurs, certains médecins utilisent même la thérapie par les couleurs pour guérir leurs malades. Il semblerait que le rouge réchauffe, et dynamise. Mais attention il ne vous apporte l'énergie et la concentration que si vous êtes en état de le recevoir. Il est important de ne pas faire de systématisation abusive, les mêmes couleurs auront sur vous un impact différent en fonction de vos humeurs du moment.

Si vous êtes énervé, ou hypertendu, le rouge est tout à fait contre-indiqué. L'orange, lui, est tonifiant, optimiste. Le jaune stimule l'intellect mais peut aussi être synonyme de dépression. Le vert est à utiliser avec mesure, il calme la nervosité, permet de se régénérer mais son utilisation prolongée stimule les émotions d'envie et de jalousie. Le bleu est calmant et rafraîchissant. Si vous êtes enrhumé, choisissez plutôt le rouge! Ce n'est pas sans raison que l'on parle de couleurs chaudes ou froides! Le bleu vous met à l'écoute des autres, favorise la méditation... Mais peut aussi encourager la fatigue et la dépression. Le violet tempère toutes les émotions, il diminue la peur comme la colère. C'est un bon remède contre les angoisses. Bien sûr il y a des couleurs composées et chaque nuance a ses propriétés.

Vos vêtements vous ressemblent, vous les choisissez en fonction de vos humeurs. Ils vous influencent aussi en retour, tout comme vos maisons. Vous peignez, décorez votre intérieur en accord avec vos états émotionnels du moment, puis les couleurs que vous avez choisies agissent sur vous. Il est certainement plus facile de dormir dans une chambre aux murs pastels que peints en rouge vif! Et si vous êtes énervé ou déprimé dès que vous entrez dans votre bureau, vérifiez donc la couleur du papier peint!

Musiques

Le silence est certes un espace de repos pour nos oreilles et propice à la relaxation mais il est des sons plus efficaces encore que le silence.

Pour vous détendre en revenant du travail, vous mettez facilement un disque. Vous vous installez confortablement pour l'écouter ou vous le laissez en fond sonore pendant que vous vaquez à vos occupations.

Les rythmes biologiques ont tendance à se synchroniser sur les rythmes de la musique. Les battements du cœur se règlent sur les temps marqués et les ondes cérébrales, d'alpha en bêta, suivent les mouvements de l'orchestre. Toutes les musiques n'adoucissent pas les mœurs! Même les plantes apprécient diversement les disques que vous leur passez. Fanatiques de Bach ou Mozart, elles sont sensibles aux dysharmonies et réagissent plutôt mal aux rythmes soutenus du hard rock ou de la pop. Le rock, aux rythmes rapides et puissants, excite, dynamise. Un slow rend romantique. Le classique baroque apaise par ses rythmes lents et solennels.

Depuis des siècles et des siècles on chante des berceuses aux enfants pour les endormir. Nous avons des chants pour l'effort en commun, pour nous encourager au travail, pour aller à la guerre, ou pour prier, accompagner un mariage ou un enterrement. On reconnaît sans peine la signification d'un chant même sans en entendre distinctement les paroles. Les religieux ont de tous temps utilisé des chants, des sons, des mantras sur différents rythmes pour induire des états de conscience modifiés. Et on a pu provoquer en laboratoire des modifications biochimiques et des états altérés de conscience en utilisant des percussions.

La musique baroque du XVIe au XVIIIe siècle a été particulièrement étudiée pour ses effets positifs sur l'apprentissage. En écoutant Bach, Vivaldi, Telemann, Corelli, Haendel, les mouvements lents (largo) des concertos baroques, votre rythme cardiaque ralentit en moyenne de cinq battements par minute, la tension artérielle baisse légèrement, les ondes bêta diminuent au profit des ondes alpha, les ondes thêta et delta de l'endormissement s'effacent aussi. Il ne s'agit pas de somnolence, mais bien d'un état de relaxation, permettant une focalisation de l'attention sur la pensée. Ces musiques à soixante battements par minute sont utilisées dans le « suraprentissage ». Elles améliorent considérablement nos capacités de mémorisation. De nombreux chercheurs ont élaboré des musiques pour favoriser différentes activités, il y a les musiques pour créer, les musiques pour réfléchir, les musiques pour dormir, pour s'éveiller, se tonifier, apaiser la douleur ou « calmer les nerfs ».

Le sport

Pourquoi le sport est-il réputé « anti-stress » ? Le Petit Robert donne pourtant du sport la définition suivante : « Activité physique exercée dans le sens du jeu, de la lutte et de l'effort. » On dit aussi au figuré d'un exercice ou d'un travail « c'est du sport » pour souligner son caractère difficile ou dangereux. Enfin, dans la formule « Il va y avoir du sport », sport est synonyme d'agitation. Et puis de nombreux sports sont compétitifs ou visent la performance.

Le sport permet de se défouler, mais aussi de s'exprimer, de s'épanouir. Il apprend à maîtriser et diriger l'énergie intérieure vers un objectif. Il permet de se structurer et d'acquérir une plus grande confiance en soi au gré de ses performances. Il permet le contact avec les autres dans les sports d'équipe, l'expérience de la solidarité, fondamentale pour le contrôle des pulsions violentes.

Et qui a dit que la compétition est forcément stressante ?

La compétition sportive représente une maîtrise de plus en plus grande de la tension interne.

Les amis

De vrais amis sont des gens à qui l'on peut tout dire. En attendant de ne plus porter de masque du tout dans la vie, baissez le au moins devant vos amis. Laissez-les vous voir dans votre vulnérabilité. Partagez avec eux vos doutes, vos souffrances et vos joies. Osez vos émotions et écoutez les leurs. Les amis, par leur simple présence, sont un soutien irremplaçable dans la traversée des épreuves. Il est vrai que les gens fuient celui qui se plaint, mais jamais celui qui se confie authentiquement.

Se dire à un ami, échanger avec lui ses difficultés à vivre est une manifestation de confiance. En parlant de ce qui vous fait mal, vous ne l'alourdissez pas de vos problèmes, vous ne l'ennuyez pas, vous lui donnez quelque chose d'irremplaçable, vous lui donnez votre confiance, vous lui confirmez la qualité de votre amitié.

Lorsque vous vous sentez triste ou déprimé, demandez-leur de vous dire pourquoi ils vous aiment. Il est toujours bon de s'entendre dire de bonnes choses.

Silence et solitude

La recherche de soi se fait avec soi, dans le silence et la solitude. La solitude est toujours un poids quand elle est forcée. Mais elle peut être choisie librement. Elle devient alors l'occasion d'un temps de réflexion, d'écoute de soi.

La solitude fait souvent peur, parce qu'elle confronte. En elle nous trouvons notre réalité. Nous avons peur de ne pas savoir faire face, et puis qui n'a eu peur de ne rencontrer que du vide à l'intérieur ?

Comment ne pas se sentir vide lorsqu'on a abdiqué ses sentiments profonds au profit de la soumission aux normes parentales et sociales ? Quand on ne peut plus faire confiance à son ressenti et qu'on ne peut donc plus construire de pensée autonome ? La richesse intérieure ne peut s'exprimer que lorsqu'il y a vie intérieure. Dès lors que l'on tue toute vie intérieure, il ne reste plus que du vide. L'enfant (puis l'adulte) obligé de se conformer aux injonctions parentales doit nier sa réalité. Il est souvent amené à douter même de ses sensations. A l'intérieur de lui il n'y a plus que vide... Et rage accumulée, souffrances inexprimées, peurs inavouables, hontes indicibles.

Dans la solitude, dans le silence, dans la méditation, ce que nous découvrons en premier lieu, ce sont nos « démons ». Ces démons sont nos angoisses, nos peurs, nos colères refoulées, tout ce que nous dissimulons dans les ténèbres de notre inconscient. Nous voudrions qu'ils se taisent, nous n'aimons pas les regarder en face. Mais n'oublions pas que si nous ne les voyons ni ne les entendons ils n'en sont pas moins actifs. En les regardant, en les écoutant, ils ne nous hantent plus. Ils nous permettent de traverser les eaux souvent noires (puisque refoulées) de la psyché, et donc, de découvrir nos richesses et d'accéder à notre être profond. Écouter la voix de l'être intérieur oblige à constater le décalage qui existe si fréquemment entre la vie que nous menons et notre réalité intime. Ce décalage que nous refusons de voir dans la vie courante et que parfois, la voix intérieure est obligée de dénoncer. En le criant par la maladie, l'accident, l'échec, en nous occasionnant une souffrance telle qu'elle déchire le tissus épais de nos certitudes. Faut-il vraiment se trouver immobilisés au lit, sortis de force du rôle social, pour se mettre enfin à l'écoute... La voix intérieure se manifeste dans la solitude ou dans l'épreuve.

Ne courrez pas le risque de vous rendre compte un peu tard que vous êtes passés à côté de votre vie.

Réservez-vous des plages de solitude. Et ne les meublez pas systématiquement de musique ou de lecture. Il y a un temps pour faire des choses pour soi et un temps pour simplement **être avec soi**. Faire silence est nécessaire pour entendre l'intérieur de soi.

Si vous vous sentez mal à l'aise seul, plutôt que pousser le bouton de votre téléviseur, allumez donc une bougie. Sa flamme vous aidera à sentir la Vie en vous. Vous ne supportez pas de passer votre repas en solitaire ? Allumez une autre bougie pour vous tenir compagnie.

Silence et solitude sont nécessaires pour devenir vraiment soi, pour se sentir exister non pas seulement en tant que membre d'un groupe mais en tant qu'individu. Chacun a besoin d'espace pour prendre de la distance avec le quotidien, réfléchir à qui il est, méditer sur le sens de sa vie, accéder à davantage de conscience.

12.

LE SENS DE LA VIE

« Si la logique vous dit que la vie n'a pas de sens, n'abandonnez pas la vie, abandonnez la logique ». Dit l'Ecclésiaste.

Notre logique humaine n'est pas forcément la logique de la Vie. Regardons la réalité avec honnêteté. Si on n'écoutait que les Hommes et leur égoïsme, il est plus que probable que la Vie n'irait pas bien loin. En définitive, ce n'est peut-être pas la Vie qui n'a pas de sens, mais bien plutôt nous!

Nous abdiquons nos émotions, notre jugement propre, notre liberté d'être, pour obéir aux automatismes acquis au cours de notre éducation. Nous nous soumettons aux « il faut » de nos parents, de la société. Nous choisissons le conformisme social et les automatismes de notre « caractère » qui nous permettent de « ne pas nous poser de questions ». Et lorsque nous constatons que nous ne sommes pas heureux, nous pleurons : « ma vie n'a pas de sens ». Nous allumons la télévision pour regarder des images défiler. Ca n'a pas grand sens non plus. Mais ça distrait!

Et si nous y pensions sérieusement? Si nous nous posions quelques questions? Quelle direction donnons-nous à notre existence? Quelle est notre raison d'être?

L'humain est encore terriblement égocentrique : « ma vie n'a pas de sens » a pour sous-titre implicite : « la vie ne comble pas mes désirs ». Le monde tourne autour de lui. Il s'imagine que le but de la Vie est de le rendre heureux! Il conçoit que cinq milliards d'années de patiente évolution peuvent avoir eu pour seul but de lui permettre, à lui personnellement, d'acheter le canapé ou le magnétoscope de ses rêves. Il se plaint que la vie est injuste lorsque ses envies se heurtent à des obstacles. Il est vrai que c'est écrit dans la Bible, tout a été créé pour lui.

Mais peut-être pourrait-il commencer à grandir, à regarder autour de lui, à assumer son rôle?

Car il pourrait bien se faire que ce soit les humains qui ne comblent pas les attentes de la Vie et non le contraire. Il pourrait bien se faire que la nature aie besoin de nous, aie quelque projet dans lequel nous aurions place.

Notre existence même nous confère responsabilité vis à vis de la Vie. Notre responsabilité d'Etre vivant et d'humain n'est pas de faire plaisir à nos ascendants en nous conformant au moule qu'ils nous proposent. Elle n'est pas non plus de forcer nos enfants à s'adapter à nos lois. Elle est de favoriser le mouvement de la vie, de prendre notre place dans l'évolution, de permettre l'expression humaine de la Vie. Elle peut être de dire non à ses parents, de refuser leurs héritages s'ils ne vont pas dans le sens de la Vie. Elle est de fournir à nos enfants l'espace dont ils ont besoin, et leur donner la liberté et le courage de critiquer nos lois, pour mieux faire les leurs.

L'outil fait la fonction. Pour délimiter notre fonction dans le vivant regardons : quels sont nos outils spécifiques? Des mains pour construire dans la matière, et un cerveau pour les constructions mentales.

L'espèce humaine est dotée d'un organe merveilleux. Il lui permet l'émotion, la mémoire, la pensée, la conscience, et la maîtrise de son attitude. Seul l'Homme peut inhiber ses réflexes s'il le choisit. L'humain possède, de par sa substance grise, une liberté inégalée dans le reste de la nature.

Si le sens d'une vie existe quelque part, c'est en ce

qu'elle a de spécifique. Et ce que nous, humains, avons de spécifique, c'est la maîtrise de notre attitude, c'est la liberté de notre pensée, cet espace intérieur que nul ne peut jamais nous aliéner. Quels que soient les événements, les situations, nous avons toujours le choix de notre façon d'être. C'est dans cette liberté d'attitude face à la Vie, que réside le sens de notre existence.

Lorsque nos comportements sont automatiques, hypnotiques ou guidés par le seul plaisir de l'instant, ils ne peuvent avoir un sens. Sens de la vie et responsabilité vont de pair.

Vivre selon ses valeurs propres est la seule voie vers l'estime de soi, vers le sentiment de richesse intérieure et en définitive vers le bonheur vrai, celui qui ne dépend pas des circonstances heureuses ou malheureuses.

Vivre selon ses valeurs propres signifie oser être différent, oser désobéir aux normes admises et au consensus social, sortir de l'hypnose collective de la société de l'image et de la consommation, oser être libre et assumer la responsabilité de ses actes, prendre le risque d'être soi. C'est le défi de notre époque.

Éthique et valeurs, défis de notre époque

Nous avons davantage de liberté que nos ancêtres, davantage de choix. Nous pouvons aujourd'hui choisir un métier, une entreprise, un conjoint, choisir une maison, mais aussi une voiture, ce qu'on mange à midi, la couleur de ses draps.... A part quelques aristocrates qui ont perdu au change, nous avons aujourd'hui, plus de temps et plus d'argent pour voyager, consommer, faire de la musique et toutes sortes de choses. Nous disposons aussi d'une liberté de pensée impensable pour nos ascendants, grâce à une information très riche (parfois au point de nous saturer) et variée.

Nous avons donc de plus en plus de choix, mais il

appert que nous ne sommes pas encore affectivement capables de choisir. Car choix équivaut à responsabilité. Or pour l'instant, on est bien obligé de constater que le sentiment de responsabilité est largement absent de la plupart de nos actes quotidiens. Les choix de l'occidental d'aujourd'hui sont opérés en fonction de buts égoïstes (mon désir prime sur celui de l'autre) ou au mieux égotistes (chacun fait ce qu'il veut). L'altruisme, ou la simple réflexion sur les conséquences du comportement individuel sur le groupe humain, ou même sur soi à moyen et long terme, sont encore loin de nos préoccupations.

Dans des domaines de plus en plus variés, radios, télévisions, journaux font écho à de nombreux débats d'éthique. C'est le défi de notre époque de liberté de choix que de résoudre ces problèmes. Mais ils ne doivent pas rester l'apanage des spécialistes. Ils appartiennent à tous, à nous tous humains, qui sommes tous, autant les uns que les autres, responsables de l'avenir de la planète.

Une société se fonde sur les choix très quotidiens de ses consommateurs. Quels sont les critères qui guident votre main au supermarché ? En sortant (ou mieux juste avant de sortir) demandez-vous à quelle société vous contribuez avec le contenu de votre caddie. Ne vous réfugiez pas derrière des critiques aux industriels ou au gouvernement. Les industriels ne font que répondre à vos demandes. Le gouvernement ne peut rien si vous continuez à soutenir par vos achats ce que vous déplorez par ailleurs.

N'oubliez pas que le panier de la ménagère fait la pluie et le beau temps dans les usines. Et ne fermez plus les yeux. La politique de l'autruche est la plus facile mais aussi la plus dangereuse.

« S'il faut réfléchir à tout ce qu'on fait... » C'est un choix. Réfléchir à ce que l'on fait, c'est prendre sa place dans le monde, s'estimer. Ne pas réfléchir, c'est agir en automate, et installer les conditions de l'impuissance et du mépris de soi. Chacun est important.

Peu de gens ont envie de vivre près d'une centrale nucléaire, d'une usine chimique ou d'un poulailler industriel mais beaucoup de gens continuent de préférer le tout électrique, consomment force cosmétiques et acceptent les poulets et les œufs de batterie.

« Si ce n'est pas moi, ce sera un autre. » Souvenez-vous que ce raisonnement a permis les camps de concentration.

Nous sommes de plus en plus interdépendants. Chacun est un maillon du système. Reconnaître sa place et l'assumer est nécessaire. Non pas seulement pour la survie de l'espèce, mais individuellement. Ne serait-ce que pour pouvoir se regarder devant une glace, pour, au soir de sa vie, être certain de ne pas avoir en se retournant, motif à honte ou à culpabilité, pour soutenir le regard de nos enfants. Il n'est rien de plus important au monde que de pouvoir être fier de soi, de pouvoir s'estimer. Si, une chose est plus importante encore : que vos enfants soient fiers de vous. Devenez dignes de respect par votre comportement, il n'est jamais trop tard. Prenez des risques pour défendre vos valeurs. Pour sentir sa dignité d'Homme on a besoin de savoir qu'on pourrait mourir pour quelque chose. Quand on commence à protéger sa vie plus que ses valeurs, la vie n'a plus de valeur. Que dire quand on protège son argent, son image, sa maison ou sa voiture davantage que ses valeurs ?

Job et le sens de la souffrance

L'échec, l'épreuve, sont riches d'enseignements pour peu que nous leur donnions sens. Compris, l'événement stresseur devient facteur d'évolution, de croissance, de conscience. S'il n'a pas de sens, c'est la détresse, le désespoir.

Comment trouver le sens d'une situation rencontrée ? Ne tombez pas dans le piège du déterminisme. Tout ce qui vous arrive n'a pas obligatoirement une signification à priori. Un événement n'a pas de sens en soi. Il prend un sens par ce qu'il modifie, par ce qu'il provoque dans votre vie.

Un obstacle, une épreuve, une situation ardue sont des questions posées par la Vie. Ce qui leur donne un sens ce sont les réponses que nous leur donnons. Malgré tout, nous cherchons les signes à l'extérieur. Nous voudrions qu'on nous guide, qu'on nous dise :« le sens de ta vie c'est... et voilà ce que tu as à faire... ».

Ce besoin d'être pris en charge, déresponsabilisé, fait le succès des maîtres à penser, des sectes et des voyantes.

Nous aimerions tant rester de petits enfants à qui l'ont dit ce qui va arriver et comment se comporter. Nous aimerions abdiquer notre responsabilité. Et pourtant, c'est en elle que réside justement le sens de notre vie.

« Si la vie a un sens il faut qu'il y ait un sens à la souffrance, elle fait partie de la vie » dit Viktor Frankl, psychologue. Il sait de quoi il parle. Les camps de concentration le lui ont appris. Dans son livre il observe « Ce que devenait le prisonnier était le résultat d'une décision intérieure et non celui des circonstances auxquelles il était soumis. »

« Lorsqu'un homme se rend compte que son destin est de souffrir, sa tâche devient alors d'assumer sa souffrance. Il doit reconnaître que, même dans la souffrance, il est seul et unique au monde. Personne ne le soulagera de ses peines ou ne les endurera à sa place. Sa chance unique réside dans la façon dont il portera son fardeau. »

C'est aussi ce que nous enseigne Job.

Nietsche ajoute : « celui qui a un « pourquoi » qui lui tient lieu de but, de finalité, peut vivre avec n'importe quel « comment ».

Seulement nous avons une fâcheuse tendance à placer nos pourquoi vers le passé, au lieu de les orienter vers le futur, vers... Comment puis-je utiliser cette épreuve pour mieux manifester mes valeurs?

« Pourquoi ça m'arrive à moi? » Est aussi la première réaction de Job. Il ne comprend pas, il a beau chercher, il n'a commis aucune faute.

La Bible dénonce cette réaction que nous avons d'interpréter une souffrance comme une punition, une soi-disant juste rétribution d'actes passés. Notre idée de la justice est bien restrictive, et surtout culpabilisante. A l'image de notre pédagogie. Il est certain que la rétribution existe. Et que nous vivons parfois un retour des choses. Notre attitude stimule des réactions de l'environnement, provoque des événements, suscite des situations... Les émotions réprimées, les complexes refoulés dans l'inconscient nous mènent à vivre des répétitions de situations, de schémas. Ce que nous n'acceptons pas de confronter en conscience, la vie nous propose de le confronter dans la réalité extérieure. C'est logique, mais est-ce justice?

Lucille se fait agresser. C'est la quatrième fois. La violence existe. Mais est-ce une coïncidence si cela tombe toujours sur les mêmes? Mettez-vous un instant dans la peau d'un agresseur. Préférez-vous agresser quelqu'un de solide qui risque de vous faire face, ou quelqu'un qui va jouer son rôle de victime? Alors, « ça tombe » plus souvent sur ceux qui ont des habitudes de victimes. Et comment prend-on ces habitudes? On les apprend des parents. Soit qu'ils nous aient violentés, frappés ou simplement ignorés, soit qu'ils nous aient montré l'exemple, qu'ils se soient présentés à nous comme des victimes. Est-ce justice que Lucille se fasse agresser aujourd'hui parce qu'elle a déjà été agressée enfant et qu'elle en a conservé des sentiments de peur et d'impuissance?

Il est vrai qu'il s'agit de ce que l'on pourrait appeler une programmation inconsciente. Mais ce n'est pas de la faute de Lucille si elle se fait attaquer. Elle ne provoque pas consciemment ces événements dans sa vie. Mais elle les laisse arriver. Elle se met dans des situations qui rendent l'agression probable. Et son émotivité appelle les coups. Elle est confrontée par l'extérieur à sa violence. La rage qu'elle ressent pour avoir été traitée comme elle l'a été par ses parents, et qu'elle ne peut extérioriser, elle la rencontre chez les autres.

Ce qu'elle peut faire, en observant qu'elle est trop souvent victime, c'est comprendre d'où vient cette violence. Et guérir les plaies ouvertes dans son enfance.

L'environnement nous renvoie en miroir des images de notre réalité intérieure, nous permettant de l'objectiver. Nos expériences nous renseignent sur nous-même, et peuvent, pour peu qu'on les écoute nous aider à nous découvrir, et donc à grandir, à évoluer, à devenir celui que nous voulons être.

Il n'y a pas d'attitude idéale face à la souffrance. Cherchons seulement celle qui va être la plus productive. On peut décider d'utiliser les événements de sa vie comme des instruments de perfectionnement, d'étude de soi, comme des moyens de se confronter, de s'affiner, de devenir meilleurs, et donc à fortiori plus heureux.

Mais tout ce qui nous arrive ne trouve pas obligatoirement de raison d'être dans le passé.

La grenouille et le pot de crème

André me dit « je le connais moi, le sens de ma vie ». Je lève l'oreille. « Oui, à dix-huit ans, je suis passé sous un camion. Je me suis retrouvé sur un lit d'hôpital, complètement immobilisé, bandé de partout. Je ne pouvais même pas faire pipi tout seul. Impossible même de bouger la tête. Mon seul horizon pendant des jours et des jours ? Une ampoule nue au plafond. J'ai eu le temps d'y réfléchir au sens de ma vie. Puis j'ai vécu deux ans d'horreur quotidienne dans quatre hôpitaux et centres de rééducation. Deux ans de douleur physique et psychique, d'humiliations, d'angoisses. Sans compter la confrontation avec la souffrance et la mort des autres... Eh bien vous savez quoi ? Je ne peux pas dire que je souhaiterais à qui que ce soit de vivre ce que j'ai vécu. C'était trop dur. Mais si on me donnais le choix, je repasserais sous un camion. Parce qu'avant j'étais un petit con. Je rends grâce tous les jours à mon accident. J'ai appris ce que ça voulait dire d'être humain. Aujourd'hui je suis heureux, je regarde les autres avec un œil différent. Il a fallu que la Vie frappe fort pour que j'entende. »

Toutes les personnes qu'il m'a été donné de rencontrer, ayant traversé une épreuve, si dure soit-elle, en sont sortis enrichis et ne le regrettent jamais. Mais le sens ne nous en apparaît souvent qu'une fois la guérison (physique et psychique) achevée.

Une grenouille tombe dans un pot de crème. Elle s'agite et se débat avec frénésie, essayant de s'en sortir par tous les moyens. Son objectif ? Ne pas couler. Mais les parois glissantes du pot ne lui laissent aucune prise. La grenouille est proche de l'épuisement. Elle est sur le point d'abandonner lorsqu'elle découvre que toute cette activité, furieuse et échevelée, a battu la crème, et l'a transformée en un récif de beurre solidifié. Quelques instants d'escalade, et la voilà dehors!

Nous ne savons pas toujours à quoi servent nos actions. Ce n'est pas parce qu'elles ne nous amènent pas le résultat que nous escomptions qu'elles sont forcément inutiles.

Regardez votre passé. Avec le recul du temps, ne considérez-vous pas d'un œil nouveau les expériences que vous avez eu du mal à traverser ? Ne vous ont-elles pas permis de développer des capacités, de forger des valeurs ? Se retourner sur son passé permet de prendre conscience de la motte de beurre, de voir qu'un chemin est rarement aléatoire, de saisir le fil directeur de sa vie.

Pendant l'épreuve, trop prisonniers du temps présent, tout en ne le vivant pas vraiment puisque envahis de nos peurs du futur et de nos culpabilités vis à vis du passé, nous avons du mal à nous représenter la route proposée. Pour traverser une épreuve, demandez-vous quelles valeurs elle veut mobiliser en vous, qu'est-ce qu'elle vous oblige à lâcher, qu'est-ce qu'elle vous propose de devenir. La conscience du but vous donnera le courage de la traversée.

Ne refusez pas pour autant les émotions suscitées en vous. Le chemin pour grandir d'une épreuve n'est pas de la traverser sans rien manifester, en serrant les dents, mais au contraire d'accepter de ressentir la souffrance, de se laisser abîmer, transformer, pour permettre à la chenille de devenir papillon, pour permettre à la Vie de faire son œuvre.

Pitié ou compassion?

Notre attitude aussi face à la souffrance de l'autre lui confère un sens. La pitié est non seulement inutile mais toxique, elle enferme l'autre dans le sentiment d'impuissance et de mépris de lui-même. La compassion est toute autre. Elle restaure l'autre dans sa dignité. La compassion c'est oser regarder la réalité de ce que traverse cette personne qui est là, c'est à dire oser s'identifier suffisamment à elle pour ressentir sa souffrance sans pour autant la prendre sur les épaules. Il n'y a le plus souvent rien de plus à dire que « c'est dur » . Mais dites-le en la regardant dans les yeux, dans un contact authentique.

Compatir, c'est ressentir, et donc aussi percevoir les ressources qui doivent être mobilisées pour dépasser cette douleur, cette blessure. Le courage, l'amour.... Lorsque vous percevez aussi cette dimension, vous sentez naître en vous un sentiment de solidarité, de respect, quant aux qualités de cette âme, qui se sert de l'épreuve pour grandir, un sentiment de gratitude aussi....

Madelon est paralysée des quatre membres. Elle est alitée depuis bientôt dix huit ans. Elle souffre beaucoup mais sa joie de vivre est intacte. Après avoir passé un moment auprès d'elle, on se sent plein de respect et de gratitude pour elle qui nous montre l'essentiel, qui nous aide à relativiser nos tracas quotidiens et à manifester davantage de courage dans notre vie.

La compassion est une forme d'amour qui nourrit l'autre et le renforce dans ses ressources, l'aide positivement.

Durant l'épreuve, tous ne nourrissent pas de belles qualités d'âme. Mais s'il importe de considérer l'intensité de la souffrance vécue, il s'agit aussi de ne pas renforcer une personne dans la plainte. Regardez les gens avec admiration pour leur courage. S'il ne l'ont pas encore, votre regard le leur conférera, les aidera à le construire.

De toutes façons, on ne juge pas quelqu'un au milieu de la difficulté. Si c'était facile pour lui, ce ne serait pas une épreuve.

Le sourire intérieur

En définitive pour gérer son stress et être heureux, on a besoin de savoir apprécier la vie. L'apprécier dans tout ce qu'elle est, dans le beau, le bien comme dans le laid, le moche, le dur. Et ce qui va vous permettre d'apprécier la vie, c'est votre capacité à vous apprécier vous-même, à exercer votre liberté en toutes circonstances.

Etre heureux, c'est savoir accueillir l'instant, avec détachement... Et en s'impliquant totalement. Engagement et détachement. Dans chaque chose s'investir, s'impliquer pour se réaliser à travers la situation, sans être influencé par le résultat de ses actes. Accueillir avec le même sourire intérieur l'échec et la réussite.

Le sourire intérieur, c'est la capacité à rester droit

dans les tumultes de la vie. C'est être à la fois totalement dans l'action et dans l'émotion du vécu tout en conservant la distance qui permet d'avoir conscience du temps, du passé et du futur, et de la relativité des choses.

« Pour un lutteur, la lutte elle-même est une victoire, il y trouve de la joie. Et comme il dépend de lui de continuer la lutte, il considère que victoire ou défaite, plaisir ou peine dépendent de lui seul. »
Gandhi

Posez des actes justes, la Vie fera ce qu'elle veut. Mais c'est ainsi que vous deviendrez un être rayonnant.

Sur la route vous rencontrerez des enseignements, des radeaux, vous serez soutenus, portés par des croyances. Une fois la rivière traversée, pensez à changer de véhicule. Dans la jungle, un radeau ce n'est pas toujours commode. Sachez utiliser les véhicules qui conviennent à chaque étape, et vous en séparer dès que vous avez franchi l'étape. Ne vous encombrez pas, la vie est bien plus belle et bien plus simple que vous ne l'imaginez.

Ne vous attachez à rien qu'à votre chemin, en sachant qu'il est d'expérience et non de stabilité. Osez lâcher vos dépendances, vous rencontrerez l'Amour, osez lâcher vos conceptions, vous rencontrerez la Lumière. Soyez dans le mouvement de la Vie. Ne le freinez pas, ne le limitez pas, nagez dans son courant. Ne fuyez pas le stress, affrontez la vie, osez souffrir.

Le bonheur se nourrit de liberté intérieure, d'amour et de sens.

« Et toi-même, si tu veux grandir, use-toi contre tes litiges, ils conduisent vers Dieu. C'est la seule route qui soit au monde. »

Saint Exupéry, Citadelle.

Pour approfondir :

1. L'alchimie du bonheur

Cimes, extase et sports de l'extrême Rob Schultheis Albin Michel 88
Ecoute Petit homme Wilhelm Reich Pbp 72
Gagner à en mourir Alexander Lowen Hommes et groupes 87
Gagner sa vie sans la perdre Jacques de Panafieu L'âge du Verseau 91
L'art intérieur du travail Tarthang Tulkou Dervy-livres 87
L'Ere du vide Gilles Lipovetsky Gallimard 83
L'exil intérieur, schizoïdie et civilisation. Roland Jaccard Points PUF75
Vers une psychologie de l'être Abraham H. Maslow Fayard 72

2. Le stress, c'est quoi au juste ?

Le stress de la vie Hans Selye Gallimard 75
L'homme stressé J. Rivolier PUF 89
L'inhibition de l'action Henri Laborit Masson 81

3. Le corps manifeste

Alors survient la maladie SIRIM éd.Empirika 83
Le cœur et son langage, James Lynch InterEditions 87
Le corps messager Isabelle Filliozat La méridienne 88

4. Les toxicos du stimulus

Au delà de la culture Edward Hall Points Seuil 79
Passions du risque David Le Breton Métailié 91
Violence à la télé : enfant fasciné Liliane Lurçat Syros 89

5. Question de tempérament

La naissance du sens Boris Cyrulnik Hachette 91
Le drame de l'enfant doué Alice Miller PUF 83
Manuel d'analyse transactionnelle Ian Stewart, Van Joines, Inter Ed.
Père manquant fils manqué Guy Corneau Ed de l'Homme 89
Que dites-vous après avoir dit bonjour ? Dr Eric Berne Tchou 72

6. Crises et changements

Les renoncements nécessaires Judith Viorst Laffont 88
Les nouveaux pouvoirs Alvin Toffler Fayard 91
La mort, dernière étape de la croissance Elisabeth Kübler Ross Rocher 85

7. Les freins au changement

L'influence sociale Germaine de Montmollin PUF 77
Soumission à l'autorité Stanley Milgram Calmann-Lévy 74
Psychologie des influences sociales Geneviève Paicheler Delachaux et Niestlé 85
Cent fleurs pour Wilhelm Reich, Roger Dadoun, pbp 77
la peur de la nature François terrasson Sang de la terre 88

8. L'enfer c'est l'autre

Au delà de la culture Edward T. Hall Points Seuil 79
C'est pour ton bien Alice Miller Aubier 84
Comment sortir des petits conflits dans le travail Dunod 84
Le couple : sa vie, sa mort Jean-G. Lemaire Payot 86
L'évangile de la non-violence Jean-Marie Muller Fayard 69
Parents efficaces Dr Thomas Gordon Marabout 80
Qui suis-je face à toi ? Fanita English Hommes et groupes 87
Sans armes face à Hitler Jacques Semelin Payot 89
Sous le signe du lien Boris Cyrulnik Hachette 89
Stratégie de l'action non-violente Jean-Marie Muller points Seuil 81

9. Les anti-stress dangereux

Comment vaincre sa fatigue Dr Jean-Pierre Lablanchy M.A. éditions!
La vie biogénique Edmond Bordeaux-Szekely Soleil 85
Le mal du sucre Danièle Starenkyj Orion 90
Sauvez votre corps! Dr Kousmine Laffont 87

10. Environnement et pollutions

Habitat et santé. Gilbert Altenbach et Boune Legrais. Cosmitel 88
La dimension cachée Edward T. Hall Points Seuil 79
La maison polluée. Helga Wingert. Terre Vivante 86
Le péril électrique. Michael Shallis; L'âge du Verseau 89

11. Nous sommes artisans de nos vies

De l'amour plein la tête, ou la biologie de l'amour Dr Marc Schwob Les guides santé Hachette 84
Guérissez par le rire Dr Raymond Moody robert Laffont 78
La révolution du rêve Pierre Fluchaire Dangles 85
Les couleurs pour votre santé. Gérard Edde Dangles 82Les rêves lucides Philippe Kerforme L'âge du Verseau 92
Les thérapeutiques du stress Les entretiens de Monace Ed. du Rocher 88
Mes secrets naturels pour guérir et réussir Rika Zaraï Lattès 88
Plus efficace et moins stressé Jean-Pierre Lepelletier éd. d'organisation 92
Psychosomatique du rire Dr Henri Rubinstein Robert Laffont 83
Renaître au sommeil naturel Pierre Fluchaire Dangles 89
Stress-control Bruno Comby Dangles 88
Un amour infini Jacqueline Kelen Albin Michel 82
Vivre sa vie en relaxation et programmation positive. Dr Solange Zambrowski-Moreno Ed du Levain 89

12. Le sens de la vie

Bouddhisme Taoïsme et zen Robert Linssen Le courrier du Livre 92
Découvrir un sens à sa vie Viktor E. Frankl Ed de l'Homme 88
La conscience d'être ici et maintenant Jeanne Guesné L'espace Bleu 91
La non-violence dans l'évangile françois Vaillant éd. Ouvrières 91
La paix, un art, une pratique Thich Nhat Hanh Centurion 91
La voie du non-attachement V.R. Dhiravamsa Dangles 79
Le mythe de la liberté Chögyam Trungpa Points Seuil 79
Méditer Karlfried Graf Dürckheim Le courrier du livre 76
Simone Weil, l'exigence de non-violence Jean-Marie Muller etc 91
Un itinéraire à la découverte de l'intériorité Marie-Madeleine DAVY Epi 84

revues :

• Actualités en Analyse Transactionnelle
Les classiques de l'analyse transactionnelle (2 volumes qui regroupent les articles fondamentaux)
rens. et commandes : IFAT 10 rue Richer 75009 Paris
ou CFIP 153 av. Gribaumont B-1200 Bruxelles Belgique

• Alternatives Non-Violentes
16 rue Paul Appell 42000 St Etienne

• Question de :
n° 75 Méditer et Agir.
n° 81 Karlfried Graf Durkheim
n°88 L'enfant du possible, pour une autre éducation
Albin Michel

• Science et vie
Hors série n° 168 sept. 89 Les émotions
Hors série n°162 mars 88 Le cerveau et la mémoire

Achevé d'imprimer par Présence Graphique
2 rue de la Pinsonnière - 37260 Monts
N° d'imprimeur : 050620634-2500

Dépôt légal : Mai 2006